**OpenCV 4 마스터** 3/e

Korean edition copyright ⓒ 2020 by acorn publishing Co. All rights reserved.

Copyright ⓒ Packt Publishing 2018.
First published in the English language under the title
'Mastering OpenCV 4 - Third Edition - (9781789533576)'

이 책은 Packt Publishing과 에이콘출판(주)가 정식 계약하여 번역한 책이므로
이 책의 일부나 전체 내용을 무단으로 복사, 복제, 전재하는 것은 저작권법에 저촉됩니다.

# OpenCV 4 마스터 3/e

비전과 이미지 처리 앱을 만들기 위한

로이 실크롯 · 데이비드 밀란 에스크리바 지음
테크 트랜스 그룹 T4 옮김

에이콘

에이콘출판의 기틀을 마련하신 故 정완재 선생님 (1935-2004)

사랑하는 아내 인발과 딸 로니, 노암은 내게 늘 날개와 닻이 돼주었고, 어느 순간에 어떤 도움이 내게 필요한지 알아내는 놀라운 능력을 지녔다. 나의 가족, 아시아, 바룩, 리라즈, 오리츠를 모두 사랑하며 가족의 끝없는 사랑과 지지에 감사한다.

— 로이 실크롯


무한히 인내하며 나를 지원해준 아내 이자스큰, 딸 아이더, 아들 포우 덕분에 내 인생이 바뀌었으며 매일매일의 삶이 멋있어졌다. 모두를 사랑한다. 그리고 이 책을 완성하기까지 지원을 아끼지 않은 공동 저자와 팩트출판사 관계자, 훌륭한 라이브러리를 제공하고 있는 OpenCV 팀과 커뮤니티에 감사한다.

— 데이비드 밀란 에스크리바

| 지은이 소개 |

### 로이 실크롯 Roy Shilkrot

스토니 브룩 대학교 Stony Brook University 의 컴퓨터 과학 조교수로서 인간 상호 작용 human interaction 그룹을 이끌고 있다. 현재 수행하는 연구는 컴퓨터 비전, 휴먼-컴퓨터 인터페이스라는 두 도메인 간의 교차점에 관한 것으로 미국 연방, 뉴욕 주와 산업 보조금으로부터 자금을 지원받고 있다. MIT에서 박사 학위를 받았고 CHI와 SIGGRAPH 같은 최고의 컴퓨터 과학 콘퍼런스와 「ACM Transaction on Graphics(TOG: 그래픽 트랜잭션)」, 「Transactions on Computer-Human Interaction(TOCHI: 컴퓨터-인간 상호 작용-)」과 같은 주요 학술 저널에 25개 이상의 동료 검토 논문을 발표했다. 다수의 책을 공동 저술한 여러 특허 기술의 공동 발명자이자 수많은 신생 기업의 과학 자문위원회에서 활동하는 엔지니어/기업가로서 10년 이상의 경험을 보유했다.

### 데이비드 밀란 에스크리바 David Millán Escrivá

여덟 살 때 8086 PC에서 베이직Basic으로 첫 번째 프로그램을 만들었는데, 이때 이미 기본 방정식의 2D 플로팅 방법을 구현할 수 있었다. 2005년에는 OpenCV(v0.96)를 이용해 컴퓨터 비전이 지원하는 인간-컴퓨터 상호 작용 방법을 사용해 발렌시아 폴리테크닉 대학Universitat Politécnica de Valencia의 IT 연구를 진행했으며, 이 주제를 바탕으로 최종 프로젝트를 진행했고 그 결과를 HCI 스페인 학회에 발표했다. 오픈소스 3D 소프트웨어 프로젝트인 블렌더Blender에 참여했고, 컴퓨터 그래픽 소프트웨어 개발자로서 첫 상업 영화인 《프리버즈: 밍쿠와 찌아의 도시 대탈출》(2010)의 제작 과정에도 기여했다. 컴퓨터 비전, 컴퓨터 그래픽, 패턴 인식의 경험과 다양한 프로젝트 및 스타트업 작업, 컴퓨터 비전, 광학 문자 인식, 증강현실에 관한 지식을 적용함으로써 IT 분야에서 10년 이상의 경력을 쌓았다. 'DamilesBlog' 블로그의 저자이며 OpenCV, 일반적인 컴퓨터 비전, 광학 문자 인식 알고리즘의 연구 기사와 튜토리얼을 블로그에 게시하고 있다.

## 기술 감수자 소개

**아룬 폰누사미**[Arun Ponnusamy]

인도의 스타트업(OIC 앱스[OIC Apps])에서 선임 컴퓨터 비전 엔지니어로 일하고 있다. 평생 학습하는 자세로 임하고 있으며 이미지 처리, 컴퓨터 비전, 머신러닝에 열정적이다. 코임바토르[Coimbatore]의 PSG 공과 대학에서 공학을 전공했으며, 멀티코어웨어사[MulticoreWare Inc.]를 시작으로 이미지 처리, OpenCV, 소프트웨어 최적화, GPU 컴퓨팅 분야에 매진해왔다.

컴퓨터 비전 개념을 명확하게 이해하고 블로그에서 직관적인 방식으로 설명하는 것을 좋아한다. cvlib라는 컴퓨터 비전을 위한 오픈소스 파이썬 라이브러리(단순성과 사용자 친화성을 목표로 하는 라이브러리)를 만들었으며, 현재 객체 검출, 생성 네트워크, 강화 훈련을 연구하고 있다.

---

이 책의 내용을 개선하고 격려할 수 있는 기회를 제공해준 편집자 샤니쉬 칸[Shahnish Khan]과 프로젝트 코디네이터 바이데이 사완트[Vaidehi Sawant]에게 감사한다.

---

### 마크 앰버그 Marc Amberg

IT/서비스 산업 분야에서 검증되고 숙련된 머신러닝 및 컴퓨터 비전 엔지니어다. 파이썬Python, C/C++, OpenGL, 3D 재구성, 자바에 능숙하며, Lille I 과학 기술 대학(Université des Sciences et Technologies de Lille)의 컴퓨터 과학(이미지, 비전, 상호 작용) 석사 학위를 받은 엔지니어링 전문가다.

### 비카스 굽타 Vikas Gupta

인도 최고의 연구소인 인도 과학원Indian Institute of Science에서 석사 학위를 받은 컴퓨터 비전 연구원이며, 기계 인식, 장면 이해, 딥러닝, 로봇 공학이 주요 관심 분야다.

강사, 소프트웨어 엔지니어, 데이터 과학자를 포함한 다양한 역할을 수행하고 있으며, 지식을 공유하려는 열정을 바탕으로 3년 동안 학부 학생들에게 컴퓨터 비전, 임베디드 시스템, 로봇 공학을 가르쳤다. 딥러닝과 컴퓨터 비전을 아우르는 다양한 프로젝트를 3년 이상 수행했으며 LearnOpenCV에서의 컴퓨터 비전 과정을 공동으로 만들었다.

| 옮긴이 소개 |

**테크 트랜스 그룹 T4**(greg_kim1002@naver.com)

최신 IT 테크놀로지에 대한 리서치를 목적으로 하는 스터디 그룹이다. 엔터프라이즈 환경에서 오픈 소스를 활용한 프레임워크 구축에 관심이 많으며 React.js, Node.js, OpenCV, 머신러닝/딥러닝 등의 기술에 주목하고 있다. 또한 다양한 오픈소스 기반 플랫폼의 개발 및 활용에 많은 관심을 갖고 있다. 역서로는 『OpenCV를 위한 머신러닝』(에이콘, 2017), 『컴퓨터 비전과 딥러닝』(에이콘, 2018) 등이 있다.

## 옮긴이의 말

컴퓨터 비전은 컴퓨터에 시각을 부여해서 이미지에 대한 분석으로 유용한 정보를 생성하는 기술이다. 비전 기술은 컴퓨터나 로봇 등을 통해 얼굴, 건물 등과 같은 다양한 객체를 인식하는 데 응용되며, 인공지능 기술이 발전하면서 객체 인식 기술의 진화도 점점 빨라지고 있다.

이 책은 실제 컴퓨터 비전 작업을 할 때 직접적으로 많은 도움이 될 수 있도록 구성됐으며 OpenCV의 최신 API(v4.0.0) 지식을 포함한다. OpenCV는 비전 작업을 할 때 광범위하게 가장 많이 사용되는 오픈소스 컴퓨터 비전 라이브러리로, 실제 애플리케이션을 구축할 때 많이 선택된다.

2장부터 5장까지는 다양한 OpenCV의 핵심 기술을 설명한다. 카메라 포즈$^{camera\ pose}$를 포함해 희소$^{sparse}$ 포인트 클라우드로 장면을 재구성하고, 멀티 뷰 스테레오를 사용해 밀집$^{dense}$ 포인트 클라우드를 얻는 방법을 보여준다. 이미지 세그멘테이션$^{image\ segmentation}$, 특징 추출$^{feature\ extraction}$, 패턴 인식$^{pattern\ recognition}$ 기본 사항, 두 가지 주요 패턴 인식 알고리즘인 SVM$^{Support\ Vector\ Machine}$과 DNN$^{Deep\ Neural\ Network}$을 소개하고, 이미지에서 얼굴을 검출하는 다양한 기법을 보여준다. 또한 하르$^{haar}$ 특징이 있는 캐스케이드 분류기를 사용하는 방법 외에 딥러닝을 사용하는 최신 기법을 포함하는 다양한 방법을 제공한다.

6장에서는 웹에서도 활용 가능한 OpenCV의 자바스크립트용 컴파일 버전인 OpenCV.js를 사용해 웹용 컴퓨터 비전 알고리즘을 개발하는 새로운 방법을 보여준다. 7장과 8장에서는 모바일 세상의 양대 산맥인 안드로이드와 iOS를 위한 솔루션을 제공한다. OpenCV의 ArUco 모듈, 안드로이드의 Camera2 API 및 JMonkeyEngine 3D 게임 엔진을 사용해 안드로이드 생태계 시스템에서 증강현실(AR) 애플리케이션을 구현하는 방법을 보여준다. 그리고 OpenCV의 사전 컴파일된 iOS용 라이브러리를 사용해 아이폰에서 파노라마 이미지 스티칭 애플리케이션을 작성하는 방법도 알아본다.

이 책은 근래 떠오른 주요 컴퓨터 비전 문제의 OpenCV 코드 샘플 작업 방법을 알려주고 OpenCV 프로젝트 엔지니어링과 유지 관리에 관한 모범 사례를 제시한다. 또한 복잡한 컴퓨터 비전 작업을 위한 실용적이고 알고리즘적인 설계 방식도 파악할 수 있게 해주며, OpenCV의 간단한 예제부터 복잡한 예제까지 고루 제공하므로 많은 유용한 정보를 얻을 수 있을 것이다.

진심으로 이 책이 OpenCV와 머신러닝 등에 관련된 다양한 이론을 이해하고 실제로 구현하는 데 많은 도움이 되길 바란다.

이 책이 나오기까지 주변에서 묵묵히 많은 도움을 주신 멤버, 가족과 번역 작업을 진행하는 데 든든한 버팀목이 되어주신 에이콘출판사 권성준 사장님, 황영주 상무님, 조유나 님, 임다혜 님께 감사의 말씀을 드리고 싶다. 같이 고민하면서 처음부터 끝까지 살펴봐주신 전도영 실장님에게도 고마운 마음을 전하고 싶다.

# 차례

지은이 소개 ......................................................... 6
기술 감수자 소개 ................................................. 8
옮긴이 소개 ......................................................... 10
옮긴이의 말 ......................................................... 11
들어가며 ............................................................. 20

## 1장  라즈베리 파이의 카툰화와 피부색 변경        27
웹캠에 액세스하기 ............................................... 29
데스크톱 앱의 기본 카메라 처리 루프 ................. 31
    흑백 스케치 생성하기 ................................... 32
    색 페인팅과 카툰 생성 ................................... 34
    윤곽선 필터를 사용해 이블 모드 생성 ........... 36
    피부 검출 방법을 사용해 외계인 모드 생성 ... 38
        피부 검출 알고리즘 ............................... 38
        사용자에게 얼굴 위치를 표시 ............... 39
피부색 체인저 구현 .............................................. 42
    스케치 이미지에서 임의의 페퍼 노이즈 감소 ... 48
데스크톱에서 임베디드 디바이스로 포팅 ............. 51
    임베디드 디바이스의 코드를 개발하기 위한 장비 설정 ... 54
        새로운 라즈베리 파이 구성 ................... 56
    임베디드 디바이스에서 OpenCV 설치 ........... 60
        라즈베리 파이 카메라 모듈 사용 ........... 64
        카툰화를 전체 화면으로 실행 ............... 67
        마우스 커서 숨기기 ............................... 67
        부팅 후 카툰화를 자동으로 실행 ........... 68

데스크톱과 임베디드 디바이스에서의 카툰화 동작 속도 비교 ... 69
데스크톱과 임베디드 시스템에서 실행되는 카툰화의 전력 소모 ... 70
임베디드 시스템 사용자 정의 ... 75
**요약** ... 76

## 2장  SfM 모듈을 사용한 모션 구조 탐색    79

**기술 요구 사항** ... 80
**SfM의 핵심 개념** ... 81
    보정된 카메라와 에피폴라(등극선) 기하학 ... 82
    스테레오 재구성과 SfM ... 86
**OpenCV에서 SfM 구현** ... 89
    이미지 특징 매칭 ... 89
    특징 추적하기 ... 95
    3D 재구성 및 시각화 ... 98
    밀집 재구성을 위한 MVS ... 100
**요약** ... 103

## 3장  face 모듈을 사용한 얼굴 랜드마크와 포즈 분석    105

**기술 요구 사항** ... 106
**이론과 주요 내용** ... 107
    능동적 외양 모델과 제한된 로컬 모델 ... 108
    회귀 방법 ... 109
**OpenCV로 얼굴 랜드마크 검출** ... 110
    측정 오차 ... 114
**랜드마크에서 얼굴 방향 예측** ... 115
    예측된 포즈 계산 ... 115
    이미지에 포즈 투영 ... 117
**요약** ... 118

## 4장  딥 컨볼루션 네트워크를 사용한 번호판 인식 — 119

- ANPR 소개 — 120
- ANPR 알고리즘 — 122
- 번호판 검출 — 125
  - 세그멘테이션 — 126
  - 분류 — 135
- 번호판 인식 — 139
  - OCR 세그멘테이션 — 139
  - 컨볼루션 신경망을 사용한 문자 분류 — 141
    - 텐서플로를 사용한 컨볼루션 신경망 생성 및 훈련 — 143
- 요약 — 160

## 5장  DNN 모듈을 사용한 얼굴 검출 및 인식 — 161

- 얼굴 검출 및 인식 방법 소개 — 162
  - 얼굴 검출 — 164
    - OpenCV 캐스케이드 분류기를 사용한 얼굴 검출 구현 — 165
    - OpenCV 딥러닝 모듈을 사용한 얼굴 검출 구현 — 173
  - 얼굴 전처리 — 174
    - 눈 검출 — 175
    - 눈 검색 영역 — 176
  - 얼굴 수집과 훈련 — 187
    - 훈련을 위해 전처리된 얼굴의 수집 — 189
    - 수집된 얼굴에서 얼굴 인식 시스템 훈련 — 192
    - 훈련된 지식 살펴보기 — 195
    - 평균 얼굴 — 198
    - 고윳값, 고유 얼굴, 피셔 얼굴 — 199
  - 얼굴 인식 — 201
    - 얼굴 인식: 얼굴로 사람들을 인식 — 201
    - 얼굴 검증: 제대로 사람을 예측했는지 검증하기 — 202
  - 마무리: 파일 저장하기 및 불러오기 — 205

| | |
|---|---|
| 마무리: 멋진 대화식 GUI 만들기 | 206 |
|     GUI 요소 그리기 | 207 |
|     마우스 클릭 확인과 처리 | 218 |
| 요약 | 221 |
| 참고 문헌 | 222 |

## 6장   OpenCV.js를 사용한 웹 컴퓨터 비전 소개    223

| | |
|---|---|
| OpenCV.js란 무엇인가? | 224 |
| OpenCV.js 컴파일하기 | 226 |
| OpenCV.js 개발의 기본 소개 | 228 |
| 웹캠 스트림에 액세스하기 | 236 |
| 이미지 처리와 기본 사용자 인터페이스 | 241 |
|     임계값 필터 | 241 |
|     가우시안 필터 | 242 |
|     캐니 필터 | 242 |
| 브라우저의 광류 지원 | 246 |
| 브라우저에서 하르 캐스케이드 분류기를 사용한 얼굴 검출 | 251 |
| 요약 | 254 |

## 7장   ArUco 모듈을 사용한 안드로이드 카메라 보정과 AR    257

| | |
|---|---|
| 기술 요구 사항 | 258 |
| 증강현실과 포즈 추정 | 259 |
|     카메라 보정 | 260 |
|     평면 재구성을 위한 증강현실 마커 | 262 |
| 안드로이드 운영체제에서 카메라 액세스 | 264 |
|     카메라 찾기 및 열기 | 265 |
| ArUco를 사용한 카메라 보정 | 268 |
| jMonkeyEngine으로 증강현실 수행 | 273 |
| 요약 | 275 |

## 8장  스티칭 모듈이 있는 iOS 파노라마 — 277

- 기술 요구 사항 — 278
- 파노라마 이미지 스티칭 방법 — 279
  - 파노라마를 위한 특징 추출과 강력한 매칭 — 279
    - 아핀 조건 — 280
    - 랜덤 샘플 컨센서스 — 281
    - 호모그래피 조건 — 282
    - 번들 조정 — 283
  - 파노라마 생성을 위한 와핑 이미지 — 284
- 프로젝트 개요 — 286
- CocoaPods로 iOS OpenCV 프로젝트 설정 — 286
- 파노라마 캡처를 위한 iOS UI — 287
- 오브젝티브-C++ 래퍼의 OpenCV 스티칭 — 292
- 요약 — 297
- 더 읽을 거리 — 297

## 9장  작업에 가장 적합한 OpenCV 알고리즘 찾기 — 299

- 기술 요구 사항 — 300
- OpenCV에 포함돼 있는가? — 300
- OpenCV의 알고리즘 옵션 — 303
- 어떤 알고리즘이 가장 좋을까? — 305
- 알고리즘의 비교 성능 테스트 예 — 307
- 요약 — 312

## 10장  OpenCV의 일반적인 함정 피하기 — 315

- OpenCV v1에서 v4까지의 역사 — 316
  - 컴퓨터 비전에서 OpenCV와 데이터 혁신 — 319
- OpenCV의 히스토릭 알고리즘 — 321

| | |
|---|---|
| OpenCV에 알고리즘이 추가된 시기를 확인하는 방법 | 322 |
| **일반적인 함정과 제안된 솔루션** | **324** |
| **요약** | **330** |
| **더 읽을 거리** | **331** |

| | |
|---|---|
| **찾아보기** | **333** |

| 들어가며 |

이 책은 OpenCV를 도구로 사용해 컴퓨터 비전을 시작하는 엔지니어들을 대상으로 한 시리즈 도서다. 수학 공식을 최소한으로 사용하고, 아이디어 인식부터 시작해 실행 코드에 이르기까지 완벽한 프로젝트 내용을 제공하며 얼굴 인식, 랜드마크 검출과 포즈 추정, 딥 컨볼루션 네트워크$^{\text{deep convolution network}}$를 사용한 숫자 인식, 모션을 사용한 구성, 증강현실을 위한 장면 재구성, 네이티브/웹 환경에서의 휴대전화 컴퓨터 비전 처리 방법을 제공한다. 또한 학계와 산업계 모두에게 편리한 패키지 형태로 컴퓨터 비전 제품과 프로젝트를 구현하는 방법에 관한 방대한 지식을 제공한다. 이 책을 통해 전체 컴퓨터 비전 프로젝트에서 디자인을 선택하는 방법을 알아보고 동시에 API 기능 설명을 통해 각각 이해할 수 있으며, 컴퓨터 비전의 기본을 넘어 복잡한 이미지 인식 프로젝트를 위한 솔루션을 구현할 수 있다.

## 이 책의 대상 독자

OpenCV를 시작하려는 초보 컴퓨터 비전 엔지니어를 대상으로 하며, 대부분 C++ 환경에서 기존의 기초 지식을 주로 학습하는 것과는 달리 실습 방식을 이용한다. 현재의 일반적인 컴퓨터 비전 작업과 관련해 OpenCV API의 구체적인 사용 사례 예제를 제공하고 '복사-붙여넣기-실행' 방법을 권장하므로 기초 수학 내용은 최소한으로만 유지한다.

오늘날 컴퓨터 비전 엔지니어는 OpenCV, dlib, Matlab 패키지, SimpleCV, XPCV, scikit-image를 포함하는 다양한 도구와 패키지를 선택할 수 있다. 그렇지만 다른 어느 것도 OpenCV보다 더 나은 적용 범위(커버리지$^{\text{coverage}}$)와 크로스 플랫폼 기능을 제공하지 않는다. 배포된 공개 모듈을 제외하고 수천 개 공식 모듈의 API를 사용하는 OpenCV는 시작하기 어려울 수 있다. OpenCV 자체의 추가 튜토리얼 내용 외에도 많은 문서화 프로젝트가 존재하지만, 대부분의 문서 프로젝트는 프로젝트를 처음부터 끝까지 살펴보려는 엔지니어에게 적합하지 않다.

## 이 책에서 다루는 내용

필요한 내용을 다루는 장을 바로 읽거나 각 장의 코드, 설명을 살펴봄으로써 기배포된 모듈들을 포함한 OpenCV의 많은 기능을 어려움 없이 사용할 수 있다. 또한 웹, iOS, 안드로이드 장치와 파이썬 주피터 노트북(Python Jupyter Notebook)에서의 OpenCV 사용 방법을 제공한다. 각 장은 서로 다른 주제를 다루고 솔루션과 이론적 내용을 제공한다. 문제를 해결할 수 있도록 빌드하고 실행할 수 있는 전체 코드 예제를 제공한다.

이 책은 독자에게 다음 내용을 제공한다.

- 근래 주요 컴퓨터 비전 문제의 OpenCV 코드 샘플 작업 방법
- OpenCV 프로젝트 엔지니어링과 유지 관리에 관한 모범 사례
- 복잡한 컴퓨터 비전 작업을 위한 실용적이고 알고리즘적인 설계 방식
- OpenCV의 최신 API(v4.0.0) 실습 지식

이 장에서 다루는 내용은 다음과 같다.

**1장. 라즈베리 파이의 카툰화와 피부색 변경** 데스크톱과 라즈베리 파이(Raspberry Pi) 같은 소형 임베디드 시스템에서 이미지 처리 필터를 만드는 방법을 보여준다.

**2장. SfM 모듈을 사용한 모션 구조 탐색** 한 장면을 희소 포인트 클라우드(카메라 포즈 포함)로 재구성하기 위해 SfM 모듈을 사용하는 방법과 멀티 뷰 스테레오를 사용해 밀집 포인트 클라우드를 얻는 방법을 보여준다.

**3장. face 모듈을 사용한 얼굴 랜드마크와 포즈 분석** face 모듈을 사용한 얼굴 랜드마크(얼굴 마크라고도 함) 검출 프로세스를 설명한다.

**4장. 딥 컨볼루션 네트워크를 사용한 번호판 인식** 이미지 세그멘테이션, 특징 추출, 패턴 인식 기본 사항, 두 가지 주요 패턴 인식 알고리즘인 SVM과 DNN을 소개한다.

**5장. DNN 모듈을 사용한 얼굴 검출 및 인식** 이미지에서 얼굴을 검출하는 다양한 기법을 보여준다. 하르haar 특징이 있는 캐스케이드 분류기를 사용하는 방법보다는 일반적인 알고리즘부터 딥러닝을 사용하는 최신 기법까지 모두 아우르는 다양한 방법을 제공한다.

**6장. OpenCV.js를 사용한 웹 컴퓨터 비전 소개** OpenCV의 자바스크립트용 컴파일 버전인 OpenCV.js를 사용해 웹용 컴퓨터 비전 알고리즘을 개발하는 새로운 방법을 보여준다.

**7장. ArUco 모듈을 사용한 안드로이드 카메라 보정과 AR** OpenCV의 ArUco 모듈, 안드로이드의 Camera2 API, JMonkeyEngine 3D 게임 엔진을 사용해 안드로이드 생태계 시스템에서 증강현실(AR) 애플리케이션을 구현하는 방법을 보여준다.

**8장. 스티칭 모듈이 있는 iOS 파노라마** OpenCV의 사전 컴파일된 iOS용 라이브러리를 사용해 아이폰에서 파노라마 이미지 스티칭stitching 애플리케이션을 작성하는 방법을 보여준다.

**9장. 작업에 가장 적합한 OpenCV 알고리즘 찾기** OpenCV 내의 옵션을 고려하고 따라야 할 여러 가지 방법을 설명한다.

**10장. OpenCV의 일반적인 함정 피하기** OpenCV의 역사적 발전, 점진적인 프레임워크/알고리즘 제공 증가 현황, 컴퓨터 비전의 발전을 살펴본다.

## ▎이 책의 활용 방법

이 책은 독자들이 프로그래밍 개념과 소프트웨어 엔지니어링 기술을 제대로 파악할 수 있으며 C++로 소프트웨어를 맨 처음 단계부터 작성하고 실행할 수 있다고 가정한다. 이 책은 자바스크립트, 파이썬, 자바, 스위프트Swift 코드도 포함하며, 엔지니어들이 각각의 코드 내용을 더 깊이 분석한다면 C++ 이상의 프로그래밍 언어 지식을 얻을 수 있다.

이 책의 독자는 다양한 방법으로 OpenCV를 설치할 수 있어야 한다. 일부 장에서는 파이썬이 필요하고, 다른 장에서는 안드로이드가 필요하다. 그 각각을 구해 설치하는 방법은 첨부된 코드와 텍스트에서 자세히 설명한다.

### 예제 코드 다운로드

이 책에서 사용된 예제 코드는 http://www.packtpub.com/support를 방문해 이메일을 등록하면 파일을 직접 받을 수 있으며, https://github.com/PacktPublishing/Mastering-OpenCV-4-Third-Edition에서도 예제 코드를 다운로드할 수 있다.

또한 에이콘출판사의 도서정보 페이지인 http://www.acornpub.co.kr/book/opencv4-vision에서도 동일한 파일을 다운로드할 수 있다.

### 편집 규약

이 책에서는 독자의 이해를 돕고자 다루는 정보에 따라 글꼴 스타일을 다르게 적용했다. 이러한 스타일의 예와 의미는 다음과 같다.

텍스트에서 코드 단어는 다음과 같이 표기한다. "실제로 speak() 메서드만이 사용됐다."

코드 블록은 다음과 같이 표기한다.

```
Mat bigImg;
    resize(smallImg, bigImg, size, 0,0, INTER_LINEAR);
    dst.setTo(0);
    bigImg.copyTo(dst, mask);
```

코드 블록에서 유의해야 할 부분이 있다면 다음과 같이 굵은 글꼴로 표기한다.

```
Mat bigImg;
    resize(smallImg, bigImg, size, 0,0, INTER_LINEAR);
    dst.setTo(0);
    bigImg.copyTo(dst, mask);
```

명령줄 입력이나 출력은 다음과 같이 표기한다.

```
sudo apt-get purge -y wolfram-engine
```

화면상에 표시되는 메뉴나 버튼은 다음과 같이 표기한다. "Administration 패널에서 System info를 선택한다."

 경고나 중요한 노트는 이와 같이 나타낸다.

 팁과 요령은 이와 같이 나타낸다.

## 고객 지원

**일반적인 피드백**: 메시지 제목에 책 제목을 적어서 feedback@packtpub.com으로 이메일을 보내면 된다. 이 책과 관련해 문의 사항이 있다면 questions@packtpub.com으로 이메일을 보내주길 바란다. 한국어판에 관한 질문은 이 책의 옮긴이나 에이콘출판사 편집 팀(editor@acornpub.co.kr)으로 문의할 수 있다.

**정오표**: 내용을 정확하게 전달하기 위해 최선을 다했지만, 실수가 있을 수 있다. 이 책에서 문제점을 발견했다면 출판사로 알려주길 바란다. www.packtpub.com/submit-errata에서 책 제목을 선택하고 Errata Submission Form 링크를 클릭한 후 세부 사항을 입력하면 된다. 한국어판은 에이콘출판사의 도서정보 페이지 http://www.acornpub.co.kr/book/opencv4-vision에서 찾아볼 수 있다.

**저작권 침해**: 인터넷에서 어떤 형태로든 팩트출판사 서적의 불법 복제물을 발견하면 해당 주소나 웹사이트의 이름을 알려주길 바란다. 의심되는 불법 복제물의 링크를 copyright@packtpub.com으로 보내주면 된다.

**저자가 되고 싶다면**: 전문 지식을 가진 주제가 있고 책을 내거나 책을 만드는 데 기여하고 싶다면 authors.packtpub.com을 참조하길 바란다.

## 독자 의견

독자 여러분의 의견은 언제나 환영이다. 잠재적인 독자들은 객관적인 평가를 보며 구매 결정을 내리는 데 도움을 받을 수 있고, 출판사는 책에 대한 독자들의 생각을 더 정확히 이해할 수 있다. 또한 저자도 독자들의 의견을 볼 수 있다.

# 01

# 라즈베리 파이의 카툰화와 피부색 변경

1장에서는 데스크톱과 라즈베리 파이 같은 소형 임베디드 시스템에서 이미지 처리 필터를 작성하는 방법을 보여준다. 먼저 C/C++에서 데스크톱용으로 프로젝트를 개발한 다음 라즈베리 파이로 이식한다. 이 방법은 임베디드 디바이스용으로 개발할 때 권장되는 시나리오다. 1장에서는 다음과 같은 주제를 다룬다.

- 실제 이미지를 스케치 도면으로 변환하는 방법
- 그림으로 변환하고 스케치를 오버레이해 카툰cartoon을 만드는 방법
- 좋은 문자 대신 나쁜 문자를 만들기 위한 무서운 이블 모드evil mode
- 사람에게 녹색 외계인의 피부를 제공하기 위한 기본 피부 검출 및 피부색 변환 방법
- 데스크톱 애플리케이션을 기반으로 임베디드 시스템을 만드는 방법

임베디드 시스템은 기본적으로 특정 작업을 수행하도록 설계된 제품이나 장치 안에 있는 컴퓨터 마더보드이며, 라즈베리 파이는 임베디드 시스템을 구축할 수 있는 매우 저렴하고 인기 있는 마더보드다.

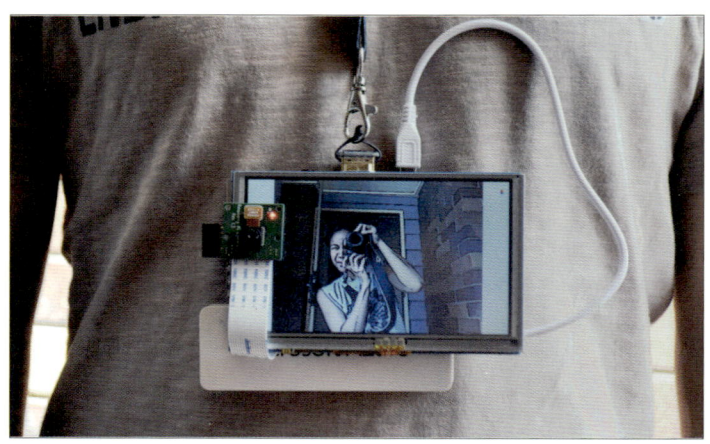

위 그림은 이 장을 마치면 무엇을 만들 수 있는지를 보여준다. 코믹 콘$^{Comic\ Con}$에서 사용한 배터리로 구동되는 라즈베리 파이 플러스$^{Raspberry\ Pi\ plus}$는 모든 사람을 카툰으로 변경할 수 있다!

지금 사용자는 실제 카메라 프레임이 카툰에서 나온 것처럼 자동으로 보이도록 만들고 싶다. 기본 아이디어는 평평한 부분에 약간의 색을 채운 다음에 주요 윤곽선을 두꺼운 선으로 그리는 것이다. 즉, 평평한 영역이 훨씬 더 평평해지고 윤곽선은 훨씬 더 뚜렷해진다. 카툰이나 코믹북 효과를 내기 위해 윤곽선$^{edge}$을 검출하고 평평한 부분을 부드럽게 하며 윤곽선을 뚜렷하게 그린다.[1]

임베디드 컴퓨터 비전 시스템을 개발할 때는 임베디드 시스템보다 데스크톱 프로그램을 개발하고 디버그하는 것이 훨씬 쉽기 때문에 임베디드 시스템으로 포팅하기 전에

---

1 'cartoon'과 'comic'은 둘 다 '만화'라는 표현으로 번역될 수 있지만, 실제로 'cartoon'은 만화 영화, 만화 자체를 의미하고 'comic'은 만화 책을 의미한다. 여기서는 원문 용어를 각각 음차해서 '카툰'과 '코믹'으로 구분한다. - 옮긴이

완전히 작동하는 데스크톱 버전을 먼저 구축하는 것이 좋다. 따라서 이 장에서는 자주 사용하는 IDE(예: 비주얼 스튜디오 Visual Studio, Xcode, 이클립스 Eclipse, QtCreator)를 사용해 만들 수 있는 완벽한 카툰화 Cartoonifier 데스크톱 프로그램을 먼저 시작한다. 데스크톱에서 올바르게 작동하면, 마지막 절에서는 데스크톱 버전을 기반으로 임베디드 시스템용 프로그램을 만드는 방법을 보여준다. 많은 임베디드 프로젝트에는 다른 입출력을 사용하거나 플랫폼별 코드 최적화를 사용하는 등 임베디드 시스템의 사용자 정의 코드가 필요하다. 그러나 1장에서는 실제로 임베디드 시스템과 데스크톱에서 동일한 코드를 실행하므로 하나의 프로젝트만 작성하면 된다.

애플리케이션은 OpenCV GUI 창을 사용하고, 카메라를 초기화하며, 각 카메라 프레임을 갖고 1장의 코드 대부분을 포함하는 cartoonifyImage() 함수를 호출한다. 그런 다음에 처리된 이미지 결과를 GUI 창에 표시한다. 이 장에서는 USB 웹캠 webcam을 사용해 데스크톱 애플리케이션을 만드는 방법을 기초부터 살펴보고, 데스크톱 애플리케이션을 통해 라즈베리 파이 카메라 모듈을 사용하는 임베디드 시스템을 만드는 방법을 알아본다. 먼저 메인 루프, 웹캠 기능, 키보드 입력과 같은 다음 절에서 제공하는 GUI 코드를 가진 main.cpp 파일을 사용해 선호하는 IDE에서 데스크톱 프로젝트를 만든다. 그리고 cartoonifyImage() 함수에서 1장의 코드 대부분에 해당하는 이미지 처리 작업을 수행하도록 하는 cartoon.cpp 파일을 만든다.

## 웹캠에 액세스하기

컴퓨터의 웹캠이나 카메라 장치에 액세스하려면 cv:VideoCapture 객체(OpenCV의 카메라 장치 액세스 메서드)에서 open() 함수를 호출하고 기본 카메라 ID 번호로 0을 사용한다. 일부 컴퓨터에 여러 대의 카메라가 연결돼 있을 때, 기본 카메라 0이 작동하지 않아서 카메라 1을 사용하고자 하는 경우에는 사용자가 원하는 카메라 번호를 명령줄 command line 인수로 전달할 수 있다. 예를 들어 1, 2 또는 -1을 사용한다. 또한 고해상도 카메라에서 더 빠르게 실행하기 위해 cv::VideoCapture::set()을 사용해 카메라 해상도를 640×480으로 설정할 수 있다.

 카메라 모델, 드라이버 또는 시스템에 따라 OpenCV에서 카메라 속성을 변경하지 않을 수도 있다. 지금 이 프로젝트에서는 중요하지 않으므로 웹캠이 작동하지 않더라도 걱정하지 말자.

다음 코드를 main.cpp 파일의 main() 함수에 추가한다.

```
auto cameraNumber = 0;
if (argc> 1)
  cameraNumber = atoi(argv[1]);

// 카메라에 액세스
cv::VideoCapture camera;
camera.open(cameraNumber);
if (!camera.isOpened()) {
  std::cerr<<"ERROR: Could not access the camera or video!"<< std::endl;
  exit(1);
}

// 카메라 해상도 설정
camera.set(cv::CV_CAP_PROP_FRAME_WIDTH, 640);
camera.set(cv::CV_CAP_PROP_FRAME_HEIGHT, 480);
```

웹캠이 초기화된 후 현재 카메라 이미지를 cv::Mat 객체(OpenCV의 이미지 컨테이너)로 가져올 수 있다. 콘솔에서 입력을 받는 것처럼 cv::Mat 객체의 cv::VideoCapture 객체에서 C++ 스트리밍 연산자를 사용해 각 카메라 프레임을 가져올 수 있다.

OpenCV를 사용하면 웹캠 대신 비디오 파일(예: AVI 또는 MP4 파일)이나 네트워크 스트림에서 프레임을 매우 쉽게 캡처할 수 있다. camera.open(0)과 같이 정수 값을 전달하는 대신 camera.open("my_video.avi")와 같이 문자열을 전달해 웹캠처럼 프레임을 가져온다. 이 책과 함께 제공되는 소스 코드에는 웹캠, 비디오 파일 또는 네트워크 스트림을 여는 initCamera() 함수가 포함돼 있다.

## 데스크톱 앱의 기본 카메라 처리 루프

OpenCV로 화면에 GUI 창을 표시하려면 각 이미지에 대해 `cv::namedWindow()` 함수를 호출한 다음에 `cv::imshow()` 함수를 호출하고 각 프레임당 `cv::waitKey()`도 호출한다. 이렇게 사용하지 않으면 윈도우<sup>window</sup>는 전혀 업데이트되지 않는다. `cv::waitKey(0)`을 호출하면 사용자가 윈도우에서 키를 누를 때까지 계속 화면에서 대기하지만, `waitKey(20)`과 그 이상의 양수 값을 넣으면 최소한 밀리초 정도를 대기한다.

대기를 위한 다음의 루프 구문을 main.cpp 파일에 실시간 카메라 앱의 기본 코드로 넣는다.

```cpp
while (true) {
  // 다음 카메라 프레임을 얻음
  cv::Mat cameraFrame;
  camera >> cameraFrame;
  if (cameraFrame.empty()) {
    std::cerr<<"ERROR: Couldn't grab a camera frame."<<
    std::endl;
    exit(1);
  }
  // 빈 출력 이미지를 만듦(그릴 때 사용)
  cv::Mat displayedFrame(cameraFrame.size(), cv::CV_8UC3);

  // 카메라 프레임에서 카툰화 필터를 실행
  cartoonifyImage(cameraFrame, displayedFrame);
```

```
    // 처리된 이미지를 화면에 표시
    imshow("Cartoonifier", displayedFrame);

    // 중요: 적어도 20밀리초 동안 대기
    // 이미지를 화면에 표시!
    // GUI 윈도우에서 키를 눌렀는지 확인
    // 리눅스를 지원하려면 'char'여야 함
    auto keypress = cv::waitKey(20); // 결과 확인
    if (keypress == 27) { // 이스케이프(Escape) 키
        // 프로그램을 종료!
        break;
    }
} // while문 종료
```

## 흑백 스케치 생성하기

카메라 프레임의 스케치(흑백 그리기 black and white drawing)를 얻기 위해서는 윤곽선 검출 필터를 사용하고, 색 페인팅 값을 얻으려면 윤곽선을 유지하면서 평평한 영역 flat region을 더 부드럽게 하기 위해 윤곽선 보존 필터(양방향 필터)를 사용한다. 색 페인팅 위에 스케치 드로잉을 오버레이해 최종 앱의 스크린샷에서 앞서 보여준 것처럼 카툰 효과를 얻는다.

Sobel, Scharr, Laplacian 필터 또는 Canny 필터와 같은 다양한 윤곽선 검출기가 있다. Laplacian 윤곽선 필터는 Sobel 또는 Scharr와 비교해서는 손으로 만든 스케치와 가장 유사한 윤곽선을 생성하고 Canny 윤곽선 검출기와 비교해서는 매우 깨끗한 라인 드로잉을 생성해 일관성을 갖지만, 종종 프레임 간 선 그리기 결과는 크게 다를 수 있다.

그럼에도 불구하고 Laplacian 윤곽선 필터를 사용하기 전에 이미지의 노이즈를 줄여야 한다. 윤곽선을 날카롭게 유지하면서 노이즈를 제거하기 위해 중간값 median 필터를 사용하면 되고, 동작 속도는 양방향 필터만큼 느리지 않다. Laplacian 필터는 그레이

스케일grayscale 이미지를 사용하므로 OpenCV의 기본 BGR 형식에서 그레이스케일로 변환해야 한다. 빈 cartoon.cpp 파일에서 다음 코드를 맨 위에 놔두면 cv::와 std::를 매번 입력하지 않고도 OpenCV와 STD C++ 템플릿에 액세스할 수 있어서 편하다.

```
// OpenCV's C++ 인터페이스 포함
#include <opencv2/opencv.hpp>

using namespace cv;
using namespace std;
```

위의 코드와 나머지 코드를 cartoon.cpp 파일의 cartoonifyImage() 함수에 넣는다.

```
Mat gray;
cvtColor(srcColor, gray, CV_BGR2GRAY);
const int MEDIAN_BLUR_FILTER_SIZE = 7;
medianBlur(gray, gray, MEDIAN_BLUR_FILTER_SIZE);
Mat edges;
const int LAPLACIAN_FILTER_SIZE = 5;
Laplacian(gray, edges, CV_8U, LAPLACIAN_FILTER_SIZE);
```

Laplacian 필터는 다양한 밝기로 윤곽선을 생성하므로, 윤곽선을 스케치처럼 보이게 하려면 이진 임계값을 적용해 윤곽선을 흰색 또는 검은색으로 만든다.

```
Mat mask;
const int EDGES_THRESHOLD = 80;
threshold(edges, mask, EDGES_THRESHOLD, 255, THRESH_BINARY_INV);
```

다음 그림에서 원본 이미지(왼쪽)와 생성된 윤곽선 마스크(오른쪽)를 볼 수 있으며, 스케치 도면과 유사하다. 색 페인팅을 생성한 후(나중에 설명함)에 윤곽선 마스크를 맨 위에 두고 검은색 선을 그린다.

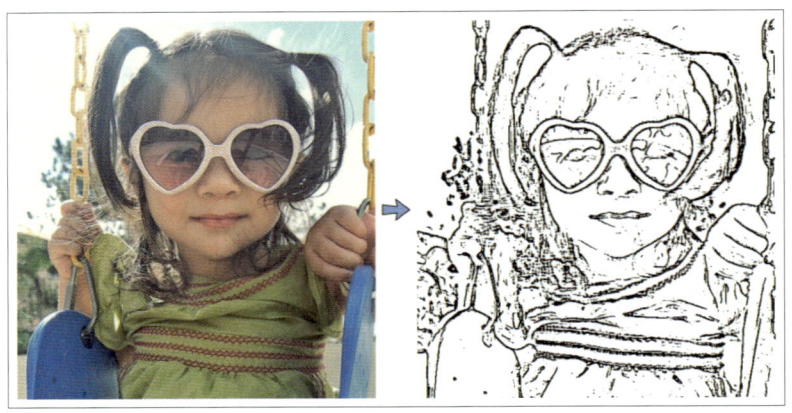

## 색 페인팅과 카툰 생성

강력한 양방향 필터는 윤곽선을 예리하게 유지하면서 평평한 영역을 매끄럽게 하므로 동작이 매우 느린 것(즉, 밀리초가 아니라 몇 초 또는 몇 분 단위로 측정)만 제외하면 자동 카툰화 또는 페인팅 필터로 사용하기 좋다. 따라서 멋진 카툰화 결과를 얻기 위해 몇 가지 트릭을 사용해야 하지만 동작 속도 측면에서는 괜찮은 속도를 지원한다. 여기서 사용할 수 있는 가장 중요한 트릭은 낮은 해상도에서 양방향 필터링을 수행하는 것이며, 전체 해상도와 비슷한 효과를 얻을 수 있고 동작은 훨씬 더 빠르다. 이를 위해 총 픽셀 수를 1/4로 줄여야 한다(예: 절반 너비 및 절반 높이).

```
Size size = srcColor.size();
Size smallSize;
smallSize.width = size.width/2;
smallSize.height = size.height/2;
Mat smallImg = Mat(smallSize, CV_8UC3);
resize(srcColor, smallImg, smallSize, 0,0, INTER_LINEAR);
```

큰 양방향 필터를 적용하는 대신에 작은 양방향 필터를 많이 적용해서 짧은 시간에 강력한 카툰화 효과를 얻을 수 있다. 필터 전체(예: 종 곡선이 21픽셀 너비일 때 크기 21×21의 필터를 사용)를 사용하는 대신, 적합한 결과를 얻기 위해 최소 필요 필터 크기만 사용한다(예: 종 곡선의 너비가 21픽셀인 경우에도 필터 크기가 9×9에 불과함). 이렇게 조정된 필터는 필터의 작은 부분(곡선 아래의 흰색 영역)을 사용하는 데 시간을 낭비하지 않고 필터의 주요 부분(회색 영역)을 적용하므로 몇 배 더 빠르게 실행된다.

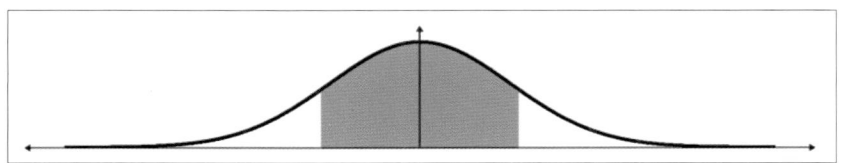

따라서 양방향 필터를 제어하는 색 강도, 위치 강도, 크기, 반복 횟수라는 네 가지 매개변수가 존재한다. bilateralFilter() 함수는 입력을 바로 덮어 쓸 수 없으므로(제자리 In-place 처리라고 함) 임시 Mat 객체가 필요하다. 임시 Mat에 저장하기 위해 필터를 사용하고, 저장된 임시 Mat을 입력에 저장하기 위해 다시 필터를 사용한다.

```
Mat tmp = Mat(smallSize, CV_8UC3);
auto repetitions = 7; // 강력한 카툰 효과를 위한 반복
for (auto i=0; i<repetitions; i++) {
  auto ksize = 9; // 필터 크기, 속도에 큰 영향 미침
  double sigmaColor = 9; // 색 강도 필터링
  double sigmaSpace = 7; // 공간 강도(spatial strength), 속도에 영향을 줌
  bilateralFilter(smallImg, tmp, ksize, sigmaColor, sigmaSpace);
  bilateralFilter(tmp, smallImg, ksize, sigmaColor, sigmaSpace);
}
```

이 이미지는 축소 적용됐으므로 이미지를 원래 크기로 다시 확장해야 한다. 그런 다음 앞에서 찾은 윤곽선 마스크를 오버레이할 수 있다. 윤곽선 마스크 스케치를 양방향 필터 페인팅(다음 이미지의 왼쪽)에 오버레이하려면 검은색 배경을 사용하고 스케치 마스크에서 윤곽선이 아닌 페인팅 픽셀을 복사할 수 있다.

```
Mat bigImg;
resize(smallImg, bigImg, size, 0,0, INTER_LINEAR);
dst.setTo(0);

bigImg.copyTo(dst, mask);
```

결과를 보면, 다음 이미지의 오른쪽에서 보는 것처럼 원본 사진의 카툰 버전으로 스케치 마스크가 그림에 겹쳐져 표시된다.

## 윤곽선 필터를 사용해 이블 모드 생성

카툰과 코믹comic에는 항상 좋은 주인공과 나쁜 주인공이 있다. 윤곽선 필터의 올바른 조합을 사용해서 가장 착해 보이는 사람들로부터 무서운 이미지를 만들어낼 수 있다. 이미지 전체에서 많은 윤곽선을 찾기 위해 작은 윤곽선 필터를 사용하고 작은 중간 필터를 사용해 윤곽선을 병합하는 트릭을 사용한다.

노이즈 감소가 있는 그레이스케일 이미지에서 이 작업을 수행해야 하므로 원본 이미지를 그레이스케일로 변환하고 7×7 중간값 필터를 적용하기 위해 앞의 코드를 계속 사용해야 한다(다음 그림의 첫 번째는 그레이스케일의 중간값 블러blur 출력을 보여준다). Laplacian 필터와 이진 임계값으로 추적하는 대신 $x$와 $y$를 따라 3×3 Scharr 그래디언트 필터를 적용하고(그림의 두 번째 이미지) 매우 낮은 컷오프를 갖는 이진 임계값(그림의 세 번째 이미지)과 3×3 중앙값 블러 효과를 사용해 최종 이블 마스크(다이어그램의 네 번째 이미지)를 만든다.

```
Mat gray;
cvtColor(srcColor, gray, CV_BGR2GRAY);
const int MEDIAN_BLUR_FILTER_SIZE = 7;
medianBlur(gray, gray, MEDIAN_BLUR_FILTER_SIZE);
Mat edges, edges2;
Scharr(srcGray, edges, CV_8U, 1, 0);
Scharr(srcGray, edges2, CV_8U, 1, 0, -1);
edges += edges2;
// x와 y 윤곽선을 함께 결합
const int EVIL_EDGE_THRESHOLD = 12
threshold(edges, mask, EVIL_EDGE_THRESHOLD, 255,
THRESH_BINARY_INV);
medianBlur(mask, mask, 3)
```

다음 다이어그램에서는 네 번째 이미지까지 적용된 이블 효과 결과를 보여준다.

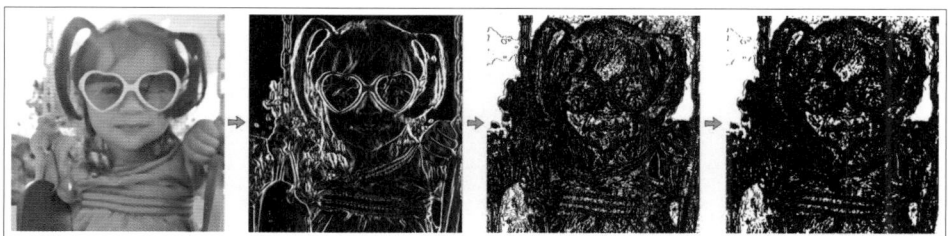

이제 이블 마스크가 생겼으므로 일반 스케치 윤곽선 마스크에서와 마찬가지로 이 마스크를 카툰화된 페인팅 이미지에 오버레이할 수 있다. 최종 결과는 다음 그림의 오른쪽과 같이 표시된다.

## 피부 검출 방법을 사용해 외계인 모드 생성

이제 스케치 모드, 카툰 모드(페인팅 + 스케치 마스크), 이블 모드(페인팅 + 이블 마스크)를 사용할 수 있으므로 얼굴의 피부 영역을 검출할 수 있는 외계인$^{alien}$ 모드와 같이 더 복잡한 것을 시도해보자. 그런 다음에는 피부색을 녹색으로 바꿔본다.

## 피부 검출 알고리즘

RGB('빨간색-녹색-파란색'의 줄임말) 또는 HSV('색채-채도-명도'의 줄임말) 값을 사용한 간단한 색 임계값, 색 히스토그램 계산 및 재투영을 사용해 피부 영역을 검출하는 데 여러 가지 기술을 사용할 수 있다. CIELab 색 공간에서 카메라 보정$^{camera\ calibration}$이 필요한 혼합 모델의 머신러닝 알고리즘, 많은 얼굴 샘플을 사용한 오프라인 훈련 등도 사용할 수 있다. 그러나 이렇게 복잡한 방법조차 다양한 카메라와 조명 조건 및 피부 유형에 무조건 적용할 수는 없다. 임베디드 디바이스에서 교정이나 훈련을 하지 않고서 피부 검출 기능을 사용하기 위해서는 이미지 필터를 사용하면 된다. 이미지 필터는 간단한 피부 검출 방법으로 충분히 활용할 수 있다. 그러나 라즈베리 파이 카메라 모듈에 있는 초소형 카메라 센서의 색 응답은 크게 다르기 때문에 어떤 피부색의 사람이든 교정하지 않고 피부를 검출하기 위해서는 단순한 색 임계값보다 더 강력한 무엇인가가 필요하다.

예를 들어 단순한 HSV 피부 검출기는 색조 색이 상당히 빨갛고 채도가 상당히 높기는 하지만, 지나치게 높지 않고 밝기가 너무 어둡거나 밝지 않은 경우에도 모든 픽셀을 피부로 간주할 수 있다. 그러나 휴대폰과 라즈베리 파이 모듈의 카메라는 종종 화이트 밸런스가 좋지 않아서 사람의 피부가 예를 들어 빨간색이 아니라 다소 파랗게 보일 수 있으며, 이는 단순한 HSV 임계값에 중요한 문제가 될 수 있다.

사용 가능한 좀 더 강력한 솔루션은 하르$^{haar}$와 LBP 캐스케이드 분류기를 사용해 얼굴 검출을 수행한 다음에(5장, 'DNN 모듈을 사용한 얼굴 검출 및 인식') 검출된 얼굴 가운데 픽셀의 색 범위를 확인하는 방법이다. 그 픽셀은 실제 사람의 스킨 픽셀이기 때문이다. 그런 다음 얼굴 중앙과 유사한 색의 픽셀이 있는지 확인하기 위해 전체 이미지 또는 주변 영역을 스캔할 수 있다. 이 방법은 피부색이 무엇이든, 또는 카메라 이미지에서 피부가 약간 파랗거나 빨갛게 보일지라도, 검출된 사람의 실제 피부 영역 중 적어도 일부를 발견할 가능성이 높다는 장점을 가진다.

불행히도 캐스케이드 분류기를 사용하는 얼굴 검출은 현재 임베디드 디바이스에서 속도가 매우 느리므로 일부 실시간 임베디드 애플리케이션에는 적합하지 않다. 반면에 모바일 앱과 일부 임베디드 시스템의 경우 사용자가 카메라와 아주 가까운 거리에서 카메라를 직접 볼 수 있으므로 얼굴의 위치와 크기를 검출하기 전에 사용자가 특정 위치와 거리에 얼굴을 둬야 한다. 앱이 사용자에게 얼굴을 특정 위치에 놓으라고 요청하거나, 사진 내 얼굴 모서리가 어디에 있는지 나타내기 위해 화면에서 수동으로 여러 포인트를 드래그$^{drag}$하도록 요청한다. 이 요청들은 많은 휴대폰 애플리케이션의 기본 동작이다. 이제 화면 중앙에 얼굴의 윤곽을 그리고, 사용자의 얼굴을 표시 위치와 크기로 이동한다.

## 사용자에게 얼굴 위치를 표시

외계인 모드를 처음 시작하면 카메라 프레임 위에 얼굴 외곽선을 그려 사용자가 얼굴을 어디에 둬야 하는지 알려준다. 고정 가로세로비$^{aspect\ ratio}$ 0.72로 이미지 높이의 70%를 차지하는 큰 타원을 그려서 카메라의 가로세로비에 따라 얼굴이 너무 얇거나 뚱뚱해지지 않도록 한다.

```
// 검은색 바탕에 색상을 가진 얼굴(color face)을 그림
Mat faceOutline = Mat::zeros(size, CV_8UC3);
Scalar color = CV_RGB(255,255,0); // 노란색
auto thickness = 4;

// 화면 높이의 70%를 얼굴 높이로 사용
auto sw = size.width;
auto sh = size.height;
int faceH = sh/2 * 70/100; // 'faceH'는 타원의 반지름

// 너비를 화면 너비와 동일한 모양으로 조정
int faceW = faceH * 72/100;
// 얼굴 외곽선을 그림
ellipse(faceOutline, Point(sw/2, sh/2), Size(faceW, faceH),
0, 0, 360, color, thickness, CV_AA);
```

얼굴임을 분명히 하고자 두 개의 눈 윤곽선을 그린다. 눈을 타원으로 그리는 대신 눈의 상단에 잘린 타원을 그리고 눈의 아래쪽에 잘린 타원을 그려서 좀 더 사실적인 느낌을 줄 수 있다(다음 이미지 참조). ellipse() 함수로 그릴 때 시작 및 끝 각도를 지정할 수 있다.

```
// 눈당 두 개의 호로 눈 윤곽선을 그림
int eyeW = faceW * 23/100;
int eyeH = faceH * 11/100;
int eyeX = faceW * 48/100;
int eyeY = faceH * 13/100;
Size eyeSize = Size(eyeW, eyeH);

// 눈의 반 타원에서 사용할 각도와 이동 정도를 설정
auto eyeA = 15; // 각도(°)
auto eyeYshift = 11;
```

```
// 오른쪽 눈의 상단을 그림
ellipse(faceOutline, Point(sw/2 - eyeX, sh/2 -eyeY),
eyeSize, 0, 180+eyeA, 360-eyeA, color, thickness, CV_AA);

// 오른쪽 눈의 밑면을 그림
ellipse(faceOutline, Point(sw/2 - eyeX, sh/2 - eyeY-eyeYshift),
eyeSize, 0, 0+eyeA, 180-eyeA, color, thickness, CV_AA);

// 왼쪽 눈의 상단을 그림
ellipse(faceOutline, Point(sw/2 + eyeX, sh/2 - eyeY),
eyeSize, 0, 180+eyeA, 360-eyeA, color, thickness, CV_AA);

// 왼쪽 눈의 밑면을 그림
ellipse(faceOutline, Point(sw/2 + eyeX, sh/2 - eyeY-eyeYshift),
eyeSize, 0, 0+eyeA, 180-eyeA, color, thickness, CV_AA);
```

입의 아랫 입술을 그리기 위해 똑같이 할 수 있다.

```
// 입의 아랫 입술을 그림
int mouthY = faceH * 48/100;
int mouthW = faceW * 45/100;
int mouthH = faceH * 6/100;
ellipse(faceOutline, Point(sw/2, sh/2 + mouthY), Size(mouthW,
mouthH), 0, 0, 180, color, thickness, CV_AA);
```

사용자가 표시된 곳에 얼굴을 둬야 한다는 것을 좀 더 명확하게 하기 위해 화면에 메시지를 표시한다.

```
// 안티앨리어싱된 텍스트(anti-aliased text)를 그림
int fontFace = FONT_HERSHEY_COMPLEX;
float fontScale = 1.0f;
int fontThickness = 2;
char *szMsg = "Put your face here";
putText(faceOutline, szMsg, Point(sw * 23/100, sh * 10/100),
fontFace, fontScale, color, fontThickness, CV_AA);
```

얼굴 윤곽이 그려졌으므로 알파 블렌딩을 사용해 카툰화된 이미지를 그려진 윤곽선과 결합해서 표시된 이미지에 오버레이할 수 있다.

```
addWeighted(dst, 1.0, faceOutline, 0.7, 0, dst, CV_8UC3);
```

그러면 다음 이미지처럼 윤곽선이 생겨서 사용자가 얼굴을 어디에 둬야 하는지 알 수 있으므로 얼굴 위치를 따로 검출할 필요가 없다.

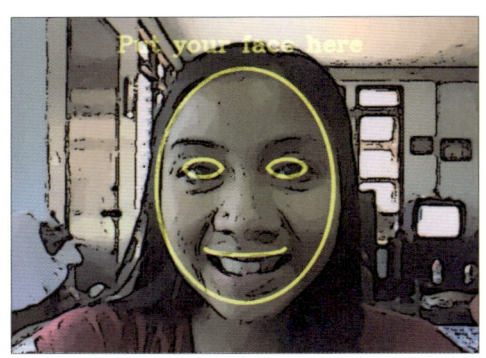

## ▌ 피부색 체인저 구현

피부색과 그 피부색이 있는 영역을 검출하는 대신 OpenCV의 `floodFill()` 함수를 사용할 수 있다. 이 기능은 대부분의 이미지 편집 소프트웨어에서 버킷 채우기 도구와 유사하다. 사용자는 화면 중앙의 영역이 스킨 픽셀이어야 한다는 것을 이미 안다(사용자가 얼굴을 중간에 놓도록 요청했기 때문에). 얼굴 전체를 녹색 피부로 변경하려면 녹색 플러드 필flood fill을 적용하면 된다. 플러드 필은 얼굴의 일부를 녹색으로 칠할 수 있다. 실제로 색, 채도, 밝기는 얼굴의 다른 부분과 다를 수 있으므로 임계값을 낮춰서 얼굴 외의 원치 않는 픽셀을 덮지 않게 할 수 있고, 플러드 필은 얼굴의 모든 피부 픽셀을 완전히 덮지 않는다. 이미지 중앙에 단일 플러드 필을 적용하는 대신에 피부 픽셀이 돼야 하는 얼굴 주위의 여섯 가지 지점에 플러드 필을 적용한다.

OpenCV의 `floodFill()`이 지닌 좋은 기능은 입력 이미지를 수정하지 않고 외부 이미지에 플러드 필을 그릴 수 있다는 것이다. 따라서 이 기능은 밝기나 채도를 변경하지 않고 피부 픽셀의 색을 조정하기 위한 마스크 이미지를 제공해 모든 스킨 픽셀이 동일한 녹색 픽셀이 됐을 때보다 더 사실적인 이미지를 만든다(얼굴의 세밀한 부분이 없어짐).

RGB 색 공간에서는 피부색 변경 동작이 제대로 되지 않는다. 얼굴의 밝기는 변경되지만 피부색은 크게 변경되지 않고, RGB는 색에서 밝기를 분리하지 않는다. 이를 위한 한 가지 해결책은 HSV 색 공간을 사용하는 것이다. HSV 색 공간은 색 공간(채도)뿐만 아니라 색(색조)에서 밝기를 구분하기 때문이다. 불행히도 피부가 대부분 빨간색을 띠고 있으므로 HSV는 색조 값을 빨간색으로 감싸고, 색조 < 10%, 색조 > 90%로 작업해야 한다. 색에서 밝기를 분리하고 일반적인 피부색의 값 범위가 두 개가 아니라 한 개(단일 범위)이므로 HSV 대신 Y'CrCb 색 공간(OpenCV에서 사용하는 YUV의 변형)을 사용해야 한다. 대부분의 카메라, 이미지, 비디오는 실제로 RGB로 변환하기 전에 YUV를 색 공간으로 사용하므로 대부분의 경우 직접 변환하지 않고도 YUV 이미지를 쉽게 얻을 수 있다.

지금 외계인 모드가 만화처럼 보이길 원하므로 이미지를 만화로 변경하고 나서 외계인 필터를 적용해야 한다. 다시 말해, 양방향 필터로 만든 축소된 색 이미지와 풀 사이즈full size 윤곽선 마스크를 사용한다. 피부 검출은 각 고해상도 픽셀의 이웃(또는 고주파 노이즈 신호 대신 저주파 신호)의 평균값을 분석하는 것과 동일하기 때문에 저해상도에서 더 잘 작동한다. 따라서 양방향 필터를 적용한 축소된 크기(반폭half-width, 반높이half-height)로 작업한다. 페인팅 이미지를 YUV로 변환해보자.

```
Mat yuv = Mat(smallSize, CV_8UC3);
cvtColor(smallImg, yuv, CV_BGR2YCrCb);
```

또한 윤곽선 마스크를 축소해 페인팅 이미지와 동일한 스케일로 만들어야 한다. 별도의 마스크 이미지로 저장할 때 OpenCV의 floodFill() 함수를 사용해 복잡한 작업을 수행해야 한다. 마스크는 전체 이미지 주위에 1 픽셀의 경계를 가져야 하므로 입력 이미지의 크기가 W×H 픽셀이면 개별 마스크 이미지는 크기가 (W + 2) × (H + 2) 픽셀이어야 한다. 그러나 floodFill() 함수를 사용하면 플러드 필(채우기) 알고리즘이 교차하지 않도록 윤곽선을 사용해 마스크를 초기화할 수 있다. 플러드 필이 얼굴 밖으로 확장되는 것을 방지하기 위해 이 기능을 사용해야 한다. 따라서 다음과 같은 두 개의 마스크 이미지를 제공해야 한다. 이미지 주위의 경계선border을 포함해야 하므로, 하나는 W×H의 윤곽선 마스크이고 다른 하나는 정확히 동일한 윤곽선 마스크이지만 크기는 (W + 2) × (H + 2)다. 동일한 데이터를 참조하는 cv::Mat 객체(또는 헤더)가 여러 개 있거나 다른 cv::Mat 이미지의 하위 영역을 참조하는 cv::Mat 객체가 있을 수도 있다. 따라서 두 개의 별도 이미지를 할당하고 윤곽선 마스크 픽셀을 복사하는 대신 경계선을 포함하는 단일 마스크 이미지를 할당하고 W×H의 추가 cv::Mat 헤더를 만든다(경계선 없이 플러드 필에서 관심 영역만 참조). 다시 말하면, 크기 (W + 2) × (H + 2) 픽셀 배열은 하나이지만 두 cv::Mat 객체를 가져야 한다. 하나는 전체 (W + 2) × (H + 2) 이미지를 참조하고, 다른 하나는 해당 이미지 중간의 W×H 영역을 참조한다.

```
auto sw = smallSize.width;
auto sh = smallSize.height;
Mat mask, maskPlusBorder;
maskPlusBorder = Mat::zeros(sh+2, sw+2, CV_8UC1);
mask = maskPlusBorder(Rect(1,1,sw,sh));
// 마스크는 maskPlusBorder에 존재
resize(edges, mask, smallSize); // 모든 객체들에 윤곽선 반영
```

윤곽선 마스크(다음 다이어그램의 왼쪽에 표시)는 강한 윤곽선과 약한 윤곽선이 모두 포함돼 있지만 강한 윤곽선만 원하므로 이진 임계값을 적용한다(다음 다이어그램의 중간 이미지 결과). 윤곽선 사이에 약간의 간격을 넣기 위해 형태 연산자 dilate()와 erode()를 결합 적용해서 약간의 간격(닫기close 연산자라고도 함)을 제거하고 오른쪽 이미지와 같이 만든다.

```
const int EDGES_THRESHOLD = 80;
threshold(mask, mask, EDGES_THRESHOLD, 255, THRESH_BINARY);
dilate(mask, mask, Mat());
erode(mask, mask, Mat());
```

다음 이미지에서 임계값 및 모폴로지 연산을 적용한 결과를 볼 수 있다. 첫 번째 이미지는 입력 윤곽선 맵이고, 두 번째 이미지는 임계값 필터이며, 마지막 이미지는 확장 및 침식 모폴로지 필터를 적용한 결과다.

앞에서 언급했듯이 얼굴 주위의 여러 지점에 플러드 필을 적용해 얼굴 전체의 다양한 색과 음영을 포함해야 한다. 다음 스크린샷의 왼쪽에 표시된 대로 코, 뺨, 이마 주위에서 여섯 개의 점을 고른다. 이 값은 앞에서의 얼굴 외곽선face outline에 따라 달라진다.

```
auto const NUM_SKIN_POINTS = 6;
Point skinPts[NUM_SKIN_POINTS];
skinPts[0] = Point(sw/2, sh/2 - sh/6);
skinPts[1] = Point(sw/2 - sw/11, sh/2 - sh/6);
skinPts[2] = Point(sw/2 + sw/11, sh/2 - sh/6);
skinPts[3] = Point(sw/2, sh/2 + sh/16);
skinPts[4] = Point(sw/2 - sw/9, sh/2 + sh/16);
skinPts[5] = Point(sw/2 + sw/9, sh/2 + sh/16);
```

이제 플러드 필에서 사용할 적합한 하한, 상한을 찾아야 한다. Y'CrCb 색상 공간에서 이 작업을 수행하며, 기본적으로 밝기가 어느 정도 변화할 수 있는지, 빨간색 구성 요소가 얼마나 변화할 수 있는지, 파란색 구성 요소가 얼마나 변화할 수 있는지를 결정한다. 여기서는 밝기를 많이 바꾸고 그림자와 하이라이트/반사를 포함시키고자 하지만, 색이 크게 달라지는 것은 원하지 않는다.

```
const int LOWER_Y = 60;
const int UPPER_Y = 80;
const int LOWER_Cr = 25;
const int UPPER_Cr = 15;
const int LOWER_Cb = 20;
const int UPPER_Cb = 15;
Scalar lowerDiff = Scalar(LOWER_Y, LOWER_Cr, LOWER_Cb);
Scalar upperDiff = Scalar(UPPER_Y, UPPER_Cr, UPPER_Cb);
```

외부 마스크에 저장하려는 것을 제외하고는 floodFill() 함수를 기본 플래그[flag]와 함께 사용하므로 FLOODFILL_MASK_ONLY를 지정해야 한다.

```
const int CONNECTED_COMPONENTS = 4; // 대각선으로 채우려면 8을 사용한다
const int flags = CONNECTED_COMPONENTS | FLOODFILL_FIXED_RANGE
 | FLOODFILL_MASK_ONLY;
Mat edgeMask = mask.clone(); // 윤곽선 마스크의 사본을 저장
// 'maskPlusBorder'는 floodFill()을 위한 윤곽선을 가지도록 초기화
for (int i = 0; i < NUM_SKIN_POINTS; i++) {
  floodFill(yuv, maskPlusBorder, skinPts[i], Scalar(), NULL,
  lowerDiff, upperDiff, flags);
}
```

다음 이미지에서 왼쪽은 여섯 개의 플러드 필 위치(원으로 표시)를 보여주고, 오른쪽은 생성된 외부 마스크를 보여준다. 여기서 피부는 그레이로 표시되고 윤곽선은 다음과 같이 흰색으로 표시된다. 다음의 오른쪽 이미지는 스킨 픽셀(값 1을 가짐)이 명확하게 표시되도록 수정됐다.

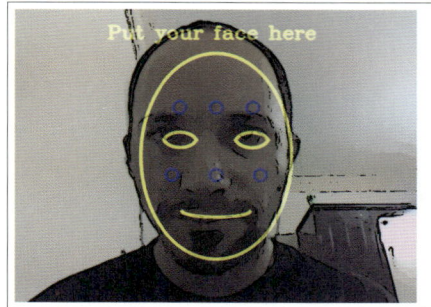
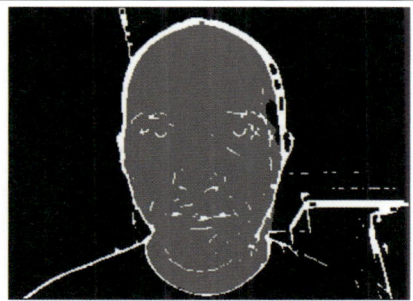

이제 마스크 이미지(이전 이미지의 오른쪽에 표시)는 다음 항목들을 가진다.

- 윤곽선 픽셀 값이 255인 픽셀
- 피부 영역 값이 1인 픽셀
- 나머지 영역은 값이 0인 픽셀

한편 edgeMask는 윤곽선 픽셀(값 255)을 가진다. 스킨 픽셀만 얻으려면 윤곽선을 제거하면 된다.

```
mask -= edgeMask;
```

mask 변수는 이제 스킨 픽셀의 경우 1, 스킨이 아닌 픽셀의 경우 0이 된다. 원본 이미지의 스킨 색과 밝기를 변경하려면 스킨 마스크와 함께 cv::add() 함수를 사용해 원본 BGR 이미지의 녹색 요소를 늘릴 수 있다.

```
auto Red = 0;
auto Green = 70;
auto Blue = 0;
add(smallImgBGR, CV_RGB(Red, Green, Blue), smallImgBGR, mask);
```

다음 다이어그램은 왼쪽의 원본 이미지와 오른쪽의 마지막 외계인 카툰 이미지를 보여준다. 이제 얼굴의 최소 여섯 개 부분이 녹색으로 바뀐다.

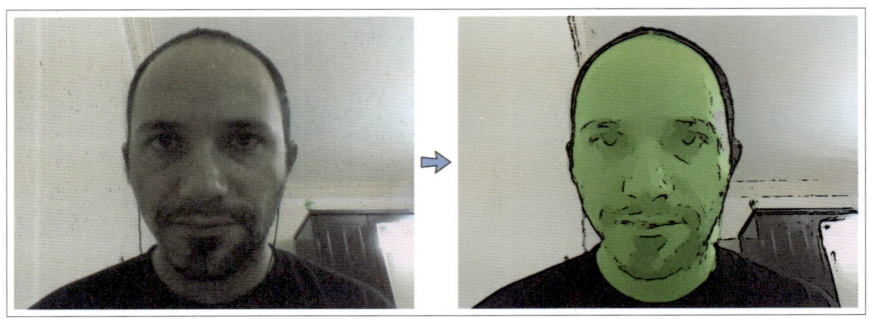

피부를 녹색으로 보이게 했지만 더 밝게 만들었다(어두운 곳에서 빛을 내는 외계인처럼 보이도록). 피부색을 밝게 만들지 않고 그대로 변경하려면 빨간색과 파란색에서 70을 빼고 녹색을 70으로 더하거나 cvtColor(src, dst, "CV_BGR2HSV_FULL")을 사용해 HSV 색 공간으로 변환하고 색조, 채도를 조정하는 등의 다른 색 변경 방법을 사용할 수 있다.

## 스케치 이미지에서 임의의 페퍼 노이즈 감소

스마트폰, 라즈베리 파이 카메라 모듈Raspberry Pi Camera Module과 일부 웹캠의 소형 카메라는 심한 이미지 노이즈를 가진다. 노이즈는 일반적으로는 사용 가능하겠지만, 5×5 Laplacian 윤곽선 필터에는 큰 영향을 미친다. 윤곽선 마스크(스케치 모드로 표시)에는 종종 '페퍼 노이즈pepper noise'라고 하는 수천 개의 작은 검은색 픽셀이 있으며, 여러 개의 검은색 픽셀은 흰색 배경에서 서로 나란히 근처에 존재한다. 이미 사용하고 있는 중간값 필터는 일반적으로 페퍼 노이즈를 제거하기에 충분하지만 일부 사용자들에게는 충분하지 않을 수 있다. 사용자의 윤곽선 마스크는 대부분 순수한 흰색 배경(값 255)이며 약간 검은 윤곽선(값 0)과 노이즈 점(값 0)들을 가진다. 표준 닫힘 모폴로지 연산자를 사용할 수 있지만 이는 많은 윤곽선을 제거한다. 따라서 표준 닫힘 모폴로지 연산자를 대신해서 사용자 지정 필터를 사용해 흰색 픽셀로 완전히 둘러싸인 작은 검은색 영역을 제거한다. 이렇게 하면 실제 윤곽선에 거의 영향을 미치지 않으면서 많은 노이즈를 제거할 수 있다.

이미지에 검은색 픽셀이 있는지 스캔하고 각 검은색 픽셀마다 5×5 정사각형 테두리를 확인해 5×5 테두리 픽셀이 모두 흰색인지 확인한다. 만약 모두 흰색이라면, 작은 검은색 노이즈 섬noise island이 있다는 것을 알고 있으므로 검은색 섬을 제거하기 위해 전체 블록을 흰색 픽셀로 채운다. 5×5 필터를 단순화하기 위해 이미지 주위의 두 테두리 픽셀을 무시하고 그대로 둔다.

다음 다이어그램의 왼쪽은 안드로이드 태블릿의 원본 이미지를 보여준다. 가운데는 스케치 모드이며 페퍼 노이즈의 작은 검은색 점들을 갖고 있다. 오른쪽은 페퍼 노이즈가 제거돼 더 깨끗하게 보이는 결과를 얻게 된다.

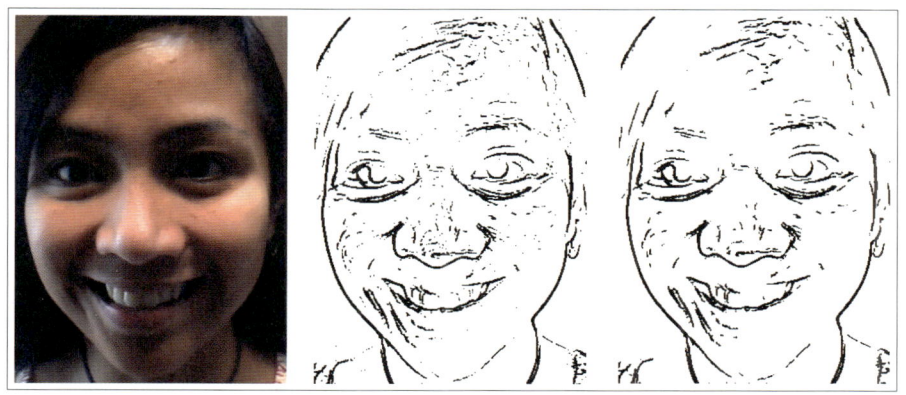

다음 코드는 removePepperNoise() 함수이며 간단하게 이미지를 편집할 수 있다.

```
void removePepperNoise(Mat &mask)
{
  for (int y=2; y<mask.rows-2; y++) {
    // 이 픽셀 근처의 다섯 개 행 각각에 액세스
    uchar *pUp2 = mask.ptr(y-2);
    uchar *pUp1 = mask.ptr(y-1);
    uchar *pThis = mask.ptr(y);
```

```cpp
        uchar *pDown1 = mask.ptr(y+1);
        uchar *pDown2 = mask.ptr(y+2);

        // 각 행에서 첫 번째(그리고 마지막) 2픽셀을 건너뜀
        pThis += 2;
        pUp1 += 2;
        pUp2 += 2;
        pDown1 += 2;
        pDown2 += 2;
        for (auto x=2; x<mask.cols-2; x++) {
            uchar value = *pThis; // 픽셀 값(0 또는 255)을 가져오기
            // 흰색 픽셀로 둘러싸인 검은색 픽셀인지를 확인
            // (즉, '섬(island)'인지 여부)
            if (value == 0) {
                bool above, left, below, right, surroundings;
                above = *(pUp2 - 2) && *(pUp2 - 1) && *(pUp2) && *(pUp2 + 1)
                    && *(pUp2 + 2);
                left = *(pUp1 - 2) && *(pThis - 2) && *(pDown1 - 2);
                below = *(pDown2 - 2) && *(pDown2 - 1) && (pDown2) &&
                    (pDown2 + 1) && *(pDown2 + 2);
                right = *(pUp1 + 2) && *(pThis + 2) && *(pDown1 + 2);
                surroundings = above && left && below && right;
                if (surroundings == true) {
                    // 5x5 블록 전체를 흰색으로 채움
                    // 5x5 테두리가 이미 흰색임을 알고 있으므로
                    // 3x3 내부 영역을 채워야 함
                    *(pUp1 - 1) = 255;
                    *(pUp1 + 0) = 255;
                    *(pUp1 + 1) = 255;
                    *(pThis - 1) = 255;
                    *(pThis + 0) = 255;
                    *(pThis + 1) = 255;
                    *(pDown1 - 1) = 255;
                    *(pDown1 + 0) = 255;
                    *(pDown1 + 1) = 255;
                    // 방금 전체 5x5 블록을 흰색으로 채웠으므로
                    // 다음 2픽셀은 검은색이 아니다
                    // 따라서 오른쪽 다음 2픽셀을 건너뜀
                    pThis += 2;
                    pUp1 += 2;
```

```
                pUp2 += 2;
                pDown1 += 2;
                pDown2 += 2;
            }
        }
        // 오른쪽의 다음 픽셀로 이동
        pThis++;
        pUp1++;
        pUp2++;
        pDown1++;
        pDown2++;
      }
   }
}
```

이 코드는 전체 동작을 모두 포함하고 있다. 임베디드 디바이스로 포팅할 수 있을 때까지 다양한 모드로 앱을 실행해본다.

## 데스크톱에서 임베디드 디바이스로 포팅

이제 프로그램이 데스크톱에서 작동하므로 임베디드 시스템으로 만들 수 있다. 여기에 제공된 세부 사항은 라즈베리 파이에만 해당되지만 비글본$^{BeagleBone}$, ODROID, 올리멕스$^{Olimex}$, 젯슨$^{Jetson}$ 등과 같은 다른 임베디드 리눅스 시스템을 개발할 때도 유사한 방법을 적용할 수 있다.

임베디드 시스템에서 코드를 실행하기 위한 여러 가지 옵션이 있으며, 각기 다른 시나리오에서 장단점을 가진다.

임베디드 디바이스의 코드를 컴파일하는 두 가지 일반적인 방법이 있다.

- 데스크톱에서 장치로 소스 코드를 복사하고 장치에서 직접 컴파일한다. 코드를 실행할 시스템과 동일한 시스템에서 컴파일하므로 네이티브 컴파일이라고 한다.

- 데스크톱의 모든 코드를 컴파일하지만 특별한 방법을 사용해 장치 코드를 만들고 최종 실행 프로그램을 장치에 복사한다. 다른 유형의 CPU 코드를 생성하는 방법을 가진 특수 컴파일러가 필요하기 때문에 이를 크로스 컴파일이라고도 한다.

특히 많은 공유 라이브러리를 사용하는 경우 크로스 컴파일은 기본 컴파일보다 구성하기가 훨씬 어렵지만, 데스크톱이 일반적으로 임베디드 디바이스보다 훨씬 빠르기 때문에 큰 프로젝트를 컴파일할 때 크로스 컴파일이 훨씬 빠르다. 수개월 동안 작업하고 프로젝트를 수백 번 컴파일할 것으로 예상되면, 라즈베리 파이 1$^{Raspberry\ Pi\ 1}$과 라즈베리 파이 제로$^{Raspberry\ Pi\ Zero}$는 데스크톱 대비 매우 느린 동작 속도를 갖기 때문에 크로스 컴파일이 더 좋은 방법이다. 그러나 대부분의 경우, 특히 소규모의 간단한 프로젝트라면 기본 컴파일이 더 쉽다.

프로젝트에서 사용하는 모든 라이브러리도 임베디드 디바이스용으로 컴파일해야 하므로 장치용 OpenCV를 컴파일해야 한다. 라즈베리 파이 1에서 기본적으로 OpenCV를 컴파일하는 데 몇 시간이 걸릴 수 있지만, 데스크톱에서 OpenCV를 크로스 컴파일하는 데는 15분 정도면 충분하다. 그러나 일반적으로 OpenCV를 한 번만 컴파일하면 모든 프로젝트에 사용할 수 있으므로, 대부분의 경우 프로젝트의 네이티브 컴파일 버전(OpenCV의 기본 컴파일 포함)을 계속 사용하는 것이 좋다.

임베디드 시스템에서 코드를 실행하는 몇 가지 방법이 있다.

- 입력으로 비디오 파일, USB 웹캠, 또는 키보드와 같은 동일한 데스크톱 입력 방법을 사용하고, 데스크톱과 동일한 출력 방식으로 HDMI 모니터에 텍스트 또는 그래픽을 표시한다.
- 입출력으로 특수 장치를 사용한다. 예를 들어, USB 웹캠 및 키보드를 입력으로 사용해 책상의 데스크톱 모니터에 출력을 표시하는 대신에 비디오 입력으로 특수 라즈베리 파이 카메라 모듈을 사용하고, 또 다른 입력으로는 사용자 정의 GPIO 푸시 버튼 또는 센서를 사용한다. 그리고 7인치 MIPI DSI 화면 또

는 GPIO LED 조명을 출력으로 사용하고 일반적인 휴대용 USB 충전기로 전원을 공급해 배낭에 컴퓨터 플랫폼 전체를 부착하거나 자전거에 장착할 수 있다.
- 다른 옵션은 임베디드 디바이스의 데이터를 다른 컴퓨터 또는 다른 장치로 스트리밍하거나, 임의의 장치로 카메라 데이터를 스트리밍하고 또 다른 장치에서는 해당 데이터를 사용하는 방법이 있다. 예를 들어, GStreamer 프레임워크를 사용해 라즈베리 파이가 이더넷 네트워크 또는 와이파이$^{Wi-Fi}$를 통해 카메라 모듈의 H.264 압축 비디오를 스트리밍하고, 로컬 네트워크의 강력한 PC/서버랙과 아마존의 AWS 클라우드 컴퓨팅 서비스는 다른 위치에서 비디오 스트림을 처리할 수 있다. 이 방법을 사용하면, 작고 저렴한 카메라 장치를 사용해 다른 곳에 위치한 대규모 처리 리소스가 필요한 복잡한 프로젝트에서도 활용할 수 있다.

디바이스에서 컴퓨터 비전을 수행하려고 한다면, 라즈베리 파이 1, 라즈베리 파이 제로, 비글본 블랙$^{BeagleBone\ Black}$과 같은 일부 저가 임베디드 디바이스는 데스크톱이나 저렴한 넷북 또는 스마트폰보다 컴퓨팅 성능이 현저히 낮다는 것을 알고 있어야 한다. 데스크톱보다 10~50배 느리므로 애플리케이션에 따라 앞서 언급한 것처럼 강력한 임베디드 디바이스가 필요하거나 비디오를 별도의 컴퓨터로 스트리밍해야 한다. 높은 컴퓨팅 성능이 필요하지 않은 경우(예를 들어, 2초마다 한 프레임만 처리하거나 160×120 이미지 해상도만 사용하는 경우), 컴퓨터 비전을 실행하고자 하는 사용자 요구 사항에는 라즈베리 파이 제로로도 충분하지만 많은 컴퓨터 비전 시스템에서는 훨씬 더 높은 컴퓨팅 성능이 필요하다. 임베디드 디바이스에서 컴퓨터 비전을 수행하려는 경우에는 라즈베리 파이 3, ODROID-XU4 또는 젯슨 TK1과 같은 2GHz 정도의 CPU나 더 빠른 장치를 사용하는 것이 좋다.

## 임베디드 디바이스의 코드를 개발하기 위한 장비 설정

데스크톱 시스템과 마찬가지로 USB 키보드 및 마우스, HDMI 모니터를 사용해 임베디드 디바이스에서 간단히 기본 코드를 컴파일하고 장치에서 코드를 실행할 수 있다. 첫 번째 단계에서는 디바이스에 코드를 복사하고 빌드 도구를 설치한 후 임베디드 시스템에서 OpenCV와 소스 코드를 컴파일한다.

라즈베리 파이와 같은 많은 임베디드 디바이스는 HDMI 포트와 하나 이상의 USB 포트를 가진다. 따라서 임베디드 디바이스의 사용을 가장 쉽게 시작하는 방법은 코드 개발 및 테스트를 수행하는 동안에 HDMI 모니터, USB 키보드 및 마우스를 연결하고 설정을 구성한 후에 출력을 확인하는 것이다. 여분의 HDMI 모니터가 있으면 장치에 연결해서 사용하면 된다. 그러나 여분의 HDMI 모니터가 없다면 임베디드 디바이스용으로 출시된 작은 HDMI 디스플레이를 구입해서 사용한다.

또한 여분의 USB 키보드 및 마우스가 없는 경우, 단일 USB 무선 동글이 있는 무선 키보드 및 마우스를 구입하는 것을 고려할 수 있으므로 키보드와 마우스에 모두 사용 가능한 단일 USB 포트를 사용한다. 많은 임베디드 디바이스는 5V 전원 공급 장치를 사용하지만 일반적으로 데스크톱, 랩톱이 USB 포트에 제공하는 것보다 더 많은 전력(전류)이 필요하다. 따라서 별도의 5V USB 충전기(최소 1.5A, 하지만 이상적으로는 2.5A) 또는 최소 1.5A의 출력 전류를 제공할 수 있는 휴대용 USB 배터리 충전기를 준비해야 한다. 장치들은 대부분 0.5A만 사용하지만 가끔 1A 이상이 필요한 경우도 있으므로 최소 1.5A 이상의 정격 전원 공급 장치를 사용하는 것이 중요하다. 그렇지 않으면 장치가 때때로 재부팅될 수 있고, 일부 하드웨어가 중요한 시점에 이상하게 작동하거나 파일시스템이 손상돼 파일을 잃을 수 있다. 카메라나 액세서리를 사용하지 않는 경우에는 1A 정도의 공급으로 충분할 수 있지만 2.0~2.5A를 사용하는 것이 더 안전하다.

예를 들어, 다음 사진의 왼쪽은 30달러의 무선 USB 키보드 및 마우스(http://ebay.to/aN2oXi), 5달러의 5V 2.5A 전원 공급 장치(https://amzn.to/UafanD), 5달러의 매우 빠른 PS3 Eye와 같은 웹캠(http://ebay.to/aVWCUS), 15~30달러의 라즈베리 파이 카메라 모

듈 v1 또는 v2와 같은 USB 웹캠(http://bit.ly/2aF9PxD), 라즈베리 파이를 개발 PC 또는 랩톱의 동일 LAN 네트워크에 연결하는 방법을 보여준다. 그리고 2달러의 이더넷 케이블(http://ebay.to/2aznnjd), 30~45달러 가격의 5인치 HDMI 저항 터치 스크린(http://bit.ly/2aHQO2G), 10달러의 8GB 마이크로 SD 카드(http://ebay.to/~2ayp6Bo), 라즈베리 파이 3를 사용한 간편한 설정 방법을 오른쪽 사진에서 보여준다. 이 HDMI 디스플레이는 라즈베리 파이용으로 특별히 설계된 것이다. 오른쪽 사진에서는 아래에 위치한 라즈베리 파이에 바로 연결되며 라즈베리 파이용 HDMI 어댑터가 있으므로(오른쪽 하단 부분) 별도 HDMI 케이블은 필요하지 않지만, 다른 경우에는 HDMI 케이블(https://amzn.to/2Rvet6H), MIPI DSI 또는 SPI 케이블이 필요할 수 있다.

또한 일부 디스플레이와 터치 패널은 작동하기 전에 설정해야 할 수도 있지만, 대부분의 HDMI 화면은 별도로 설정하지 않아도 작동할 수 있다.

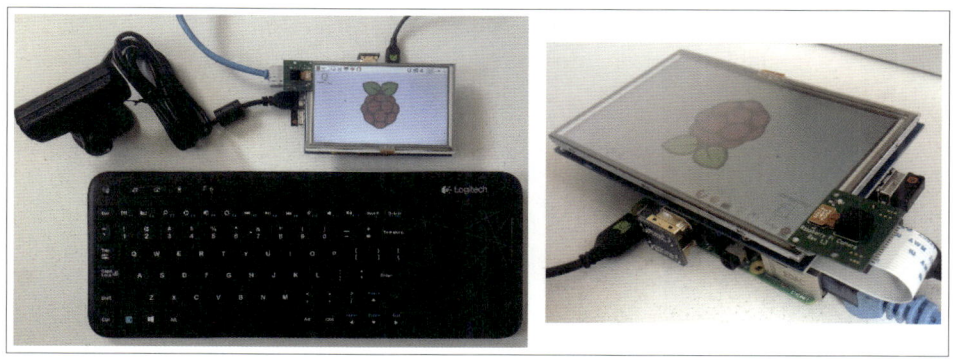

왼쪽 사진에서 검은색 USB 웹캠(LCD의 가장 왼쪽에 있음), 라즈베리 파이 카메라 모듈(LCD 왼쪽 상단 모서리에 있는 녹색 및 검은색 보드), 라즈베리 파이 보드(LCD 아래), HDMI 어댑터(아래의 라즈베리 파이로 LCD 연결 중), 파란색 이더넷 케이블(라우터에 연결), 작은 USB 무선 키보드 및 마우스 동글, 마이크로 USB 전원 케이블(5V 2.5A 전원 공급 장치 연결)을 확인할 수 있다.

## 새로운 라즈베리 파이 구성

다음 단계는 라즈베리 파이에만 해당되므로 다른 임베디드 디바이스를 사용하거나 다른 유형의 설정을 원한다면 보드 설정 방법을 웹 검색으로 확인해야 한다. 라즈베리 파이 1, 2 또는 3(라즈베리 파이 제로, 라즈베리 파이 2B, 3B 등의 변형과 USB 이더넷 동글을 꽂은 라즈베리 파이 1A+ 변형 포함)를 설정하려면 다음 단계를 거쳐야 한다.

1. 우수한 품질의 새 마이크로 SD 카드(최소 8GB)를 준비한다. 저렴한 마이크로 SD 카드나 품질이 저하됐을지도 모를 오래된 마이크로 SD 카드를 사용한다면 라즈베리 파이 부팅을 신뢰할 수 없게 되므로, 라즈베리 파이 부팅에 문제가 있다면 최소 45Mbps를 처리하거나 4K 비디오를 처리할 수 있는 클래스 10의 마이크로 SD 카드(예: SanDisk Ultra 이상)로 바꾼다.

2. 최신 라즈비안Raspbian IMG(NOOBS 아님)를 다운로드해 마이크로 SD 카드에 저장한다. IMG 굽기는 단순히 파일을 SD로 복사하는 것과 다르다. https://www.raspberrypi.org/documentation/installation/installing-images/를 방문해 데스크톱 운영체제의 가이드에 따라 라즈비안을 마이크로 SD 카드에 넣는다. 그러면 이전 카드에 있던 파일들은 지워진다.

3. USB 키보드 및 마우스와 HDMI 디스플레이를 라즈베리 파이에 연결하면 일부 명령을 쉽게 실행하고 출력을 볼 수 있다.

4. 라즈베리 파이를 1.5A 이상(이상적으로 2.5A 이상)인 5V USB 전원 공급 장치에 연결한다. 컴퓨터 USB 포트로는 충분하지 않다.

5. 라즈비안 리눅스Raspbian Linux를 부팅하는 동안에는 여러 페이지의 텍스트 스크롤이 표시되며 1~2분 정도 후에는 준비가 완료된다.

6. 부팅 후에 일부 텍스트가 있는 검은색 콘솔 화면(예: 라즈비안 라이트Raspbian Lite를 다운로드한 경우)이 표시되고 텍스트 전용 로그인 프롬프트가 표시된다. 사용자 이름 pi를 입력하고 Enter를 누른다. 그런 다음에는 raspberry를 암호로 입력하고 Enter를 다시 누른다.

7. 그래픽 디스플레이로 부팅된 경우라면, 상단의 검은색 Terminal(터미널) 아이콘을 클릭해 셸(명령 프롬프트)을 연다.

8. 라즈베리 파이에서 일부 설정을 초기화한다.

    ○ `sudo raspi-config`를 입력하고 Enter를 누른다(아래 스크린샷 참조).
    ○ 먼저 Expand Filesystem(파일시스템 확장)을 실행한 다음에, 장치 설정을 완료하고 재부팅해 라즈베리 파이가 전체 마이크로 SD 카드를 사용할 수 있도록 한다.
    ○ Internationalization Options(국가별 시스템 설정 옵션)에서 영국식 키보드가 아닌 일반(미국식) 키보드를 사용하는 경우 Generic 104-key keyboard, Other, English (US)로 변경한 다음에 특별한 키보드를 사용하지 않는다면 AltGr(오른쪽 Alt 키) 및 유사한 질문에 대해 Enter를 누르고 진행한다.
    ○ Enable Camera(카메라 활성화)에서 라즈베리 파이 카메라 모듈을 활성화한다.
    ○ Overclock Options(오버클럭 옵션)에서 라즈베리 파이 2 또는 이와 유사한 장치로 설정하면 장치가 더 빨리 실행되지만 더 많은 열이 발생할 수 있다.
    ○ Advanced Options(고급 옵션)에서 SSH 서버를 활성화한다.
    ○ Advanced Options(고급 옵션)에서 라즈베리 파이 2 또는 3를 사용하는 경우 GPU에서 비디오 처리를 위한 충분한 램$^{RAM}$을 사용할 수 있도록 Memory Split(메모리 분할)을 256MB로 변경한다. 라즈베리 파이 1 또는 라즈베리 파이 제로의 경우 64MB 또는 기본값을 사용한다.
    ○ 완료한 다음 장치를 재부팅한다.

9. (선택 사항): Wolfram을 삭제해 SD 카드에서 600MB의 공간을 절약할 수 있다.

```
sudo apt-get purge -y wolfram-engine
```

`sudo apt-get install wolfram-engine`을 사용해 다시 설치할 수 있다. SD 카드의 남은 공간을 보려면 다음 명령을 수행한다.

```
df -h | head -2:
```

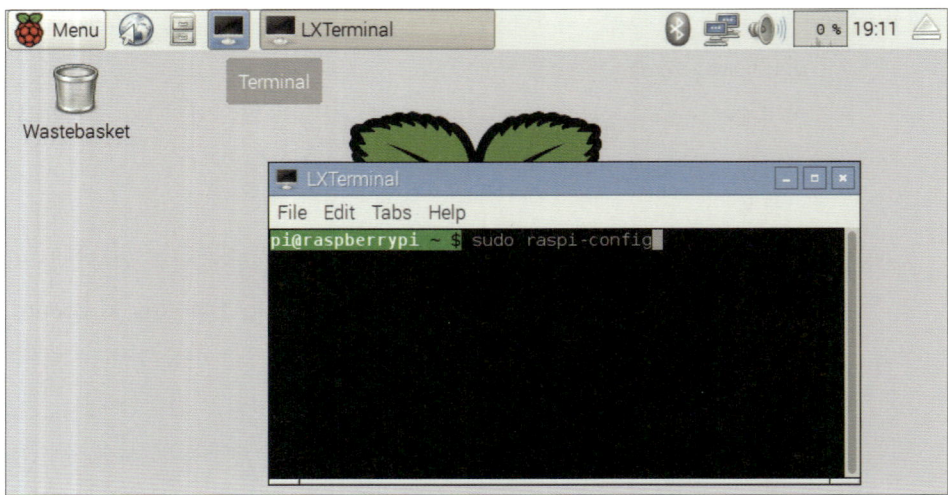

10. 라즈베리 파이를 인터넷 라우터에 연결했다고 가정하면 지금은 이미 인터넷에 연결돼 있어야 한다. 그러면 라즈베리 파이를 최신 라즈베리 파이 펌웨어, 소프트웨어 위치, 운영체제, 소프트웨어로 업데이트할 수 있다. 여기서 한 가지 유의할 점이 있다. 많은 라즈베리 파이 튜토리얼에서는 `sudo rpi-update`를 실행해야 한다고 말한다. 그렇지만 `rpi-update`를 사용하면 테스트 중인 가장 최신 버전으로 업데이트하기 때문에 시스템, 펌웨어가 불안정해질 수 있으므로 당분간은 `rpi-update`를 하지 않는다. 다음의 가이드는 안정적인 버전의 소프트웨어와 펌웨어를 갖도록 라즈베리 파이를 업데이트하는 방법이다(이 명령을 사용하면 최대 1시간이 소요될 수 있다).

```
sudo apt-get -y update
sudo apt-get -y upgrade
sudo apt-get -y dist-upgrade
sudo reboot
```

11. 디바이스의 IP 주소를 찾는다.

    ```
    hostname -I
    ```

12. 데스크톱에서 장치에 액세스한다. 예를 들어 장치의 IP 주소가 192.168.2.101 이라고 가정한다. 리눅스 데스크톱에서 이 주소 값을 입력한다.

    ```
    ssh-X pi@192.168.2.101
    ```

    또는 윈도우 데스크톱에서 다음을 수행한다.

    1. PuTTY를 다운로드하고, 설치하고, 실행한다.
    2. PuTTY에서 사용자는 비밀번호 raspberry를 사용해 IP 주소(192.168.2.101)에 연결한다.

13. 선택적으로 명령 프롬프트 command prompt가 명령들과 다른 색으로 표시되고 각 명령 후에 오류 값을 표시하려면 다음과 같이 입력한다.

    ```
    nano ~/.bashrc
    ```

14. 다음 줄을 아래에 추가한다.

    ```
    PS1="[e[0;44m]u@h: w ($?) $[e[0m] "
    ```

15. 파일을 저장한다(Ctrl + X를 누른 다음 Y를 누르고 Enter를 누른다).
16. 새로운 설정을 적용한다.

    ```
    source ~/.bashrc
    ```

17. 유휴 idle 상태에서 라즈비안의 화면 보호기/화면 보호기 절전 기능으로 화면을 끄지 않도록 하려면 다음 명령어를 사용한다.

```
sudo nano /etc/lightdm/lightdm.conf
```

18. 그리고 다음 단계를 수행한다.

    1. `# xserver-command = X` 행을 찾는다(Alt + G를 누른 다음 87을 입력하고 Enter를 눌러 87행으로 점프).

    2. `xserver-command = X -s 0 dpms`로 변경한다.

    3. 파일을 저장한다(Ctrl + X를 누른 다음 Y를 누르고 Enter를 누른다).

19. 마지막으로 라즈베리 파이를 재부팅한다.

```
sudo reboot
```

이제 디바이스에서 개발을 시작할 준비가 됐다.

## 임베디드 디바이스에서 OpenCV 설치

라즈베리 파이와 같은 데비안$^{Debian}$ 기반 임베디드 디바이스에서 OpenCV와 모든 종속 항목을 설치할 수 있는 매우 쉬운 방법이 있다.

```
sudo apt-get install libopencv-dev
```

그리고 1년이나 2년 정도 지난 이전 버전의 OpenCV도 설치할 수 있다.

라즈베리 파이와 같은 임베디드 디바이스에 최신 버전의 OpenCV를 설치하려면 OpenCV 소스 코드를 빌드해야 한다. 먼저 컴파일러를 설치하고 시스템을 구축한 다음, OpenCV에서 사용할 라이브러리와 OpenCV 자체를 설치한다. 리눅스에서 OpenCV 소스를 컴파일하는 단계는 데스크톱 또는 임베디드 시스템에서 컴파일할 때와 동일하다. 이 책에서는 리눅스 스크립트 install_opencv_from_source.sh가 제공된다. 파일을 라즈베리 파이(예: USB 플래시 스틱)에 복사하고 스크립트를 실행해 잠재적

멀티 코어 CPU 및 ARM NEON SIMD(하드웨어 지원에 따라 다름) 최적화를 포함한 OpenCV를 다운로드하고 빌드한 후 설치한다.

```
chmod +x install_opencv_from_source.sh
./install_opencv_from_source.sh
```

 예를 들어 인터넷에 액세스할 수 없거나 종속성 패키지가 이미 설치한 것과 충돌하는 경우 오류가 발생하면서 스크립트가 중지된다. 스크립트가 오류와 함께 중지되면 웹에서 찾은 정보를 사용해 해당 오류를 해결한 다음 스크립트를 다시 실행한다. 스크립트로 이전의 모든 단계를 빠르게 확인한 다음 마지막 단계부터 계속 진행한다. 하드웨어와 소프트웨어에 따라 20분에서 12시간 정도 소요된다.

OpenCV를 설치할 때마다 몇 가지 OpenCV 샘플을 빌드하고 실행해보는 것이 좋다. 그러면 사용자 자신의 코드를 빌드할 때 문제가 있는 경우, 최소한 OpenCV 설치 문제인지 아니면 자신의 코드 문제인지를 알 수 있다.

간단한 edge 샘플 프로그램을 만들어보자. OpenCV 2에서와 동일한 리눅스 명령으로 빌드하려고 하면 빌드 오류가 발생한다.

```
cd ~/opencv-4.*/samples/cpp
g++ edge.cpp -lopencv_core -lopencv_imgproc -lopencv_highgui
-o edge
/usr/bin/ld: /tmp/ccDqLWSz.o: undefined reference to symbol
'_ZN2cv6imreadERKNS_6StringEi'
/usr/local/lib/libopencv_imgcodecs.so.4..: error adding symbols: DSO
missing from command line
collect2: error: ld returned 1 exit status
```

이 오류 메시지의 두 번째 줄부터 마지막 줄까지는 라이브러리가 명령줄에서 누락됐다는 것을 나타낸다. 따라서 링크한 다른 OpenCV 라이브러리 옆에 -lopencv_imgcodecs

를 추가하기만 하면 된다. 이제 OpenCV 3 프로그램을 컴파일할 때 오류 메시지가 나오면 어떻게 문제를 해결하는지 알게 됐다. 이제 제대로 해보자.

```
cd ~/opencv-4.*/samples/cpp
g++ edge.cpp -lopencv_core -lopencv_imgproc -lopencv_highgui -lopencv_imgcodecs -o edge
```

효과가 있다! 이제 프로그램을 실행할 수 있다.

```
./edge
```

키보드에서 **Ctrl** + **C**를 눌러 프로그램을 종료할 수 있다. SSH 터미널에서 명령을 실행하고 디바이스의 LCD 화면에 표시되도록 창을 리디렉션하지 않으면 윤곽선 프로그램은 정지할 수 있다. 따라서 SSH를 사용해 프로그램을 원격으로 실행하는 경우 명령 앞에 DISPLAY=:0을 추가한다.

```
DISPLAY=:0 ./edge
```

그리고 USB 웹캠을 장치에 연결하고 작동하는지 테스트해야 한다.

```
g++ starter_video.cpp -lopencv_core -lopencv_imgproc
-lopencv_highgui -lopencv_imgcodecs -lopencv_videoio \
-o starter_video
DISPLAY=:0 ./starter_video 0
```

USB 웹캠이 없는 경우에는 비디오 파일을 사용해 테스트할 수 있다.

```
DISPLAY=:0 ./starter_video ../data/768x576.avi
```

OpenCV가 디바이스에 성공적으로 설치됐으므로 이전에 개발한 카툰화 애플리케이션을 실행할 수 있다. 카툰화 폴더를 장치에 복사한다(예: USB 플래시 스틱을 사용하거나 네트워크를 통해 scp를 사용해서 파일을 복사한다). 그런 다음 데스크톱과 마찬가지로 코드를 사용한다.

```
cd ~/Cartoonifier
export OpenCV_DIR="~/opencv-3.1.0/build"
mkdir build
cd build
cmake -D OpenCV_DIR=$OpenCV_DIR ..
make
```

그리고 다음과 같이 실행한다.

```
DISPLAY=:0 ./Cartoonifier
```

모든 것이 정상적으로 수행됐으면 다음과 같이 애플리케이션이 실행되는 창을 볼 수 있다.

**라즈베리 파이 카메라 모듈 사용**

라즈베리 파이에서 USB 웹캠을 사용하면 데스크톱에서 임베디드 디바이스와 동일한 동작 및 코드를 편리하게 지원할 수 있지만, 공식 라즈베리 파이 카메라 모듈(라즈베리 파이 캠$^{Raspberry\ Pi\ Cam}$이라고 함) 중 하나를 사용하는 것이 좋다. 이 모듈들은 USB 웹캠과 비교해서 몇 가지 장단점이 있다.

라즈베리 파이 캠은 스마트폰 카메라가 적은 전력을 사용하도록 설계된 특수 MIPI CSI 카메라 형식을 사용한다. USB에 비해 물리적 크기가 작고 대역폭이 빠르고 해상도와 프레임 속도가 높으며 대기 시간이 짧다. USB 2.0은 속도가 느리기 때문에 대부분의 USB 2.0 웹캠은 640×480 또는 1280×720 30FPS 비디오만 제공할 수 있다(온보드 비디오 압축을 수행하는 일부 비싼 USB 웹캠은 제외). 하지만 USB 3.0 가격은 여전히 너무 비싸다. 그러나 스마트폰 카메라(라즈베리 파이 캠 포함)는 종종 1920×1080 30FPS 또는 Ultra HD/4K 해상도를 제공할 수 있다. 실제로 라즈베리 파이 캠 v1은 라즈베리 파이 내부의 카메라/호환 비디오 처리 ISP 및 GPU 하드웨어에 MIPI CSI를 사용해, 5달러의 라즈베리 파이 제로에서도 최대 2592×1944 15FPS 또는 1920×1080 30FPS 비디오를 제공할 수 있다. 라즈베리 파이 캠은 90FPS 모드에서 640×480(예: 슬로우 모션 캡처)을 지원하며 실시간 컴퓨터 비전에 매우 유용하므로 분석하기 어려운 큰 움직임 대신 각 프레임에서의 매우 작은 움직임을 볼 수 있다.

그러나 라즈베리 파이 캠은 전기 간섭, 정전기 또는 물리적 손상에 매우 민감한 일반 회로 기판이다(작고 평평한 주황색 케이블을 손가락으로 만지면 비디오 간섭이 발생하거나 카메라가 영구적으로 손상될 수 있다!). 크고 평평한 흰색 케이블은 훨씬 덜 민감하지만 전기 노이즈나 물리적 손상에는 여전히 매우 민감하다. 라즈베리 파이 캠에는 매우 짧은 15cm 케이블이 제공된다. 길이가 5cm~1m인 타사 케이블을 이베이$^{eBay}$에서 구입할 수 있지만, 케이블 길이가 50cm 이상인 경우 USB 웹캠은 2~5m 케이블을 사용할 수 있으며 장거리를 지원하기 위한 USB 허브 또는 활성 확장 케이블에 꽂을 수 있다.

현재 내부 적외선 필터가 없는 NoIR 버전과 같은 여러 가지 라즈베리 파이 캠 모델이 있다. 따라서 NoIR 카메라는 어두운 곳에서도 쉽게 보거나(보이지 않는 적외선 광원이 있는 경우) 적외선 필터가 포함된 일반 카메라보다 훨씬 더 선명한 적외선 레이저 또는 신호를 볼 수 있다. 라즈베리 파이 캠에는 두 가지 버전인 라즈베리 파이 캠 v1.3과 라즈베리 파이 캠 v2.1이 있다. 여기서 v2.1은 5메가 픽셀 OmniVision 센서 대신 Sony 8메가 픽셀 센서가 있는 광각 렌즈를 사용하며, 낮은 조명 조건에서 모션을 지원하고 15FPS에서 3240×2464 비디오와 720p에서 최대 120FPS 비디오를 지원한다. 그렇지만 USB 웹캠은 수천 가지 모양과 버전으로 제공되므로 라즈베리 파이 캠용 사용자 정의 하우징을 만들 필요 없이 방수 또는 산업용 웹캠과 같은 특수 웹캠을 쉽게 찾아 사용할 수 있다.

IP 카메라는 라즈베리 파이로 1080p 이상의 고해상도 비디오를 지원하는 카메라 인터페이스의 또 다른 옵션이다. IP 카메라는 매우 긴 케이블을 지원할 뿐만 아니라 인터넷을 사용해 전 세계 어디에서나 작동할 수 있지만, USB 웹캠이나 라즈베리 파이 캠만큼 OpenCV와 인터페이스하기는 쉽지 않다.

과거 라즈베리 파이 캠과 공식 드라이버는 OpenCV와 직접 호환되지 않았다. 라즈베리 파이 캠에서 프레임을 가져오기 위해 종종 사용자 지정 드라이버를 사용하고 코드를 수정했지만, 이제는 USB 웹캠과 동일한 방식으로 OpenCV의 라즈베리 파이 캠에 액세스할 수 있다. V4L2 드라이버의 최근 개선 사항 덕분에 V4L2 드라이버를 로드하면 라즈베리 파이 캠이 일반 USB 웹캠처럼 /dev/video0 또는 /dev/video1 파일로 나타난다. 따라서 `cv::VideoCapture(0)`과 같은 기존 OpenCV 웹캠 코드를 그대로 사용할 수 있다.

**라즈베리 파이 카메라 모듈 드라이버 설치**

먼저 라즈베리 파이 캠용 V4L2 드라이버를 임시로 로드해 카메라가 올바르게 연결돼 있는지 확인한다.

```
sudo modprobe bcm2835-v4l2
```

명령이 실패한 경우(오류 메시지가 콘솔에 출력된 경우, 명령 수행이 멈추거나 명령이 0 이외의 숫자를 반환한 경우)는 카메라가 올바르게 연결되지 않은 것이다. 라즈베리 파이의 전원을 끄고 플러그를 뽑은 다음 평평한 흰색 케이블을 다시 연결해 웹의 사진을 보고 올바른 방향으로 연결돼 있는지 확인한다. 올바른 방향으로 연결돼 있다면 라즈베리 파이의 잠금 탭을 닫기 전에 케이블이 완전히 삽입되지 않았을 수 있다. 또한 sudo raspi-config 명령을 사용해 이전에 라즈베리 파이를 구성할 때 카메라 활성화를 클릭하지 않았는지 확인한다.

명령이 작동하면(명령 수행 후 0을 반환하고 오류가 콘솔에 인쇄되지 않은 경우) /etc/modules 파일의 맨 아래에 추가해 라즈베리 파이 캠용 V4L2 드라이버가 부팅할 때 항상 로드되도록 한다.

```
sudo nano /etc/modules

# 부팅할 때 라즈베리 파이 카메라 모듈 V4L2 드라이버 로드
bcm2835-v4l2
```

파일을 저장하고 라즈베리 파이를 재부팅한 후 ls /dev/video*를 실행해 라즈베리 파이에서 사용 가능한 카메라 목록을 볼 수 있다. 라즈베리 파이 캠이 보드에 연결된 유일한 카메라인 경우 기본 카메라(/dev/video0)로 표시되거나, USB 웹캠이 연결돼 있으면 /dev/video0 또는 /dev/video1을 볼 수 있다.

앞에서 컴파일한 starter_video 샘플 프로그램을 사용해 라즈베리 파이 캠을 테스트한다.

```
cd ~/opencv-4.*/samples/cpp
DISPLAY=:0 ./starter_video 0
```

카메라가 잘못 표시되면 DISPLAY=:0 ./starter_video 1로 바꿔 시도한다.

라즈베리 파이 캠이 OpenCV를 잘 작동시키는 것을 알았으므로 카툰화를 사용한다.

```
cd ~/Cartoonifier
DISPLAY=:0 ./Cartoonifier 0
```

또는 다른 카메라에 대해 DISPLAY=:0 ./Cartoonifier 1을 사용한다.

### 카툰화를 전체 화면으로 실행

임베디드 시스템에서는 종종 애플리케이션을 전체 화면에서 사용하고 리눅스 GUI 및 메뉴는 숨긴다. OpenCV는 전체 화면 창 속성을 설정하는 쉬운 방법을 제공하지만, NORMAL 플래그를 사용해 창을 만들어야 한다.

```
// 화면에서 나타내기 위해 전체 화면 GUI 창 만들기
namedWindow(windowName, WINDOW_NORMAL);
setWindowProperty(windowName, PROP_FULLSCREEN,
CV_WINDOW_FULLSCREEN);
```

### 마우스 커서 숨기기

임베디드 시스템에서 마우스를 사용하지 않으려고 할 때도 마우스 커서가 창 위에 표시된다. 마우스 커서를 숨기려면 xdotool 명령을 사용해 오른쪽 하단 모서리에 있는 픽셀로 이동시켜 눈에 띄지 않게 할 수 있다. 그리고 마우스를 가끔씩 꽂아 장치를 디버깅하려는 경우에 사용할 수 있다.

Xdotool을 설치하면 카툰화로 짧은 리눅스 스크립트를 실행할 수 있다.

```
sudo apt-get install -y xdotool
cd ~/Cartoonifier/build
```

xdotool을 설치한 후, 이제 스크립트를 작성하고 사용자가 원하는 편집기로 runCartoonifier.sh라는 이름의 새 파일을 만든다.

```
#!/bin/sh
# 마우스 커서를 화면의 아래 오른쪽 픽셀 쪽으로 이동
xdotoolmousemove 3000 3000
# 주어진 인수를 갖고 카툰화 실행
/home/pi/Cartoonifier/build/Cartoonifier "$@"
```

마지막으로 스크립트를 실행 가능하게 만든다.

```
chmod +x runCartoonifier.sh
```

스크립트를 실행해 작동하는지 확인한다.

```
DISPLAY=:0 ./runCartoonifier.sh
```

## 부팅 후 카툰화를 자동으로 실행

임베디드 디바이스를 빌드할 때 사용자가 수동으로 애플리케이션을 실행하지 않고 디바이스가 부팅된 후 애플리케이션이 자동으로 실행되길 원할 수 있다. 디바이스가 완전히 부팅되고 그래픽 데스크톱에 로그인한 후에 애플리케이션이 자동으로 실행되려면, 스크립트 또는 애플리케이션의 전체 경로를 비롯해 다음 내용을 포함한 파일이 있는 자동 시작 폴더를 만들어야 한다.

```
mkdir ~/.config/autostart
nano ~/.config/autostart/Cartoonifier.desktop

[Desktop Entry]
Type=Application
```

```
Exec=/home/pi/Cartoonifier/build/runCartoonifier.sh
X-GNOME-Autostart-enabled=true
```

이제 장치를 켜거나 재부팅할 때마다 카툰화가 실행된다.

### 데스크톱과 임베디드 디바이스에서의 카툰화 동작 속도 비교

라즈베리 파이에서 코드는 데스크톱보다 훨씬 느리게 실행된다. 훨씬 빠르게 실행하기 위한 두 가지 쉬운 방법은 더 빠른 장치를 사용하거나 더 작은 카메라 해상도를 사용하는 것이다. 다음 표는 데스크톱, 라즈베리 파이 1, 라즈베리 파이 2, 라즈베리 파이 3, 젯슨 TK1에서 카툰화의 스케치/페인트 모드가 지원하는 초당 프레임 수(FPS)를 보여준다. 속도를 측정할 때는 사용자 정의 최적화가 없고 단일 CPU 코어에서만 실행되며 동작 시간에는 이미지를 화면에 렌더링하는 시간이 포함된다. 사용된 USB 웹캠은 시중에서 가장 저렴한 저비용 웹캠이고, 640×480에서 실행되는 가장 빠른 PS3 Eye 웹캠을 사용했다.

카툰화는 단일 CPU 코어만 사용하지만, 나열된 모든 디바이스에서 단일 코어가 있는 라즈베리 파이 1과 제로를 제외하고 다른 디바이스들은 네 개의 CPU 코어를 갖고 있으며 x86 컴퓨터는 약 여덟 개의 CPU 코어를 가지고 하이퍼 스레딩을 지원한다. 따라서 여러 CPU 코어(또는 GPU)를 효율적으로 사용하기 위한 코드를 사용한 경우의 속도는 표시된 단일 스레드 수치보다 1.5~3배 더 빠를 수 있다.

| 컴퓨터 | 스케치 모드 | 페인트 모드 |
| --- | --- | --- |
| 인텔 코어 i7 PC | 20FPS | 2.7FPS |
| 젯슨 TK1 ARM CPU | 16FPS | 2.3FPS |
| 라즈베리 파이 3 | 4.3FPS | 0.32FPS (3초/프레임) |
| 라즈베리 파이 2 | 3.2FPS | 0.28FPS (4초/프레임) |
| 라즈베리 파이 제로 | 2.5FPS | 0.21FPS (5초/프레임) |
| 라즈베리 파이 1 | 1.9FPS | 0.12FPS (8초/프레임) |

라즈베리 파이는 특히 페인트 모드로 코드를 실행할 때 속도가 매우 느리므로 카메라와 카메라 해상도를 간단히 변경해야 한다.

**카메라 및 카메라 해상도 변경**

다음 표는 다른 유형의 카메라와 다른 카메라 해상도를 사용해 라즈베리 파이 2에서 스케치 모드 속도를 비교한 결과를 보여준다.

| 하드웨어 | 640×480 해상도 | 320×240 해상도 |
| --- | --- | --- |
| 라즈베리 파이 2(라즈베리 파이 캠) | 3.8FPS | 12.9FPS |
| 라즈베리 파이 2(PS3 Eye 웹캠) | 3.2FPS | 11.7FPS |
| 라즈베리 파이 2(브랜드 없는 웹캠) | 1.8FPS | 7.4FPS |

보다시피, 320×240 해상도에서 라즈베리 파이 캠을 사용할 때 사용자가 선호하는 20~30FPS 범위가 아니더라도 충분한 재미를 가진 솔루션을 사용할 수 있다.

**데스크톱과 임베디드 시스템에서 실행되는 카툰화의 전력 소모**

라즈베리 파이 1이 데스크톱보다 약 20배 느리고 젯슨 TK1이 데스크톱보다 약 1.5배 느리다는 점에서 다양한 임베디드 디바이스가 데스크톱보다 느리다는 것을 알았다. 그러나 일부 작업의 경우 배터리가 작거나 서버의 전기 비용이 낮거나 발열량이 적다면, 비록 동작은 저속이더라도 배터리 소모량이 현저히 낮기 때문에 사용할 수 있다.

라즈베리 파이는 동일한 프로세서를 사용하면서도 라즈베리 파이 1B, 제로, 1A+와 같이 서로 다른 모델을 제공한다. 라즈베리 파이 1B, 제로, 1A+는 모두 비슷한 속도로 실행되지만 전력 소비는 크게 다르다. 라즈베리 파이 캠과 같은 MIPI CSI 카메라의 경우에는 웹캠보다 전력을 덜 사용한다. 다음 표는 동일한 카툰화 코드를 실행하는 서로 다른 하드웨어에서 사용되는 전력량을 보여준다. 라즈베리 파이의 전력 측정은 간단한 USB 전류 모니터(예: 5달러의 J7-T 안전 테스터(http://bit.ly/2aSZa6H))와 DMM 멀티미터를 사용해 다음 사진과 같이 수행됐다.

유휴 전력은 컴퓨터가 실행 중이지만 주요 애플리케이션을 사용하지 않을 때의 전력을 측정한 결과이며, 카툰화 사용 전력은 실행 중인 구간을 측정했다. 효율성$^{efficiency}$은 640×480 스케치 모드에서 속도/전력 값으로 나타냈다.

| 하드웨어 | 유휴 전력 | 카툰화 소모 전력 | 효율성 |
| --- | --- | --- | --- |
| 라즈베리 파이 제로(PS3 Eye 사용) | 1.2와트 | 1.8와트 | 1.4프레임/와트 |
| 라즈베리 파이 1A+(PS3 Eye 사용) | **1.1와트** | **1.5와트** | 1.1프레임/와트 |
| 라즈베리 파이 1B(PS3 Eye 사용) | 2.4와트 | 3.2와트 | 0.5프레임/와트 |
| 라즈베리 파이 2B(PS3 Eye 사용) | 1.8와트 | 2.2와트 | 1.4프레임/와트 |
| 라즈베리 파이 3B(PS3 Eye 사용) | 2.0와트 | 2.5와트 | 1.7프레임/와트 |
| 젯슨 TK1 | 2.8와트 | 4.3와트 | **3.7프레임/와트** |
| Core i7 랩톱(PS3 Eye 사용) | 14.0와트 | 39.0와트 | 0.5프레임/와트 |

라즈베리 파이 1A+는 최소 전력을 사용하지만, 가장 전력 효율적인 옵션을 고르면 젯슨 TK1과 라즈베리 파이 3B다. 흥미롭게도 오리지널 라즈베리 파이(라즈베리 파이 1B)는 x86 랩톱과 거의 동일한 효율을 가진다. 다른 라즈베리 파이들은 오리지널(라즈베리 파이 1B)보다 훨씬 더 효율적이다.

 나는 젯슨 TK1을 만든 NVIDIA의 전 직원이었지만, 아무런 사심 없이 공정하게 비교 결과를 분석하고 결론을 내렸다는 사실을 밝혀둔다.

라즈베리 파이와 호환되는 다른 카메라의 전력 소모량도 살펴보자.

| 하드웨어 | 유휴 전력 | 카툰화 소모 전력 | 효율성 |
| --- | --- | --- | --- |
| 라즈베리 파이 제로(PS3 Eye) | 1.2와트 | 1.8와트 | 1.4프레임/와트 |
| 라즈베리 파이 제로(라즈베리 파이 캠 v1.3) | 0.6와트 | 1.5와트 | 2.1프레임/와트 |
| 라즈베리 파이 제로(라즈베리 파이 캠 v2.1) | **0.55와트** | **1.3와트** | **2.4프레임/와트** |

라즈베리 파이 캠 v2.1은 라즈베리 파이 캠 v1.3보다 약간 더 전력 효율적이며 USB 웹캠보다는 훨씬 더 전력 효율적이다.

**라즈베리 파이에서 강력한 컴퓨터로 비디오 스트리밍 수행**

모든 최신 ARM 장치의 하드웨어 가속 비디오 인코더 덕분에 라즈베리 파이를 포함한 임베디드 디바이스에서 컴퓨터 비전을 바로 수행하는 대신에 디바이스를 사용해서 비디오를 캡처하고 네트워크를 통해 PC 또는 서버 랙으로 실시간으로 스트리밍하는 대안을 사용할 수 있다. 모든 라즈베리 파이 모델에는 동일한 비디오 인코더 하드웨어가 포함돼 있으므로 파이 캠$^{Pi\ Cam}$이 포함된 라즈베리 파이 1A+ 또는 라즈베리 파이 제로는 저비용, 저전력 휴대용 비디오 스트리밍 서버에 매우 적합한 옵션이다. 라즈베리 파이 3는 추가적으로 휴대용 기능을 지원하기 위해 와이파이를 추가한다.

라즈베리 파이 V4L2 카메라 드라이버를 사용해 라즈베리 파이 캠을 웹캠처럼 표시한 다음 GStreamer, liveMedia, netcat 또는 VLC를 사용해 네트워크로 비디오를 스트리밍한다. 그러나 이러한 방법은 종종 1~2초의 대기 시간을 가지며, 때로는 OpenCV 클라이언트 코드를 사용자 정의하거나 GStreamer를 효율적으로 사용하는 방법을 미리 훈련해둬야 한다. 다음 절에서는 이 방법 대신에 UV4L이라는 대체 카메라 드라이버를 사용해 카메라 캡처와 네트워크 스트리밍을 모두 수행하는 방법을 보여준다.

1. http://www.linux-projects.org/uv4l/installation/의 가이드에 따라 라즈베리 파이에 UV4L을 설치한다.

```
curl http://www.linux-projects.org/listing/uv4l_repo/lrkey.asc
sudo apt-key add
sudo su
echo "# UV4L camera streaming repo:">> /etc/apt/sources.list
echo "deb http://www.linux
projects.org/listing/uv4l_repo/raspbian/jessie main">>
/etc/apt/sources.list
exit

sudo apt-get update
sudo apt-get install uv4l uv4l-raspicam uv4l-server
```

2. 라즈베리 파이에서 UV4L 스트리밍 서버를 수동으로 실행해 작동하는지 확인한다.

```
sudo killall uv4l
sudo LD_PRELOAD=/usr/lib/uv4l/uv4lext/armv6l/libuv4lext.so
uv4l -v7 -f --sched-rr --mem-lock --auto-video_nr
--driverraspicam --encoding mjpeg
--width 640 --height 480 --framerate15
```

3. 다음 단계와 같이 데스크톱에서 카메라의 네트워크 스트림을 테스트해 모든 것이 제대로 작동하는지 확인한다.

- VLC 미디어 플레이어를 설치한다.
- **Media**(미디어) > **Open Network Stream**(네트워크 스트림 열기)으로 가서 http://192.168.2.111:8080/stream/video.mjpeg를 입력한다.
- 라즈베리 파이의 IP 주소로 URL을 변경한다. 라즈베리 파이에서 hostname -I를 실행해 IP 주소를 찾는다.

4. 부팅할 때 UV4L 서버를 자동으로 실행하기 위해 다음 명령어를 사용한다.

```
sudo apt-get install uv4l-raspicam-extras
```

5. uv4l-raspicam.conf에서 원하는 UV4L 서버 설정(예: 해상도와 프레임 속도)을 편집해 스트리밍을 사용자 정의로 설정한다.

```
sudo nano /etc/uv4l/uv4l-raspicam.conf
drop-bad-frames = yes
nopreview = yes
width = 640
height = 480
framerate = 24
```

모든 변경 사항을 적용하려면 재부팅해야 한다.

6. OpenCV에서 네트워크 스트림을 웹캠처럼 사용할 수 있다. OpenCV를 설치할 때 FFMPEG를 내부적으로 사용할 수 있으면 OpenCV는 웹캠처럼 MJPEG 네트워크 스트림에서 프레임을 가져올 수 있다.

```
./Cartoonifier http://192.168.2.101:8080/stream/video.mjpeg
```

라즈베리 파이는 UV4L을 사용해 라이브 640×480 24FPS 비디오를 스케치 모드에서 카툰화 실행 PC로 스트리밍해 대략 19FPS(대기 시간 0.4초) 성능을 얻을 수 있다. 이는 PC에서 직접 PS3 Eye 웹캠을 사용하는 것과 거의 같은 속도다(20FPS)!

비디오를 OpenCV로 스트리밍할 때는 카메라 해상도를 설정할 수 없다. 카메라 해상도를 변경하려면 UV4L 서버 설정을 조정해야 한다. 또한 MJPEG를 스트리밍하는 대신 낮은 대역폭을 사용하는 H.264 비디오를 스트리밍할 수 있었지만 일부 컴퓨터 비전 알고리즘은 H.264와 같은 비디오 압축을 잘 처리하지 못하므로 MJPEG를 사용하면 H.264보다 알고리즘 문제가 더 적다.

 공식 라즈베리 파이 V4L2 드라이버와 UV4L 드라이버가 모두 설치돼 있으면 카메라 0과 1(장치의 /dev/video0과 /dev/video1)을 사용할 수 있지만 한 번에 하나의 카메라 드라이버만 사용할 수 있다.

### 임베디드 시스템 사용자 정의

이제 전체 임베디드 카툰화 시스템을 만들었고 작동 방식의 기본 사항과 어떤 부분을 수행하는지 알았으므로 이를 사용자 맞춤형으로 지정해야 한다. 비디오를 전체 화면으로 만들고, GUI를 변경하고, 애플리케이션 동작 및 워크플로를 변경할 수 있다. 그리고 카툰화 필터 상수 또는 스킨 검출기 알고리즘을 변경하거나 카툰화 코드를 자신의 프로젝트 아이디어로 바꾸고 비디오를 클라우드로 스트리밍해 처리한다.

좀 더 복잡한 피부 검출 알고리즘(예: 최신 CVPR 또는 ICCV 회의 논문(http://www.cvpapers.com)에서 훈련된 가우시안 모델 사용)을 사용하거나, 여러 가지 방법으로 피부 검출 알고리즘을 개선하거나 추가할 수 있다. 얼굴 검출 기능(5장, 'DNN 모듈을 사용한 얼굴 검출 및 인식'의 얼굴 검출 부분 참조)을 피부 검출기에 적용하면 사용자가 얼굴을 화면 중앙에 놓도록 요구하지 않고서도 사용자의 얼굴 위치를 검출할 수 있다. 일부 장치 또는 고해상도 카메라에서는 얼굴 인식에 몇 초가 걸릴 수 있으므로 현재의 실시간 사용에 제한이 있을 수 있다. 그러나 임베디드 시스템 플랫폼의 성능은 매년 향상되고 있으므로 시간이 지나면 문제가 되지 않을 수 있다.

임베디드 컴퓨터 비전 애플리케이션의 속도를 높이는 주요 방법은 가능한 한 카메라 해상도를 최대한 낮추고(예: 5메가 픽셀 대신 0.5메가 픽셀), 이미지를 메모리에 할당하거나 해제해 사용하고, 이미지 형식 변환을 거의 수행하지 않는 것이다. 경우에 따라 장치의 CPU 공급 업체(예: 브로드컴, NVIDIA Tegra, 텍사스 인스트루먼트 OMAP, 삼성 엑시노스)나 CPU 제품군(예: ARM Cortex-A9)에 최적화된 이미지 처리, 수학 라이브러리, 또는 최적화된 OpenCV 버전을 사용할 수 있다.

## 요약

이 장에서는 연필 드로잉과 같은 일반 스케치 모드, 색 페인팅과 같은 페인트 모드, 카툰처럼 보이기 위해 페인트 모드 위에 스케치 모드를 오버레이하는 카툰 모드를 아우르는 다양한 카툰 효과를 생성하는 여러 가지 유형의 이미지 처리 필터를 보여줬다. 또한 노이즈를 가진 윤곽선을 사용하는 이블 모드와 얼굴 피부가 밝은 녹색으로 바뀌는 외계인 모드 같은 재미있는 여러 효과들을 보여줬다.

카툰 필터와 피부색 변경처럼 사용자 얼굴에 재미있는 유사 효과들을 추가한 많은 상용 스마트폰 앱이 있다. 얼굴이 더 젊어 보이도록 윤곽선과 비피부 영역은 예리하게 유지하고 피부를 부드럽게 해서 여성의 얼굴을 아름답게 만든 스킨 스무딩 영상 후처리 도구$^{\text{skin-smoothing video post-processing tool}}$와 비슷하게 제작된 다른 전문 도구들도 있다.

1장에서는 동작하는 데스크톱 버전을 먼저 개발한 다음 임베디드 시스템으로 포팅하고 임베디드 애플리케이션에 적합한 사용자 인터페이스를 작성하는 권장 가이드에 따라 데스크톱에서 임베디드 시스템으로 애플리케이션을 포팅하는 방법을 보여준다. 이미지 처리 코드는 두 프로젝트 간에 공유될 수 있으므로 사용자는 데스크톱 애플리케이션의 카툰 필터를 수정할 수 있으며, 임베디드 시스템에서도 이러한 수정 사항이 반영되는 것을 볼 수 있다.

이 책에는 리눅스용 OpenCV 설치 스크립트와 논의된 모든 프로젝트의 전체 소스 코드가 포함돼 있다.

2장에서는 3D 재구성을 위해 MVS, SfM을 사용하는 방법과 최종 결과를 OpenMVG 형식으로 내보내는 방법을 알아본다.

# 02

# SfM 모듈을 사용한 모션 구조 탐색

SfM$^{Structure\ from\ Motion}$은 장면을 보고 있는 카메라의 위치와 장면의 희소 기하 형상을 모두 복구하는 프로세스다. 카메라 간의 움직임에 객체의 구조를 복구하는 데 도움이 되는 기하학적 구속 조건$^{geometric\ constraint}$을 적용하므로 이 프로세스를 SfM이라고 한다. OpenCV V3.0+부터 sfm이라는 컨트리뷰션(contrib) 모듈이 추가돼 여러 이미지에서 종단 간(엔드 투 엔드) SfM 처리를 지원한다. 이 장에서는 SfM 모듈을 사용해 카메라 포즈를 포함해 희소 포인트 클라우드로 장면을 재구성하는 방법을 배운다. 나중에는 포인트 클라우드를 밀집화하고, OpenMVS라는 개방형 MVS$^{Multi-View\ Stereo}$ 패키지를 사용해 포인트 클라우드에 밀도를 높이기 위해 더 많은 포인트를 추가한다. SfM은 고품질 3차원 스캐닝, 자율 주행을 위한 시각적 오도메트리$^{odometry}$, 항공 사진 매핑 등과 같은 많은 애플리케이션에 사용되므로 컴퓨터 비전의 가장 근본적인 목표 중 하나다.

컴퓨터 비전 엔지니어는 SfM의 핵심 개념에 익숙해야 하고, 이 주제는 학교의 컴퓨터 비전 과정에서 정기적으로 다뤄진다.

2장에서 다룰 내용은 다음과 같다.

- SfM의 핵심 개념: MVG$^{\text{Multi-View Geometry}}$, 3차원 재구성, MVS
- OpenCV SfM 모듈을 사용한 SfM 파이프라인 구현
- 재구성$^{\text{reconstruction}}$ 결과의 시각화
- 재구성을 OpenMVG로 내보내기, 희소 클라우드를 전체 재구성해 밀집화하기

# 기술 요구 사항

이 장에서 코드를 빌드하고 실행하려면 다음의 기술과 설치 과정이 필요하다.

- OpenCV 4(sfm contrib 모듈 컴파일)
- Eigen v3.3+(sfm 모듈에 필요)
- Ceres 솔버$^{\text{solver}}$ v2+(sfm 모듈에 필요)
- CMake 3.12+
- Boost v1.66+
- OpenMVS
- CGAL v4.12+(OpenMVS에 필요)

이 장의 개념을 구현하기 위한 코드뿐만 아니라 나열된 구성 요소의 빌드 가이드는 함께 제공되는 코드 저장소(리포지토리$^{\text{repository}}$)에서 얻을 수 있다. OpenMVS를 사용하는 것은 선택 사항이며, 희소 재구성을 얻은 후 사용을 중지할 수 있다. 그러나 전체 MVS 재구성은 예를 들어 3D 프린팅 복제본을 만들 때 훨씬 더 유용하다.

3D 재구성을 할 때 충분히 오버랩을 한 사진 세트가 필요하다. 예를 들어 2장의 소스 코드는 사우스 다코타$^{\text{South Dakota}}$의 크레이지 호스 메모리얼 헤드$^{\text{Crazy Horse memorial head}}$에서 찍은 일련의 사진들을 사용할 수 있다. 사용할 사진은 다음 요구 사항에 맞게 촬영

해야 한다. 이미지 간에 충분한 움직임 간격을 두고 촬영해야 하며, 강한 쌍방향 매칭을 허용하기 위해 상당히 겹치는 부분을 포함해야 한다.

크레이지 호스 메모리얼 데이터 세트의 예에서 이미지 사이의 시야각이 약간 겹치는 것을 확인할 수 있다. 동상 아래의 사람들이 걸어 다니는 영역에서 변화를 확인할 수 있을지 주목해야 한다. 그렇지만 이 부분 때문에 사진 내 석면$^{stone\ face}$의 3D 재구성을 방해하지는 않는다.

이 책의 코드 파일은 https://github.com/PacktPublishing/Mastering-OpenCV-4-Third-Edition에서 다운로드할 수 있다.

## ▌SfM의 핵심 개념

SfM 파이프라인 구현을 자세히 알아보기 전에 프로세스의 핵심 부분인 몇 가지 주요 개념을 다시 살펴본다. SfM의 이론적 주제 중에서 가장 중요한 것은 이미지 형성 및 카메라 보정 지식을 토대로 한 EG$^{Epipolar\ Geometry}$와 MVG의 다중 뷰 기하학이다. 그러나 여기서는 이와 관련된 기본 주제들만 다룰 것이다. EG의 몇 가지 기본 사항을 다룬 후에 스테레오 재구성$^{stereo\ reconstruction}$을 논의하고 시차$^{disparity}$와 삼각 측량$^{triangulation}$의 깊이 같은 주제를 살펴본다. SfM의 견고한 특징 매칭$^{Robust\ Feature\ Matching}$과 같은 다른 중요한 주제는 이론적으로 살펴보기보다는 구체적으로 시스템 코딩을 진행하면서 다룬다. 이와 같은 내용은 sfm 모듈을 사용해 처리할 수 있고 수행 함수가 OpenCV에 존재하기 때문에 카메라 절제$^{camera\ resectioning}$, PnP$^{Point-n-Perspective}$ 알고리즘, 재구성 인수

분해reconstruction factorization와 같은 매우 흥미로운 주제는 건너뛰기로 한다.

모든 주제는 지난 40년 동안 엄청난 양의 연구와 문헌을 통해 다뤄졌고 수천 개의 학술 논문, 특허와 기타 출판물의 주제로 사용됐다. 하틀리Hartley와 지저먼Zisserman의 『Multiple View Geometry』는 SfM과 MVG 수학 및 알고리즘과 관련해 가장 중요한 자료이지만, 이와 더불어 놀라운 보조 자료로 스젤리스키Szeliski의 『Computer Vision: Algorithms and Applications』도 있다. 추가 자료로서 아름다운 그림, 도표, 세심한 수학적 도출 방법을 제공하는 『Prince's Computer Vision: Models, Learning, and Inference』를 살펴보는 것이 좋다.

## 보정된 카메라와 에피폴라(등극선) 기하학

일반적으로 이미지는 투영으로 시작한다. 렌즈를 통해 보는 3D 월드는 카메라 내부의 2D 센서를 통해 평평해져서 모든 깊이 정보를 잃게 된다. 그러면 2D 이미지에서 3D 구조로 어떻게 되돌아갈 수 있을까? 대부분의 경우 표준 강도 카메라의 대답은 MVG다. 직관적으로, 적어도 두 개의 뷰에서 객체를 2D로 볼 수 있다면 카메라로부터의 거리를 추정할 수 있다. 사용자는 두 눈으로 끊임없이 인간 관점에서 행동한다. 인간의 깊이 인식은 여러 가지 뷰를 통해 알 수 있지만 사실 그것만 사용하지는 않는다. 실제로, 인간의 시각 인식은 깊이와 3D 구조를 검출하는 것과 관련해 매우 복잡하며 망막의 이미지와 뇌에서의 처리뿐만 아니라 눈의 근육과 센서에도 관련돼 있다. 인간의 시각 감각과 그 마법적인 특성은 2장의 범위를 벗어난다. 그러나 여러 가지 측면에서 SfM(그리고 모든 컴퓨터 비전)은 인간의 비전 인식에서 영감을 얻었다.

이제 카메라로 돌아가보자. 표준 SfM에서는 핀홀 카메라 모델pinhole camera model을 사용한다. 핀홀 카메라 모델은 실제 카메라에서 진행되는 전체 광학, 기계, 전기, 소프트웨어 프로세스를 단순화한다. 핀홀 모델은 실제 객체가 픽셀로 바뀌는 방식을 설명하고 카메라의 내부 특징을 설명하기 때문에 내부 매개변수라고 하는 일부 매개변수를 가진다.

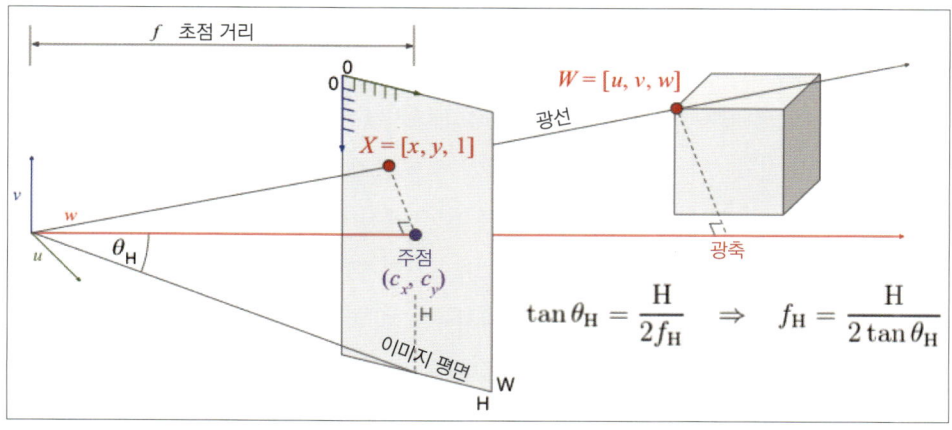

핀홀 모델을 사용해 투영을 적용함으로써 이미지 평면에서 3D 점의 2D 위치를 찾는다. 3D 점 $W$와 카메라 원점이 인접 변 $w$를 갖는 오른쪽의 직각삼각형을 구성하는 방식에 대해 조심스럽게 생각해야 한다. 이미지 점은 원점에서 이미지 평면까지의 거리인 인접 $f$와 동일한 각도를 공유한다. 이 거리를 초점 거리$^{focal\ length}$라고 하는데, 이미지 평면이 실제로 초점 평면은 아니므로 그 이름을 쓰면 헷갈릴 수 있다. 단순성을 가지기 위해 이미지 평면과 초점 평면은 수렴해야 한다. 직각삼각형을 오버랩한 기본 기하학 형태는 $x = u \cdot f/w$를 가진다. 그러나 이미지를 사용하므로 주점$^{Principle\ Point}$ $(c_x, c_y)$를 갖고 $x = u \cdot f/w + c_x$를 사용한다. $y$축에 대해서는 다음과 같은 공식을 사용할 수 있다.

$$s \begin{bmatrix} x \\ y \\ 1 \end{bmatrix} = \begin{bmatrix} f_W & 0 & c_x \\ 0 & f_H & c_y \\ 0 & 0 & 1 \end{bmatrix} \begin{bmatrix} u \\ v \\ w \end{bmatrix}$$

이 3×3 행렬은 내부 매개변수 행렬$^{intrinsic\ parameters\ matrix}$이라고 하며, 일반적으로 $K$라고 표시한다. 그러나 이 방정식은 여러 가지 의미를 갖고 있으며 이와 관련된 설명은 다음과 같다. 첫째, $w$로 나누는 부분이 빠졌다. 어떻게 된 것일까? 둘째, 방정식의 LHS에서 나온 $s$는 무엇일까? 이 답은 동차 좌표$^{homogeneous\ coordinate}$를 사용하기 때문이며 벡터 끝에 1을 추가한다는 것을 의미한다. 이 유용한 표기법을 통해 이러한 작업을 선형화하고 나중에 나눗셈 동작을 수행할 수 있다. 한 번에 수천 점에 대해 수행할 수 있는 행렬 곱셈 단계가 끝나면 결과를 벡터의 마지막 항목으로 나눈다. 이 동작 결과가 정확히 사용자가 찾는 것이다. $s$는 사용자가 명심해야 할 지금은 알 수 없는 임의의 스케일 팩터이며, 이는 원근 투영$^{\text{perspective projection}}$에서 얻을 수 있다. 사용자가 장난감 자동차를 카메라에 아주 가까이 두고 있으며, 그 옆에는 (카메라에서 10미터 떨어진) 실제 크기의 자동차가 있다고 상상해보자. 이미지에서 이 두 자동차는 같은 크기로 나타난다. 다시 말해, 카메라에서 나오는 광선을 따라 3D 포인트를 움직여도 이미지에서 동일한 좌표를 얻게 된다. 이것이 원근 투영으로 인한 문제다. 2장의 시작 부분에서 언급한 깊이$^{\text{depth}}$ 정보는 손실된다.

사용자가 또 고려해야 할 사항은 카메라 포즈다. 많은 카메라를 갖는 시스템이 있는 경우에 모든 카메라가 원점 (0, 0, 0)에 배치되는 것은 아니다. 사용자는 하나의 카메라를 원점에 편리하게 놓을 수 있지만 나머지는 자기 자신의 회전 및 변환(강체 변환$^{\text{rigid transform}}$) 구성 요소를 가진다. 따라서 투영 방정식에 다른 행렬을 추가해야 한다.

$$s \begin{bmatrix} x \\ y \\ 1 \end{bmatrix} = \begin{bmatrix} f_W & 0 & c_x \\ 0 & f_H & c_y \\ 0 & 0 & 1 \end{bmatrix} \begin{bmatrix} r_1 & r_2 & r_3 & t_x \\ r_4 & r_5 & r_6 & t_y \\ r_7 & r_8 & r_9 & t_z \end{bmatrix} \begin{bmatrix} u \\ v \\ w \\ 1 \end{bmatrix}$$

새로운 3×4 행렬은 일반적으로 외부 매개변수 행렬$^{\text{extrinsic parameters matrix}}$이라고 하며 3×3 회전 및 3×1 변환 구성 요소를 가진다. $\vec{W}$의 끝에 1을 추가해 변환을 계산에 통합할 수 있도록 동일한 동차 좌표 트릭을 사용한다. 사용자는 종종 이 전체 방정식이 $sX = K[R|t]W$ 형식으로 쓰여지는 것을 볼 수 있다.

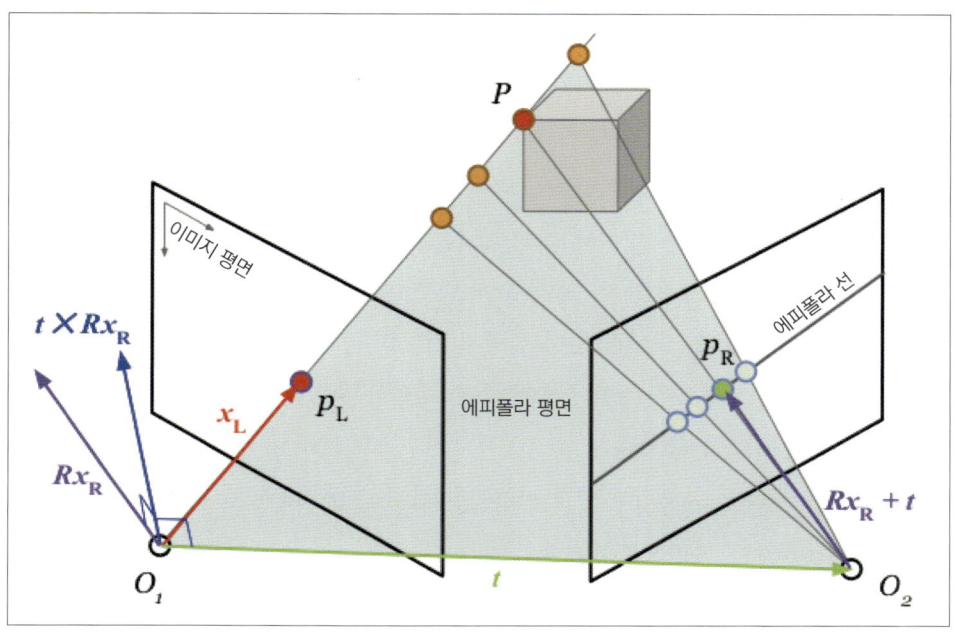

두 대의 카메라가 동일한 객체를 바라보고 있는 것을 고려한다. 방금 논의했듯이 카메라에서 축axis을 따라 3D 점의 실제 위치를 옮기고 동일한 2D 점을 계속 관찰하면 깊이 정보를 잃을 수 있다. 직관적으로 두 시점의 뷰포인트viewpoint는 수렴하기 때문에 실제 3D 위치를 찾고자 할 때 두 개 뷰view의 각도가 충분해야 한다. 실제로 다른 각도에서 바라본 다른 카메라에서는 광선의 점을 밀면 이 위치가 변경된다. 실제로 카메라 L(왼쪽)의 임의 지점과 대응되는 카메라 R(오른쪽)의 선을 에피폴라 선(때로는 에피라인epiline이라고 함)이라고 하며, 두 카메라의 광학 중심과 3D 점에 의해 에피폴라 평면의 에피폴라 선이 구성된다. 이것은 관계를 찾기 위한 두 뷰 사이의 기하학적 구속 조건으로 사용될 수 있다.

사용자는 이미 두 카메라 사이에 강체 변환 $[R|t]$가 있다는 것을 알고 있다. 카메라 L의 좌표계상에서 카메라의 점 R을 나타내려면 $x_R$을 사용한다. 교차 곱 $t \times Rx_R$을 사용하고자 한다면 에피폴라 평면에 수직인 벡터를 준비해야 한다. 따라서 $x_L$은 에피폴라

평면에 있으므로 내적$^{dot\ product}$은 0이기 때문에 다음 수식 $x_L \cdot t \times Rx_R = 0$을 사용할 수 있다. 사용자는 교차 곱$^{cross\ product}$의 비대칭$^{skew\ symmetric}$ 형태를 가지므로 $x_L^T [t]_\times Rx_R = 0$으로 쓸 수 있고, 이를 단일 행렬 $x_L^T E x_R = 0$으로 결합할 수 있다.

$E$는 필수 행렬$^{essential\ matrix}$이라고 부른다. 필수 행렬은 실제 3D 점에 수렴하는 카메라 L과 카메라 R 사이의 모든 점 쌍에 대해 에피폴라 구속 조건$^{epipolar\ constraint}$을 제공한다. 한 쌍의 포인트(L과 R로부터)가 이 제약 조건을 충족하지 못하면 유효한 쌍(페어링$^{pairing}$)이 아닐 가능성이 크다. 또한 단순히 선형 방정식의 동차 시스템$^{homogeneous\ system}$을 구성하기 때문에 많은 점들의 쌍을 사용해 필수 행렬을 추정할 수 있다. 이 솔루션은 고윳값$^{eigenvalue}$ 또는 단일 값 분해$^{Singular\ Value\ Decomposition}$(SVD)로 쉽게 얻을 수 있다.

지금까지 기하학에서 카메라는 정규화된다고 가정했는데, 이는 본질적으로 단위 행렬 $K = I$를 의미한다. 그러나 특정 픽셀 크기와 초점 거리를 가진 실제 이미지에서는 실제 내부$^{intrinsic}$에서 사용되는지를 고려해야 한다. 이를 위해 양쪽에 역수를 적용할 수 있다.

$$(K^{-1} x_L)^T E K^{-1} x_R = x_L^T K^{-T} E K^{-1} x_R = x_L^T F x_R = 0$$

마지막으로 사용한 이 새로운 행렬을 기본 행렬$^{fundamental\ matrix}$이라고 하며, 픽셀 좌표 포인트의 쌍에서 바로 추정할 수 있다. 사용자는 $K$를 알면 필수 행렬을 얻을 수 있다. 그러나 기본 행렬은 자체적으로 좋은 에피폴라 제약 조건으로 사용할 수 있다.

### 스테레오 재구성과 SfM

SfM에서는 카메라의 포즈$^{pose}$와 3D 특징점$^{feature\ point}$들의 위치를 모두 복구한다. 앞서 간단한 2D 쌍의 점 매칭이 필수 행렬을 추정하고 뷰 사이의 강체 기하학적 관계 $[R|t]$를 인코딩하는 데 어떻게 도움이 되는지 살펴봤다. 필수 행렬은 SVD를 사용해 $R$과 $t$로 분해될 수 있으며, $R$과 $t$를 발견하고 나서 3D 포인트를 찾고 두 이미지의 SfM 작

업을 수행한다.

사용자는 두 개의 2D 뷰와 3D 월드 간의 기하학적 관계를 살펴봤다. 그러나 2D 뷰에서 3D 모양shape을 복구하는 방법을 아직 알지 못했다. 여기서 얻을 수 있는 한 가지 내용은 동일한 점의 두 뷰가 주어지면 카메라의 광학 중심과 이미지 평면의 2D 점에서 두 광선ray을 교차시킬 수 있으며 3D 점으로 수렴한다는 것이다. 이것이 삼각 측량의 기본 아이디어다. 3D 점을 얻기 위한 간단한 방법은 행렬 $P$가 $K[R|t]$ 투영 행렬projection equation이고 3D 점($W$)은 공통으로 사용되기 때문에 $x_L = P_L W, x_R = P_R W$와 같이 투영 공식을 만들고 사용할 수 있다. 방정식은 선형 방정식의 동차 시스템으로 작동할 수 있으며, 예를 들어 SVD로 해결할 수 있다. 이것은 삼각 측량triangulation을 위한 직접 선형 방법direct linear method으로 알려져 있다. 그렇지만 의미 있는 오류 펑터functor를 직접 최소화하지 않기 때문에 차선책으로 사용할 수 있다. 일반적으로 중간점 방법midpoint method으로 알려진 직접 교차하지 않는 광선 사이의 가장 가까운 점을 보는 것을 포함해 여러 가지 다른 방법이 제안됐다.

두 개의 뷰에서 기준선 3D 재구성을 얻은 후 더 많은 뷰를 추가할 수 있다. 이것은 일반적으로 기존 3D와 수신 2D 포인트 간에 매칭하는 다른 방법으로 수행된다. 알고리즘 클래스는 PnP라고 하며 여기서는 설명하지 않는다. 또 다른 방법은 앞에서 살펴본 바와 같이 페어와이즈pairwise 스테레오 재구성을 수행하고 스케일링 계수를 계산하는 것이다. 재구성된 각 이미지 페어는 앞에서 설명한 바와 같이 다른 스케일을 가질 수 있다.

깊이 정보depth information를 복구하는 또 다른 방법은 에피폴라 선을 더 활용하는 것이다. 이미지 L의 한 점이 이미지 R의 한 선에 놓이는 것을 알고 있으며, $E$를 사용해 선을 정확하게 계산할 수도 있다. 따라서 이미지 L의 점과 가장 매칭하는 이미지 R의 에피폴라 선에서 올바른 점을 찾는 작업이다. 이러한 선 매칭 방법은 스테레오 깊이 재구성stereo depth reconstruction이라고 할 수 있으며, 이미지의 거의 모든 픽셀의 깊이 정보를 복구할 수 있으므로 이미지에서는 대부분 밀도가 높은 재구성dense reconstruction이다. 실제로 에피폴라 선은 먼저 완전히 수평으로 정류돼 이미지 사이의 순수한 수평 변환pure horizontal translation을 모방한다. 이 방법은 $x$축에서만 매칭되는 문제를 줄인다.

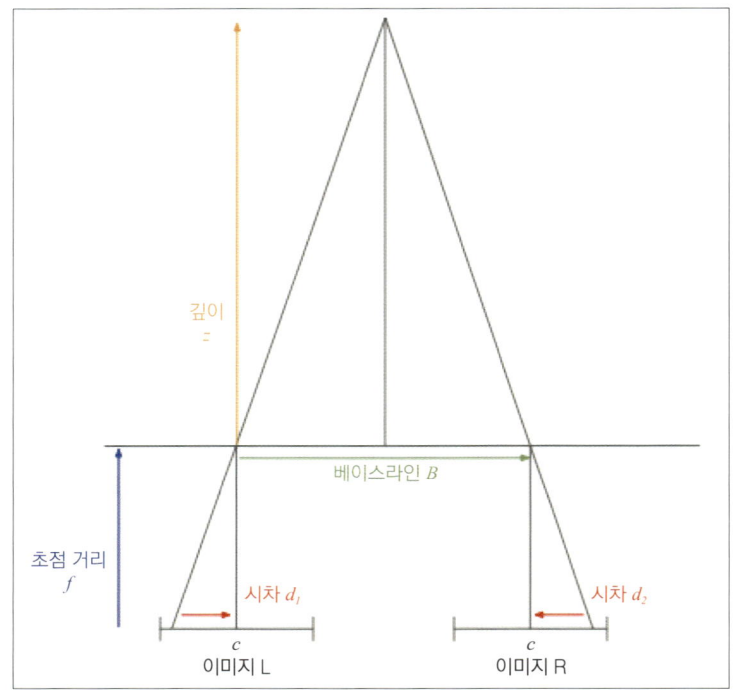

수평 변환의 주요 매력 포인트는 시차disparity로, 관심 지점이 두 이미지 사이에서 수평으로 이동하는 거리를 나타낸다. 앞의 다이어그램에서 오른쪽으로 겹치는 삼각형으로 인해 기준선(가로 모션) 및 초점 거리는 특정 3D 포인트 및 카메라와의 거리에 대해 일정하다. $\frac{B}{z} = \frac{d}{f}$이므로 $d = \frac{B \cdot f}{z}$가 된다. 따라서 여기서는 시차가 깊이에 반비례한다는 점을 주의 깊게 살펴봐야 한다. 시차가 작을수록 카메라와의 거리는 멀어진다. 움직이는 열차의 창문에서 수평선을 바라볼 때 먼 산들은 매우 느리게 움직이는 반면에 가까운 곳의 나무는 매우 빠르게 움직이는데, 이 효과를 '시차parallax'라고도 한다. 3D 재구성을 위해 사용하는 시차는 모든 스테레오 알고리즘의 기초를 구성한다.

폭넓은 연구의 또 다른 주제로 MVS를 살펴보자. MVS는 에피폴라 제약 조건을 사용해 한 번에 여러 뷰에서 매칭되는 점을 찾는다. 여러 이미지에서 에피라인(에피폴라 선)을 한 번에 스캔한 후, 매칭하는 특징에 대해 추가적인 제약을 부여할 수 있다. 모든 제약 조건을 만족하는 매칭 점이 발견될 때만 제약을 사용할 수 있다. 그리고 여러 카메라 위치를 복구할 때 MVS를 사용해 밀집 재구성을 수행할 수 있다. 2장의 뒷부분에서는 밀집 재구성을 수행해본다.

## OpenCV에서 SfM 구현

OpenCV는 '제1원리'에서 본격적인 SfM 파이프라인을 구현할 수 있는 다양한 도구를 제공한다. 그러나 이러한 작업 내용은 매우 까다롭고 이 장의 범위를 벗어난다. 이 책의 이전 판(2판)에서는 그러한 시스템을 구축하는 방법을 일부 보여줬지만, 이는 다행히도 OpenCV의 API에 통합되고 테스트됐다. sfm 모듈을 사용하면 이미지 목록과 함께 비모수 함수non-parametric function를 사용할 수 있기 때문에 희소 점sparse point 클라우드와 카메라 포즈를 가지고 완전히 재구성된 장면을 얻을 수 있지만 이 방법은 사용하지 않는다. 이 방법을 대신해 이번 절에서는 노이즈에 견고하고 자유롭게 재구성할 수 있는 방법을 살펴본다. 이는 이전 절에서 다룬 몇 가지 주제에도 적용할 수 있다.

이 절에서는 SfM의 기본 사항인 키 포인트와 특징 기술자를 사용한 매칭 이미지 기술을 나타낸다. 그런 다음 매칭 그래프를 사용해 이미지 세트에서 비슷한 특징의 다중 뷰와 트랙track을 찾는 것으로 진행한다. 3D 재구성, 3D 시각화와 OpenMVS를 사용한 MVS를 살펴본다.

### 이미지 특징 매칭

SfM에서는 이미지의 가시적 객체와 관련 이미지 간의 기하학적 관계를 이해해야 하며, 이미지의 객체가 어떻게 움직이는지에 대한 충분한 정보를 갖고 두 이미지 사이의 정확한 움직임을 계산할 수 있다. 이미지 특징으로부터 선형으로 추정될 수 있는 필수 또는 기본 행렬은 '3D 강체 변환$^{rigid\ transform}$'을 정의하는 회전$^{rotation}$ 및 평행 이동$^{translation}$ 요소로 분해될 수 있다. 그 후, 이 변환은 객체의 3D 위치를 3D-2D 투영 방정식 또는 정류된 에피라인의 밀집 스테레오 매칭으로 삼각 측량하는 데 도움이 된다. 변환은 모두 이미지 기능 매칭으로 시작하므로 강력하고 노이즈가 없는 매칭을 얻는다.

OpenCV는 광범위한 2D 특징 검출기(추출기$^{extractor}$라고도 함)와 기술자$^{descriptor}$를 제공한다. 특징은 이미지 변형에도 변하지 않도록 설계돼 장면에서 객체의 평행 이동, 회전, 크기 변환(스케일링$^{scaling}$)과 기타 복잡한 변환(아핀$^{affin}$, 투영)을 통해 매칭시킬 수 있다. OpenCV의 API에 최신으로 추가된 것 중 하나가 AKAZE 특징 추출기 및 검출기다. 이는 계산 속도와 변환 견고성을 매우 최적화해 만들었다. AKAZE는 ORB$^{Oriented\ BRIEF}$와 SURF$^{Speeded\ Up\ Robust\ Features}$ 같은 다른 주요 방법을 능가한다.

다음 코드는 AKAZE 키 포인트를 추출하고 imagesFilenames에서 수집한 각 이미지의 AKAZE 특징들을 계산한 후에 각 keypoints와 descriptors 배열에 저장한다.

```cpp
auto detector = AKAZE::create();
auto extractor = AKAZE::create();

for (const auto& i : imagesFilenames) {
  Mat grayscale;
  cvtColor(images[i], grayscale, COLOR_BGR2GRAY);
  detector->detect(grayscale, keypoints[i]);
  extractor->compute(grayscale, keypoints[i], descriptors[i]);

  CV_LOG_INFO(TAG, "Found " + to_string(keypoints[i].size()) + "
  keypoints in " + i);
}
```

또한 이미지를 그레이스케일로 변환한다. 그러나 이 단계는 생략해도 결과에 영향을 미치지 않는다.

다음은 인접한 두 이미지에서 검출된 특징들을 시각화한 것이다. 그중 몇 개가 반복되는지 주목해보자. 특징 반복성이라고 부르는 이 성질은 우수한 특징 추출기의 가장 필요한 기능 중 하나다.

다음 단계에서는 모든 이미지 쌍 사이의 특징들을 매칭시킨다. OpenCV는 뛰어난 특징 매칭 방법들을 제공한다. AKAZE 특징 기술자feature descriptor는 이진binary이므로 매칭되는 경우에는 이진 인코딩된 숫자로 간주하기 어렵다. 비트 단위 연산자bit-wise operator를 사용해 비트 단위로 비교해야 한다. OpenCV는 이진 특성 매처matcher의 해밍 거리 메트릭Hamming distance metric을 제공하며 기본적으로 2비트 시퀀스 간 매칭이 몇 개나 잘못됐는지를 계산한다.

```
vector<DMatch> matchWithRatioTest(const DescriptorMatcher& matcher,
                                  const Mat& desc1,
                                  const Mat& desc2)
{
    // 원시 매치(raw match)
    vector< vector<DMatch> > nnMatch;
    matcher.knnMatch(desc1, desc2, nnMatch, 2);

    // 비율 테스트 필터
    vector<DMatch> ratioMatched;
    for (size_t i = 0; i < nnMatch.size(); i++) {
        const DMatch first = nnMatch[i][0];
        const float dist1 = nnMatch[i][0].distance;
        const float dist2 = nnMatch[i][1].distance;

        if (dist1 < MATCH_RATIO_THRESHOLD * dist2) {
            ratioMatched.push_back(first);
```

```
    }
  }
  return ratioMatched;
}
```

앞의 함수는 매처 함수(예: BFMatcher(NORM_HAMMING))를 호출할 뿐만 아니라 비율 테스트 ratio test도 수행한다. 이 간단한 테스트는 SfM, 파노라마 스티칭panorama stitching, 희소 추적 등과 같은 특징 매칭에 의존하는 많은 컴퓨터 비전 알고리즘에서 매우 기본적이다. 이미지 B와 이미지 A에서 특징 매칭을 하나 찾는 대신에 이미지 B에서 매칭이 두 개가 되는지를 확인하고 잘못이 없는지도 살펴본다. 두 가지 잠재적 매칭 특징 기술자가 거리 메트릭 측면에서 너무 유사하고 어느 것이 질의에 대해 정확한 매칭인지 알 수 없는 경우에는 매칭이 혼동될 수 있으므로 이를 방지하기 위해 둘 다 버린다.

그다음에는 상반 필터reciprocity filter를 구현한다. 이 필터는 A와 B, B와 A 간의 매칭되는 (비율 테스트를 사용) 특징을 찾는다. 기본적으로 이미지 A의 특징과 이미지 B의 특징이 일대일로 매칭(대칭되는 매칭)된다. 상반 필터는 더 많은 모호성을 제거하며 좀 더 깨끗하고 강력한 매칭 방법을 제공한다.

```
// 비율 테스트 필터를 사용해 매칭
vector<DMatch> match = matchWithRatioTest(matcher, descriptors[imgi],
descriptors[imgj]);

// 상반 테스트 필터
vector<DMatch> matchRcp = matchWithRatioTest(matcher, descriptors[imgj],
descriptors[imgi]);
vector<DMatch> merged;
for (const DMatch& dmrecip : matchRcp) {
  bool found = false;
  for (const DMatch& dm : match) {
    // 1이 2와 매칭되고, 2가 1과 매칭되는 경우에만 매칭으로 인정
    if (dmrecip.queryIdx == dm.trainIdx and dmrecip.trainIdx ==
    dm.queryIdx) {
      merged.push_back(dm);
      found = true;
```

```
      break;
    }
  }
  if (found) {
    continue;
  }
}
```

마지막으로 에피폴라 제약 조건을 적용한다. 이미지 간에 유효한 강체 변환이 있는 두 이미지는 모두 특징점의 에피폴라 제약 조건, $x_L^T F x_R = 0$을 준수하며, 이 테스트를 통과하지 못한(많은 성공도 존재) 이미지는 매칭되지 않고 노이즈에 영향을 미친다. 사용자는 인라이어와 아웃라이어의 비율을 확인하고 투표 알고리즘(RANSAC)으로 기본 행렬을 계산해 매칭을 수행한다.

원래 매칭과 관련해 생존율이 낮은 매칭률을 삭제하기 위해 임계값을 적용한다.

```
// 기본 행렬 필터
vector<uint8_t> inliersMask(merged.size());
vector<Point2f> imgiPoints, imgjPoints;
for (const DMatch& m : merged) {
  imgiPoints.push_back(keypoints[imgi][m.queryIdx].pt);
  imgjPoints.push_back(keypoints[imgj][m.trainIdx].pt);
}
findFundamentalMat(imgiPoints, imgjPoints, inliersMask);

vector<DMatch> final;
for (size_t m = 0; m < merged.size(); m++) {
  if (inliersMask[m]) {
    final.push_back(merged[m]);
  }
}

if ((float)final.size() / (float)match.size() < PAIR_MATCH_SURVIVAL_RATE) {
  CV_LOG_INFO(TAG, "Final match '" + imgi + "'->'" + imgj + "' has less
  than "+to_string(PAIR_MATCH_SURVIVAL_RATE)+" inliers from orignal. Skip");
  continue;
}
```

다음 그림에서 각 필터링 단계, 원시 매칭, 비율, 상반, 에피폴라의 효과를 볼 수 있다.

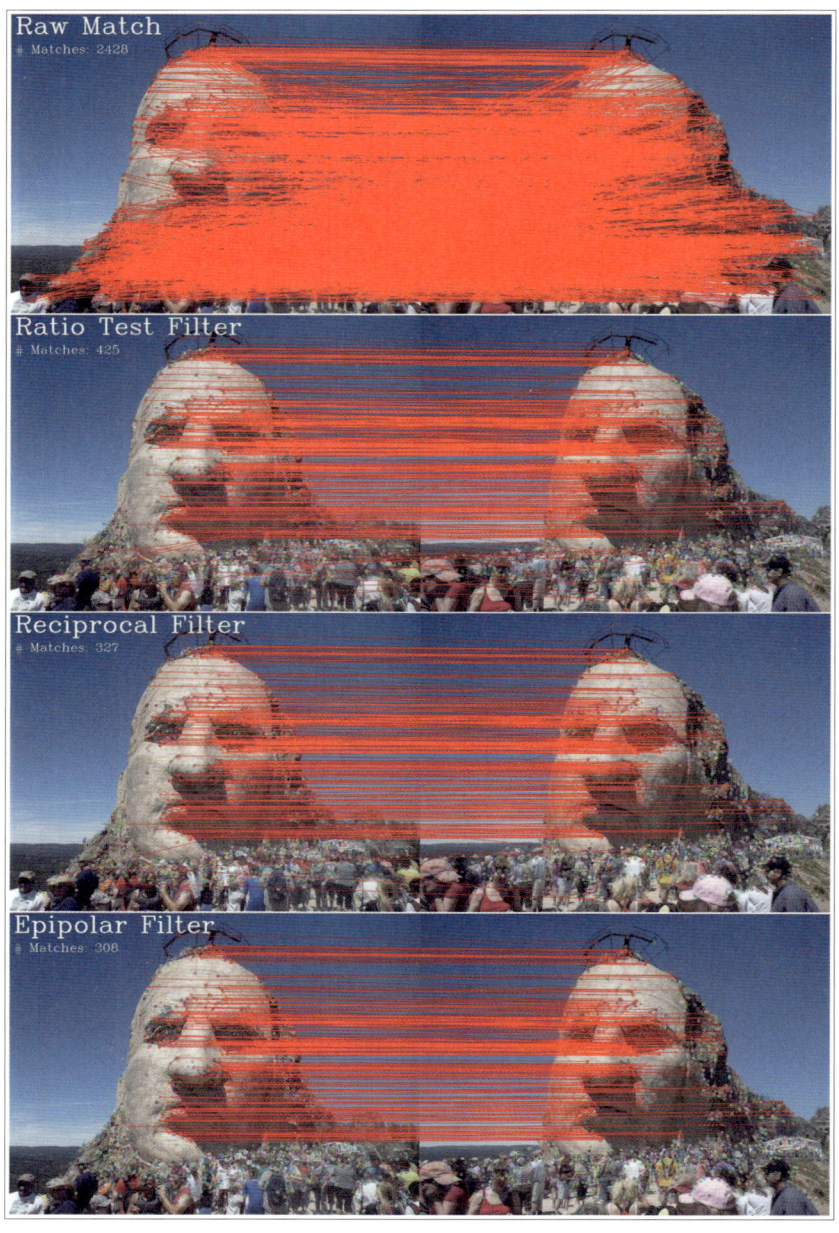

## 특징 추적하기

특징 추적feature track 개념은 1992년 초 토마시Tomasi와 카나데Kanade가 작업한 SfM 논문 ('Shape and Motion from Image Streams', 1992)에서 소개됐고, 2007년부터 대규모 비제약 재구성을 위한 스네블리Snavely와 스젤리스키Szeliski의 주요 관광 사진으로 유명해졌다. 추적은 단순히 여러 장면 중에서 흥미가 있는 단일 장면 내 특징의 2D 위치를 이용한다. 스네블리가 제안한 것처럼 추적은 전체 최적화 문제를 통해 구성되기보다는 프레임 간 일관성을 유지하기 때문에 중요하다. OpenCV의 sfm 모듈을 사용해 모든 뷰에 대해 2D 추적만 제공해서 장면을 재구성할 수 있으므로 추적은 특히 매우 중요하다.

모든 뷰 사이에서 이미 한 쌍의 매칭 항목을 찾으면 해당 특징을 사용해 추적하기 위한 필요 정보가 있다. 매칭을 사용해 첫 번째 이미지에서 두 번째 이미지로의 특징 $i$를 찾고 자체적인 매칭 방법을 통해 두 번째 이미지에서 세 번째 이미지로의 특징을 찾는 등의 방법을 계속 사용하면 추적이 끝난다. 이런 종류의 방법은 표준 데이터 구조로 쉽게 구현하기에는 너무 어렵다. 그렇지만 모든 매칭 항목을 매치 그래프match graph로 표시하면 간단히 처리할 수 있다. 그래프의 각 노드는 단일 이미지에서 검출된 특징이며 윤곽선은 복구한 매칭 항목이다. 첫 번째 이미지의 특징 노드에서는 두 번째 이미지, 세 번째 이미지, 네 번째 이미지 등의 특징 노드 윤곽선이 많을 것이다(필터에서 삭제되지 않은 매칭 항목의 경우). 여기서 매칭은 상반reciprocal(대칭)이므로 그래프의 방향을 바꿀 수 없다. 또한 상반 테스트는 첫 번째 이미지의 특징 $i$에 대해 두 번째 이미지에 매칭되는 특징 $j$가 오직 하나만 있고 그 반대도 마찬가지임을 확인한다. 즉, 특징 $j$는 다시 특징 $i$에 대해서도 매칭한다.

다음은 이러한 매칭 그래프의 시각적 예다. 노드 색은 특징점(노드)이 시작된 이미지를 나타낸다. 윤곽선은 이미지 특징 간의 매칭을 나타낸다. 첫 번째 이미지에서 마지막 이미지까지 특징 매칭 체인의 매우 강력한 패턴을 알 수 있다.

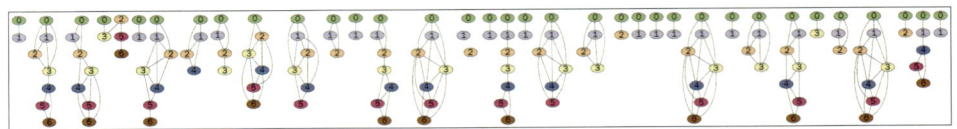

매칭 그래프를 코딩하기 위해 그래프 처리 및 알고리즘을 위한 광범위한 API가 있는 BGL[Boost Graph Library]을 사용할 수 있다. 그래프 구성은 간단하다. 이미지 ID와 특징 ID로 노드를 확장하면 나중에 원점을 추적할 수 있다.

---

```
using namespace boost;

struct ImageFeature {
  string image;
  size_t featureID;
};

typedef adjacency_list < listS, vecS, undirectedS, ImageFeature > Graph;
typedef graph_traits < Graph >::vertex_descriptor Vertex;
map<pair<string, int>, Vertex> vertexByImageFeature;

Graph g;

// 정점(vertices) 추가 - 이미지 특징
for (const auto& imgi : keypoints) {
  for (size_t i = 0; i < imgi.second.size(); i++) {
    Vertex v = add_vertex(g);
    g[v].image = imgi.first;
    g[v].featureID = i;
    vertexByImageFeature[make_pair(imgi.first, i)] = v;
  }
}
```

```
// 윤곽선 추가 - 특징 매칭
for (const auto& match : matches) {
  for (const DMatch& dm : match.second) {
    Vertex& vI = vertexByImageFeature[make_pair(match.first.first,
      dm.queryIdx)];
    Vertex& vJ = vertexByImageFeature[make_pair(match.first.second,
      dm.trainIdx)];
    add_edge(vI, vJ, g);
  }
}
```

결과 그래프의 시각화 결과(boost::write_graphviz() 사용)를 보면 매칭이 잘못되는 경우가 많이 있다. 불량 매칭을 가진 체인은 동일한 이미지에서 두 개 이상의 특징을 포함한다. 다음 그림에서 그러한 사례를 몇 개 표시했다. 일부 체인에는 동일한 색의 노드가 두 개 이상 있다.

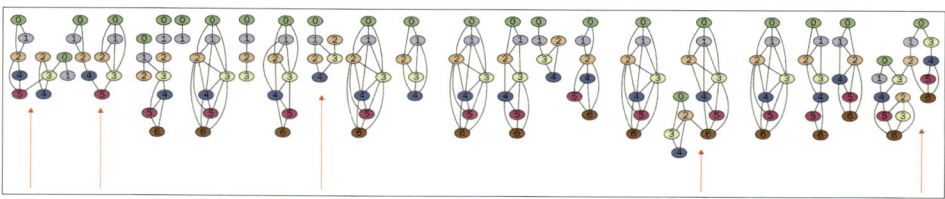

사용자는 체인이 그래프 내에서 본질적으로 연결된 구성 요소임을 알 수 있다. boost::connected_components()를 사용해 다음과 같이 구성 요소 추출을 간단히 할 수 있다.

```
// 연결된 요소 얻기
std::vector<int> component(num_vertices(gFiltered), -1);
int num = connected_components(gFiltered, &component[0]);
map<int, vector<Vertex> > components;
for (size_t i = 0; i != component.size(); ++i) {
  if (component[i] >= 0) {
    components[component[i]].push_back(i);
  }
}
```

이미지에서 하나 이상인 불량 구성 요소를 필터링해 깔끔한 매칭 그래프를 얻을 수 있다.

## 3D 재구성 및 시각화

이제 추적을 할 수 있고, OpenCV의 SfM 모듈을 사용해 추적한 데이터를 데이터 구조 형태로 정렬한다. 불행히도 sfm 모듈은 잘 문서화돼 있지 않으므로 이 부분은 소스 코드에서 스스로 알아내야 한다. 재구성하기 위해 opencv_contrib/modules/sfm/include/opencv2/sfm/reconstruct.hpp에서 찾을 수 있는 cv::sfm:: 네임스페이스 namespace의 다음 함수를 호출한다.

```
void reconstruct(InputArrayOfArrays points2d, OutputArray Ps, OutputArray
points3d, InputOutputArray K, bool is_projective = false);
```

opencv_contrib/modules/sfm/src/simple_pipeline.cpp 파일에서는 해당 함수가 입력으로 사용할 주요 내용들을 볼 수 있다.

```
static void
parser_2D_tracks( const std::vector<Mat> &points2d, libmv::Tracks &tracks )
{
  const int nframes = static_cast<int>(points2d.size());
  for (int frame = 0; frame < nframes; ++frame) {
    const int ntracks = points2d[frame].cols;
    for (int track = 0; track < ntracks; ++track) {
      const Vec2d track_pt = points2d[frame].col(track);
      if ( track_pt[0] > 0 && track_pt[1] > 0 )
        tracks.Insert(frame, track, track_pt[0], track_pt[1]);
    }
  }
}
```

일반적으로 sfm 모듈은 축소된 버전의 libmv(https://developer.blender.org/tag/libmv/)를 사용한다. 이 SfM 패키지 버전은 Blender 3D(https://www.blender.org/) 그래픽 소프트웨어에서 사용함으로써 영화 제작의 3D 재구성에 활용됐다.

추적 데이터는 여러 개별 cv::Mat 벡터를 사용하고, cv::Vec2d 정렬 목록을 열$^{column}$로 가지며, 두 개의 행 double을 가진다. 또한 추적에서 누락된(매칭하지 않는) 특징점은 음의 좌표를 갖는 것으로 추론할 수 있다. 다음 코드에서는 매칭 그래프에서 원하는 데이터 구조를 가진 추적 값을 추출한다.

```
vector<Mat> tracks(nViews); // 뷰 초기화

// 추적 컴포넌트 사용하기
const size_t nViews = imagesFilenames.size();
tracks.resize(nViews);
for (int i = 0; i < nViews; i++) {
  tracks[i].create(2, components.size(), CV_64FC1);
  tracks[i].setTo(-1.0); // 기본은 (-1, -1)이며, 매칭 없음을 나타냄
}
int i = 0;
for (auto c = components.begin(); c != components.end(); ++c, ++i) {
  for (const int v : c->second) {
    const int imageID = imageIDs[g[v].image];
    const size_t featureID = g[v].featureID;
    const Point2f p = keypoints[g[v].image][featureID].pt;
    tracks[imageID].at<double>(0, i) = p.x;
    tracks[imageID].at<double>(1, i) = p.y;
  }
}
```

재구성 기능을 실행하고 희소 3D 포인트 클라우드와 각 3D 포인트의 색을 수집한 다음에 결과를 시각화한다(cv::viz::의 함수 사용).

```
cv::sfm::reconstruct(tracks, Rs, Ts, K, points3d, true);
```

그러면 다음 이미지에서 볼 수 있듯이 포인트 클라우드와 카메라 위치 값으로 희소 재구성을 만들 수 있다.

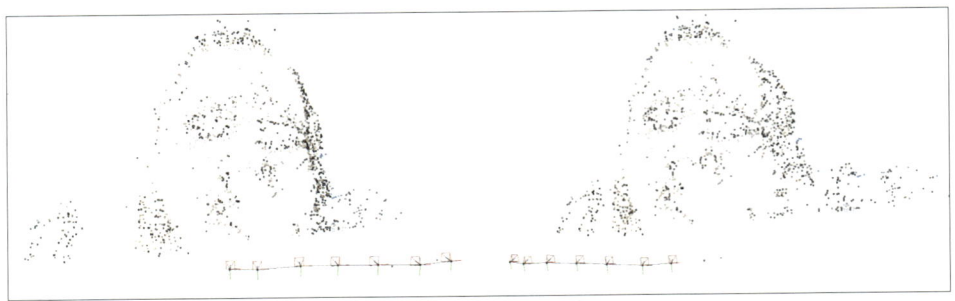

2D 이미지에서 3D 포인트를 다시 투영하면 올바른 재구성 결과를 확인할 수 있다.

함께 제공되는 소스 저장소에서 재구성 및 시각화의 전체 코드를 참조한다.

결과를 보면 재구성이 많이 이뤄지지는 않는다. 특징이 매칭되는 3D 점만 표시되며, 장면에서 객체의 기하학(지오메트리) 값을 가져올 때 매우 좋은 효과들만 갖지는 않는다. 대부분의 경우 SfM 파이프라인은 희소 재구성 사용으로 끝나지 않으므로 3D 스캔과 같은 많은 애플리케이션에는 유용하지 않다. 다음 절에서는 밀집 재구성을 얻는 방법을 살펴본다.

## 밀집 재구성을 위한 MVS

희소 3D 점 클라우드와 카메라 위치를 갖고 MVS를 사용해 밀집 재구성을 진행할 수 있다. 이미 첫 번째 절에서 MVS의 기본 개념을 배웠다. 그러나 이를 맨 처음부터 구현할 필요는 없으므로 OpenMVS 프로젝트를 사용한다. 클라우드 밀집화에 OpenMVS를 사용하려면 프로젝트를 특수한 형식으로 저장해야 한다. OpenMVS는 MVS/Interface.h에서 정의된 .mvs 프로젝트를 저장하고 불러오기 위한 MVS::Interface 클래스를 제공한다.

카메라를 갖고 작업을 시작해보자.

```
MVS::Interface interface;
MVS::Interface::Platform p;

// 카메라 추가
MVS::Interface::Platform::Camera c;

c.K = Matx33d(K_); // 내부 행렬은 번들 조정으로 다듬어짐
c.R = Matx33d::eye(); // 카메라는 고유 회전을 갖지 않으며,
c.C = Point3d(0,0,0); // 평행 이동을 하지 않음
c.name = "Camera1";
const Size imgS = images[imagesFilenames[0]].size();
c.width = imgS.width; // 내부 값을 정규화하기 위한 이미지 크기
c.height = imgS.height;
p.cameras.push_back(c);
```

카메라 포즈(뷰)를 추가할 때는 주의를 기울여야 한다. OpenMVS는 점 투영 $[R|t]$를 위한 카메라 포즈 행렬이 아니라 카메라의 회전과 중심을 얻는다. 따라서 역회전 $-R^t t$를 적용해 카메라의 센터를 나타내기 위한 평행 이동 벡터를 사용한다.

```
// 뷰 추가
p.poses.resize(Rs.size());
for (size_t i = 0; i < Rs.size(); ++i) {
  Mat t = -Rs[i].t() * Ts[i]; // 카메라 *센터*
  p.poses[i].C.x = t.at<double>(0);
  p.poses[i].C.y = t.at<double>(1);
  p.poses[i].C.z = t.at<double>(2);
```

```
    Rs[i].convertTo(p.poses[i].R, CV_64FC1);

    // 이미지 추가(인덱스를 맞춰야 함)
    MVS::Interface::Image image;
    image.cameraID = 0;
    image.poseID = i;
    image.name = imagesFilenames[i];
    image.platformID = 0;
    interface.images.push_back(image);
}
p.name = "Platform1";
interface.platforms.push_back(p);
```

Interface에 점 클라우드를 추가한 후에 명령줄에서 클라우드 밀집화$^{\text{cloud densifying}}$를 진행할 수 있다.

```
$ ${openMVS}/build/bin/DensifyPointCloud -i crazyhorse.mvs
18:48:32 [App ] Command line: -i crazyhorse.mvs
18:48:32 [App ] Camera model loaded: platform 0; camera 0; f 0.896x0.896; poses 7
18:48:32 [App ] Image loaded 0: P1000965.JPG
18:48:32 [App ] Image loaded 1: P1000966.JPG
18:48:32 [App ] Image loaded 2: P1000967.JPG
18:48:32 [App ] Image loaded 3: P1000968.JPG
18:48:32 [App ] Image loaded 4: P1000969.JPG
18:48:32 [App ] Image loaded 5: P1000970.JPG
18:48:32 [App ] Image loaded 6: P1000971.JPG
18:48:32 [App ] Scene loaded from interface format (11ms):
7 images (7 calibrated) with a total of 5.25 MPixels (0.75 MPixels/image)
1557 points, 0 vertices, 0 faces
18:48:32 [App ] Preparing images for dense reconstruction completed: 7 images (125ms)
18:48:32 [App ] Selecting images for dense reconstruction completed: 7 images (5ms)
Estimated depth-maps 7 (100%, 1m44s705ms)
Filtered depth-maps 7 (100%, 1s671ms)
Fused depth-maps 7 (100%, 421ms)
18:50:20 [App ] Depth-maps fused and filtered: 7 depth-maps, 1653963
```

```
depths, 263027 points (16%%) (1s684ms)
18:50:20 [App ] Densifying point-cloud completed: 263027 points
(1m48s263ms)
18:50:21 [App ] Scene saved (489ms):
7 images (7 calibrated)
263027 points, 0 vertices, 0 faces
18:50:21 [App ] Point-cloud saved: 263027 points (46ms)
```

이 프로세스를 완료하는 데 몇 분이 걸릴 수 있다. 그러나 일단 완료되면 인상적인 결과를 얻을 수 있다. 밀집한 점 클라우드는 희소 클라우드의 1,557개 점에 비해 훨씬 많은 무려 263,027개의 3D 점을 가진다. OpenMVS에 번들로 제공되는 Viewer 앱을 사용해 밀집 OpenMVS 프로젝트를 시각화할 수 있다.

OpenMVS에는 밀집 점 클라우드에서 삼각 메시triangular mesh를 추출하는 등의 재구성을 완료하기 위한 몇 가지 기능이 더 있다.

## 요약

2장에서는 SfM과 OpenCV의 sfm 제공 모듈 및 OpenMVS를 사용한 구현에 중점을 뒀다. 다중 뷰 기하학의 몇 가지 이론적 개념과 주요 특징점 추출, 매칭, 매칭 그래프 생성 및 분석, 재구성 실행, 희소 3D 포인트 클라우드 밀도를 높이기 위한 MVS 수행

등 몇 가지 실용적인 개념을 살펴봤다.

3장에서는 OpenCV의 `face contrib` 모듈을 사용해 사진에서 얼굴 랜드마크를 검출하고 `solvePnP` 함수로 얼굴이 가리키는 방향을 검출하는 방법을 살펴본다.

# 03

# face 모듈을 사용한 얼굴 랜드마크와 포즈 분석

얼굴 랜드마크 검출은 사람 얼굴의 이미지에서 관심 지점을 찾는 프로세스다. 최근 들어 많은 얼굴 관련 애플리케이션이 등장함에 따라 컴퓨터 비전 커뮤니티의 관심이 높아졌다. 예를 들어 얼굴 제스처를 통한 감정 검출, 시선 방향 추정, 얼굴 모양 변경(얼굴 교환face swap), 그래픽으로 얼굴 증강augment, 가상 인물 조종[1] 관련 애플리케이션이 있다. 오늘날의 스마트폰과 PC 웹 카메라 프로그램에서 이러한 애플리케이션을 많이 볼 수 있다. 이렇게 적용하기 위해 랜드마크 검출기는 얼굴에서 입의 코너, 눈의 코너, 턱의 실루엣 등과 같은 수십 개의 점을 찾아야 한다. 이를 위해 많은 알고리즘이 개발됐으며 OpenCV에서는 일부 알고리즘이 구현됐다. 3장에서는 cv::face 모듈을 사용하는 얼굴 랜드마크facial landmark(얼굴 마크facemark라고도 함) 검출 프로세스를 설명한다. 이 모

---

[1] https://www.youtube.com/watch?v=7VsQYLnGpOw와 https://cgl.ethz.ch/Downloads/Publications/Papers/2018/Cic18a/Cic18a.pdf를 참조해 가상 인물 조종 방법을 자세히 파악할 수 있다. - 옮긴이

듈은 추론을 위한 API를 제공하고 얼굴 마크 검출기 훈련을 제공한다. 3D로 얼굴 방향을 찾기 위해 얼굴 마크 검출기를 적용하는 방법을 살펴본다.

이 장에서 다룰 내용은 다음과 같다.

- 얼굴 랜드마크 검출의 역사적 배경 및 이론 소개와 OpenCV에서 구현된 알고리즘 설명
- 얼굴 랜드마크 검출을 위한 OpenCV의 face 모듈 활용
- 2D-3D 정보를 활용한 얼굴의 대략적인 방향 추정

## 기술 요구 사항

이 장에서 코드를 작성하려면 다음의 기술과 설치 과정이 필요하다.

- OpenCV v4(face contrib 모듈로 컴파일)
- Boost v1.66+

이 장에 제시된 개념을 구현하기 위한 코드와 이전에 나열된 구성 요소의 빌드 가이드는 이 책과 함께 제공되는 코드 저장소에서 얻을 수 있다.

얼굴 마크 검출기를 실행하려면 사전 훈련된 모델이 필요하다. OpenCV에서 제공되는 API를 통해 검출기detector 모델 훈련이 가능하며 일부 사전 훈련된 모델을 다운로드해 사용할 수 있다. 이러한 모델 중 하나는 https://github.com/kurnianggoro/GSOC2017/tree/master/data/lbfmodel.yaml에서 얻을 수 있고, 알고리즘을 구현한 개발자가 이미 OpenCV에 제공했다(2017 GSoC<sup>Google Summer of Code</sup>).

얼굴 마크 검출기는 모든 이미지에 사용할 수 있다. 하지만 얼굴 마크 알고리즘을 벤치마킹하는 데 사용되는 사전 지정된 얼굴 사진 및 비디오 데이터 세트를 사용할 수도 있다. 이러한 데이터 세트는 300-VW라고 하며, 임페리얼 칼리지 런던<sup>Imperial College London</sup>의 컴퓨터 비전 그룹인 iBUG<sup>Intelligent Behavior Understanding Group</sup>(https://ibug.doc.ic.ac.

uk/resources/300-VW/)를 통해 제공된다. 여기서는 미디어에 수백 개 얼굴 모양의 비디오가 포함돼 있으며, 68개의 얼굴 랜드마크 점으로 조심스럽게 어노테이션annotated된다. 이 데이터 세트는 얼굴 마크 검출기를 훈련하는 데 사용할 뿐만 아니라, 사용자가 사용하는 사전 훈련된 모델의 성능 수준을 이해하는 데도 사용할 수 있다. 다음은 실제 측정값ground truth 어노테이션을 갖는 300-VW 비디오 중 하나에서 발췌한 것이다.

크리에이티브 커먼즈 라이선스에 따라 이미지 사용

이 책의 코드 파일은 https://github.com/PacktPublishing/Mastering-OpenCV-4-Third-Edition에서 다운로드할 수 있다.

## 이론과 주요 내용

얼굴 랜드마크 검출 알고리즘은 얼굴 이미지에서 주요 랜드마크 점들의 위치를 자동으로 찾는다. 이러한 키 포인트들은 일반적으로 얼굴 모양을 더 확실히 구별하려는 얼굴 구성 요소들(눈의 코너, 입의 코너)의 주요 점들이다. 예를 들어 턱선, 입, 눈, 눈썹 주위의 점들이 적절한 수준으로 얼굴 표정을 검출하는 데 필요하다. 얼굴 랜드마크를 찾는 것은 객체 간의 큰 변화, 조명 조건, 오클루전occlusion과 같은 여러 가지 이유에서 어려운 작업으로 알려졌다. 이를 위해 컴퓨터 비전 연구자들은 지난 30년 동안 수십 개의 랜드마크 검출 알고리즘을 제안했다.

얼굴 랜드마크 검출의 최근 연구(Wu와 Ji, 2018)에서는 랜드마크 검출기를 전체적 방법holistic method, 제한된 로컬 모델Constrained Local Model(CLM) 방법, 회귀 방법이라는 세 그룹으로 분리할 것을 제안했다.

- 우Wu와 지Ji는 얼굴의 픽셀 강도의 완전한 모양을 모델링하는 방법으로 전체적 방법을 제시했다.
- CLM 방법은 글로벌 모델과 함께 각 랜드마크 주변의 로컬 패치local patch를 검사한다.
- 회귀 방법은 회귀자가 훈련한 일련의 작은 업데이트를 사용해 랜드마크 위치를 반복적으로 예측하려고 시도한다.

## 능동적 외양 모델과 제한된 로컬 모델

전체적 방법의 일반적인 예는 90년대 후반의 능동적 외양 모델Active Appearance Model(AAM)이며, T.F. 쿠테(1998)의 실험에 기여했다. AAM에서 목표는 (훈련 데이터의) 알려진 얼굴 렌더링을 대상 입력 이미지에 반복적으로 매칭시키는 것이다. 이 이미지에서 수렴될 때 모양과 랜드마크를 얻을 수 있다. AAM 방법과 그 파생 방법들은 많은 개발자 사이에서 매우 인기가 있었으며, 개발자들은 여전히 많은 관심을 두고 있다. 그렇지만 AAM의 후속인 CLM 방법은 조명 변경과 오클루전에서 훨씬 더 나은 성능을 보여주면서 빠르게 선두를 차지했다. 대부분의 방법은 크리스티나스Cristinacce와 쿠테스Cootes(2006), 사라기Saragih(2011) 연구진에 많은 영향을 줬으며, CLM 방법은 각 랜드마크(패치)의 픽셀 강도 외양을 모델링하고 오클루전과 잘못된 로컬 검출false local detection에 대처하기 위한 전역 모양을 미리 통합했다.

여기서 $p$는 다음과 같이 $D$ 랜드마크 $x_d(p)$ 점으로 분해할 수 있는 얼굴 모양 포즈이며, CLM에서 최소화된다.

$$\hat{p} = \arg\min_{p} Q(p) + \sum_{d=1}^{D} \text{Distance}(x_d(p), I)$$

얼굴 포즈는 주로 PCA<sup>Principal Component Analysis</sup>를 통해 얻어지며, 랜드마크는 역 PCA 동작의 결과다. PCA를 사용하면 대부분의 얼굴 모양 포즈가 서로 밀접하게 관련되고 전체 랜드마크 위치 공간이 매우 중복되므로 유용히 적용될 수 있다. 거리 함수(Distance로 표시)는 주어진 랜드마크 모델 점이 이미지 관찰<sup>image observation</sup>에 얼마나 가까운지를 결정하는 데 사용된다. 많은 경우, 거리 함수는 패치 간 유사도 측정(템플릿 매칭) 또는 HOG(히스토그램 그라디언트)와 같은 윤곽선 기반 특징을 찾고자 할 때 사용한다. 용어 $Q(p)$는 불가능하거나 극단적 얼굴 모양 포즈를 정규화할 때 사용한다.

### 회귀 방법

반대로 회귀분석법은 좀 더 단순하지만 강력한 접근 방식이다. 이 방법은 회귀 방식으로 머신러닝을 사용해 랜드마크의 초기 위치를 업데이트하고 위치가 수렴할 때까지 반복한다. $\hat{S}^{(t)}$는 시간 $t$의 모양<sup>shape</sup>을 나타내고, $r_t(I, \hat{S}^{(t)})$는 이미지 $I$의 반복자 수행 결과다. 다음과 같이 현재 모양을 나타낼 수 있다.

$$\hat{S}^{(t+1)} = \hat{S}^{(t)} + r_t(I, \hat{S}^{(t)})$$

이러한 업데이트 작업을 사용해 최종 랜드마크 위치를 얻을 수 있다.

이 방법을 사용하면 막대한 양의 훈련 데이터를 사용하고 CLM 방법에서 핵심인 로컬 유사도 및 전역 제약 조건의 직접 개발 모델을 사용할 수 있다. 일반적인 회귀 방법은 매우 빠른 추론과 간단한 구현을 제공하고 병렬화할 수 있는 GBT<sup>Gradient Boosting Tree</sup>다.

딥러닝을 활용한 얼굴 랜드마크 검출의 새로운 접근 방식을 사용할 수 있다. 이 새로운 방법은 CNN<sup>Convolutional Neural Network</sup>을 사용해 이미지에서 얼굴 랜드마크의 위치를 회귀 방식으로 얻거나, 3D 모델과 캐스케이드된 회귀분석법을 가진 CNN의 하이브리드 방식을 사용한다.

OpenCV의 face 모듈(OpenCV v3.0에 처음 도입됨)은 렌(ren, 2014)과 카제미(Kazemi, 2014)의 AAM 회귀 유형 방법을 포함한다. 기여자가 제공한 사전 훈련된 모델을 사용할 때 최상의 결과를 얻을 수 있으므로, 3장에서는 렌(Ren, 2014)의 방법을 사용한다. 렌 등의 방법에서는 각 랜드마크 점 주위의 시각적 모양을 설명하고 회귀에 의한 모양 업데이트 방법을 배울 수 있는 매우 짧은 이진 코드인 LBF[Local Binary Feature]를 제공한다.

## ▎OpenCV로 얼굴 랜드마크 검출

랜드마크 검출은 얼굴 검출로 시작해 이미지에서 얼굴을 찾고, 일정한 범위(범위 상자 사용)를 찾는다. 얼굴 인식은 오랫동안 이미 해결된 문제로 여겨져왔다. 더욱이 OpenCV는 대중이 자유롭게 사용할 수 있으며 강력한 성능을 갖는 최초의 얼굴 검출기가 이미 포함돼 있다. 실제로 OpenCV는 초기에 얼굴 검출 기능으로 널리 알려져서 주로 얼굴 검출용으로 사용됐다. OpenCV는 표준 비올라–존스[Viola-Jones] 부스트 캐스케이드 분류기 알고리즘(Viola, 2001, 2004)을 사용해 구현하고 사전 훈련된 모델을 제공한다. 얼굴 검출 기능이 초기보다 크게 향상됐지만 OpenCV에서 얼굴을 검출하는 가장 빠르고 쉬운 방법은 core 모듈에 제공된 cv::CascadeClassifier 클래스를 사용해 번들로 묶은 캐스케이드 분류기를 사용하는 것이다.

캐스케이드 분류기로 얼굴을 검출할 수 있는 간단한 함수를 구현하면 다음과 같다.

```
void faceDetector(const Mat& image,
                  std::vector<Rect> &faces,
                  CascadeClassifier &face_cascade) {

    Mat gray;
```

```
// 캐스케이드 분류기는 그레이스케일 이미지에서 가장 잘 동작한다
if (image.channels() > 1) {
  cvtColor(image, gray, COLOR_BGR2GRAY);
} else {
  gray = image.clone();
}

// 히스토그램 균일화는 일반적으로 얼굴 검출을 지원한다
equalizeHist(gray, gray);

faces.clear();

// 캐스케이드 분류기 실행
face_cascade.detectMultiScale(
  gray,
  faces,
  1.4, // 피라미드 스케일 팩터
  3,   // 이웃의 임계값이 낮음
  // 여기서는 분류기를 사용해 얼굴 하나만 찾는다
  CASCADE_SCALE_IMAGE + CASCADE_FIND_BIGGEST_OBJECT);
}
```

얼굴 검출을 제어하는 두 매개변수 피라미드 스케일 팩터와 이웃 수를 조정할 수 있다. 피라미드 스케일 팩터는 검출기가 찾으려는 얼굴의 이미지 피라미드를 만드는 데 사용된다. 베어bare 검출기에는 고정된 조리개aperture가 있으므로 멀티스케일 검출 방법을 사용할 수 있다. 이미지 피라미드의 각 단계에서 이미지는 스케일 팩터에 의해 축소되고, 작은 값(1.0에 가까움)을 사용하면 많은 이미지, 긴 런타임, 더 정확한 결과를 가질 수 있다. 또한 여러 이웃의 하한 임계값을 제어할 수 있으며, 캐스케이드 분류기는 근접한 다수의 포지티브 얼굴 분류positive face classification를 할 수 있다.

적어도 세 개의 인접하는 포지티브 얼굴 분류를 갖고 있는 경우에 전체적인 분류 방법을 사용해 그중 하나의 얼굴을 반환할 수 있다. 더 낮은 값(정수 형태, 1에 가까운 정수)을 갖는 경우에 더 많은 검출 결과를 반환하겠지만, 또한 거짓 포지티브false positive 결과도 가진다.

사용자는 OpenCV 제공 모델에서 캐스케이드 분류기를 사용할 때 초기화를 먼저 해야 한다(직렬화된 모델의 XML 파일은 $OPENCV_ROOT/data/haarcascades 디렉터리에서 제공됨). 표준 훈련된 분류기로 다음과 같이 사용할 수 있다.

```
const string cascade_name =
"$OPENCV_ROOT/data/haarcascades/haarcascade_frontalface_default.xml";

CascadeClassifier face_cascade;
if (not face_cascade.load(cascade_name)) {
  cerr << "Cannot load cascade classifier from file: " << cascade_name << endl;
  return -1;
}

// ... 이미지 얻기

vector<Rect> faces;
faceDetector(img, faces, face_cascade);

// 얼굴이 검출됐는지를 확인
if (faces.size() == 0) {
  cerr << "Cannot detect any faces in the image." << endl;
  return -1;
}
```

얼굴 검출기 결과를 시각화한 것은 다음 스크린샷에서 볼 수 있다.

얼굴 마크 검출기는 경계 상자를 사용해 검출된 얼굴 주위에서 동작하는 것을 볼 수 있다. 그러나 먼저 다음과 같은 cv::face::Facemark 객체 초기화가 필요하다.

```
#include <opencv2/face.hpp>

using namespace cv::face;

// ...

const string facemark_filename = "data/lbfmodel.yaml";
Ptr<Facemark> facemark = createFacemarkLBF();
facemark->loadModel(facemark_filename);
cout << "Loaded facemark LBF model" << endl;
```

cv::face::Facemark 추상 API는 모든 랜드마크 검출기 특징에 사용되며 특정 알고리즘에 따라 추론과 훈련을 구현하기 위한 기본 기능을 제공한다. facemark 객체를 사용하면 다음과 같이 fit 함수와 함께 얼굴 모양을 찾을 수 있다.

```
vector<Rect> faces;
faceDetector(img, faces, face_cascade);

// 얼굴이 검출됐는지 확인

if (faces.size() != 0) {
  // 얼굴 하나만 검출될 것을 예상해 첫 번째 얼굴을 찾음
  cv::rectangle(img, faces[0], Scalar(255, 0, 0), 2);

  vector<vector<Point2f> > shapes;

  if (facemark->fit(img, faces, shapes)) {
    // 검출된 랜드마크 표시
    drawFacemarks(img, shapes[0], cv::Scalar(0, 0, 255));
  }
} else {
  cout << "Faces not detected." << endl;
}
```

랜드마크 검출기의 결과(cv::face::drawFacemarks 사용) 시각화는 다음 스크린샷에서 표시된다.

## 측정 오차

시각적으로 볼 때 결과는 매우 좋아 보인다. 그러나 사용자는 실제 측정값을 갖고 있기 때문에 분석적으로 이를 검출 결과와 비교해 오류 추정치를 얻을 수 있다.

표준 평균 유클리드 거리 메트릭($\frac{1}{n}\sum_{i}^{n}\|X_i - \hat{y}_i\|_{L_2}$)을 사용해 예측된 각 랜드마크가 평균적으로 실제 측정값과 얼마나 가까운지 알 수 있다.

```
float MeanEuclideanDistance(const vector<Point2f>& A, const
vector<Point2f>& B) {
  float med = 0.0f;
  for (int i = 0; i < A.size(); ++i) {
    med += cv::norm(A[i] - B[i]);
  }
  return med / (float)A.size();
}
```

다음 스크린샷에서 예측 결과(빨간색)와 실제 측정값(녹색)이 중첩된 결과를 확인할 수 있다.

모든 랜드마크의 평균 오차는 특정 비디오 프레임에서 대략 1픽셀 정도에 불과하다.

## 랜드마크에서 얼굴 방향 예측

얼굴의 랜드마크를 얻은 후에는 얼굴의 방향을 찾을 수 있다. 2D 얼굴의 랜드마크 점들은 기본적으로 머리 모양을 가진다. 따라서 일반적인 사람 머리의 3D 모델을 사용하면 다음 사진과 같이 여러 얼굴 랜드마크에 해당하는 3D 점을 찾을 수 있다.

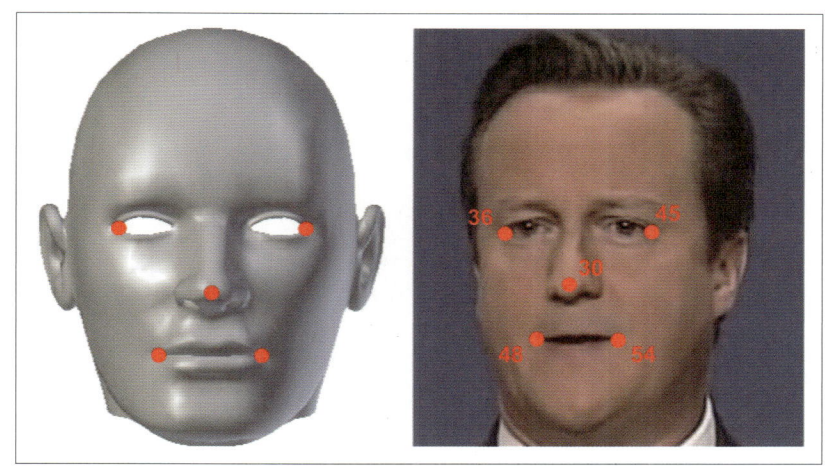

### 예측된 포즈 계산

2D-3D 대응 관계를 사용해서 PnP 알고리즘을 통해 카메라에서 촬영한 머리의 3D 포즈(회전과 평행 이동)를 계산할 수 있다. PnP 알고리즘과 객체 포즈 검출의 자세한 내용은 이 장의 범위를 벗어난다. 그러나 소수의 2D-3D 점 대응 방법만으로도 포즈를 계산하기에 충분하다는 것을 알 수 있다. 앞 사진을 사용해 강체 변환rigid transform을 할 수 있으며, 강체 변환은 객체로부터 일정한 거리가 이동되고 회전이 이뤄짐을 의미한다. 매우 넓은 의미에서, 다음의 수식과 같이 (카메라 근처) 이미지의 점과 객체 사이의

관계를 만들 수 있다.

$$\begin{pmatrix} x \\ y \\ 1 \end{pmatrix} = s \begin{pmatrix} f_x & 0 & c_x \\ 0 & f_y & c_y \\ 0 & 0 & 1 \end{pmatrix} \begin{pmatrix} r_1 & r_2 & r_3 & t_1 \\ r_4 & r_5 & r_6 & t_2 \\ r_7 & r_8 & r_9 & t_3 \end{pmatrix} \begin{pmatrix} U \\ V \\ W \\ 1 \end{pmatrix}$$

이 수식에서 $U, V, W$는 객체의 3D 위치이고, $x, y$는 이미지의 점을 의미한다. 이 방정식은 또한 카메라 내부 매개변수(초점 길이 $f$와 중심점 $c$)에 의해 제어되는 투영을 나타내고, 이는 3D 포인트를 2D 이미지 포인트로 최대 스케일 $s$로 변환한다. 카메라를 보정calibrating해 내부 매개변수를 사용할 수 있으며 근사치를 가정하고 회전과 평행 이동을 위한 12개의 계수를 찾을 수 있다. 2D와 3D의 대응 점이 충분하면 각 점이 두 개의 방정식에서 사용될 수 있고, 이러한 모든 계수를 풀 수 있는 선형 방정식 시스템을 만들 수 있다. 실제로 회전의 자유도가 9도 미만이므로 사용자는 네 개의 점만으로도 가능하며, 이에 따라 여섯 개의 점이 필요하지 않다. OpenCV는 calib3d 모듈의 cv::solvePnP 함수로 회전과 평행 이동을 찾기 위한 방법을 제공한다.

3D와 2D 점을 정렬하고 다음과 같이 cv::solvePnP 함수를 사용한다.

```
vector<Point3f> objectPoints {
  {8.27412, 1.33849, 10.63490}, // 왼쪽 눈의 코너
  {-8.27412, 1.33849, 10.63490}, // 오른쪽 눈의 코너
  {0, -4.47894, 17.73010}, // 코끝
  {-4.61960, -10.14360, 12.27940}, // 오른쪽 입 코너(입꼬리)
  {4.61960, -10.14360, 12.27940}, // 왼쪽 입 코너(입꼬리)
};
vector<int> landmarksIDsFor3DPoints {45, 36, 30, 48, 54}; // 0-인덱스

// ...
vector<Point2f> points2d;
for (int pId : landmarksIDsFor3DPoints) {
  points2d.push_back(shapes[0][pId] / scaleFactor);
}
```

```
solvePnP(objectPoints, points2d, K, Mat(), rvec, tvec, true);
```

예상 가능한 카메라 내장 매개변수의 $K$ 행렬은 이전 이미지의 크기에서 얻을 수 있다.

## 이미지에 포즈 투영

회전 및 평행 이동을 한 후에 객체 좌표 공간에서 앞의 이미지와 같이 코 끝, $x$축 방향, $y$축 방향, $z$축 방향의 네 점을 투영하고 앞의 이미지에 화살표를 추가한다.

```
vector<Point3f> objectPointsForReprojection {
  objectPoints[2], // 코끝
  objectPoints[2] + Point3f(0,0,15), // 코의 Z-축
  objectPoints[2] + Point3f(0,15,0), // 코의 Y-축
  objectPoints[2] + Point3f(15,0,0) // 코의 X-축
};
//...

vector<Point2f> projectionOutput(objectPointsForReprojection.size());
projectPoints(objectPointsForReprojection, rvec, tvec, K, Mat(),
projectionOutput);
arrowedLine(out, projectionOutput[0], projectionOutput[1],
Scalar(255,255,0));
arrowedLine(out, projectionOutput[0], projectionOutput[2],
Scalar(0,255,255));
arrowedLine(out, projectionOutput[0], projectionOutput[3],
Scalar(255,0,255));
```

코드를 수행하면 다음 스크린샷과 같이 얼굴이 가리키는 방향이 시각화돼서 나타난다.

## ▎요약

이 장에서는 OpenCV의 face contrib 모듈과 cv::Facemark API를 사용해 이미지에서 얼굴 랜드마크를 검출한 다음 cv::solvePnP()로 랜드마크를 사용해 얼굴의 대략적인 방향을 찾는 방법을 훈련했다. API는 간단하지만 강력한 기능을 제공한다. 랜드마크 검출 관련 지식을 제대로 활용하면 증강현실, 얼굴 교환, 식별, 가상 인물 조종과 같은 많은 흥미로운 애플리케이션을 구현할 수 있다.

# 04

# 딥 컨볼루션 네트워크를 사용한 번호판 인식

4장에서는 ANPR<sup>Automatic Number Plate Recognition</sup> 애플리케이션을 만드는 데 필요한 단계들을 소개한다. 적외선 카메라, 고정 차량 위치, 조명 조건과 같이 상황에 따라 다른 접근 방식과 기술을 사용할 수 있으며, 이를 통해 자동차로부터 2~3미터 정도의 거리를 두고 촬영한 사진, 모호한 조명 조건을 가진 사진, 자동차 번호판에 약간의 원근 왜곡이 있고 평행하지 않은 지면에서 찍은 사진으로 자동차 번호판을 검출하는 ANPR 애플리케이션을 만들 수 있다.

4장의 주요 목적은 컨볼루션 네트워크를 사용해 이미지 세그멘테이션 및 특징 추출, 패턴 인식 기본 사항, 두 가지 주요 패턴 인식 알고리즘인 SVM<sup>Support Vector Machine</sup>과 DNN<sup>Deep Neural Network</sup> 기술을 소개하는 것이다. 이 장에서는 다음과 같은 주제를 다룬다.

- ANPR
- 번호판 검출
- 번호판 인식

## ANPR 소개

ALPR$^{Automatic\ License\ Plate\ Recognition}$, AVI$^{Automatic\ Vehicle\ Identification}$, CPR$^{Car\ Plate\ Recognition}$ 등과 같은 용어로도 알려져 있는 ANPR은 광학 문자 인식$^{Optical\ Character\ Recognition}$(OCR)과 차량 번호판을 판독하기 위한 세그멘테이션 및 검출 기술을 사용하는 감시 방법이다.

ANPR 시스템에서 최상의 결과는 적외선(IR) 카메라를 사용해 얻을 수 있다. 검출과 OCR 세그먼트화를 위한 세그먼트 단계가 쉽고 깔끔하며 오류를 최소화할 수 있기 때문이다. 이것은 빛이 갖고 있는 법칙 때문이다. 빛의 법칙에서 기본은 입사각이 각도 반사와 동일하다는 것이다. 평면 거울과 같은 매끄러운 표면을 볼 때 이 기본 반사를 볼 수 있다. 종이와 같은 거친 표면에서 반사되면 산란$^{scatter}$ 또는 확산$^{diffuse}$ 반사라고 하는 반사 유형이 생긴다. 그러나 대부분의 국가별 번호판에는 역반사$^{retroreflection}$라는 특별한 특성이 있다. 번호판 표면은 수천 개의 작은 반구로 덮힌 재료로 만들어져 다음 그림과 같이 빛은 광원으로 다시 반사돼 돌아간다.

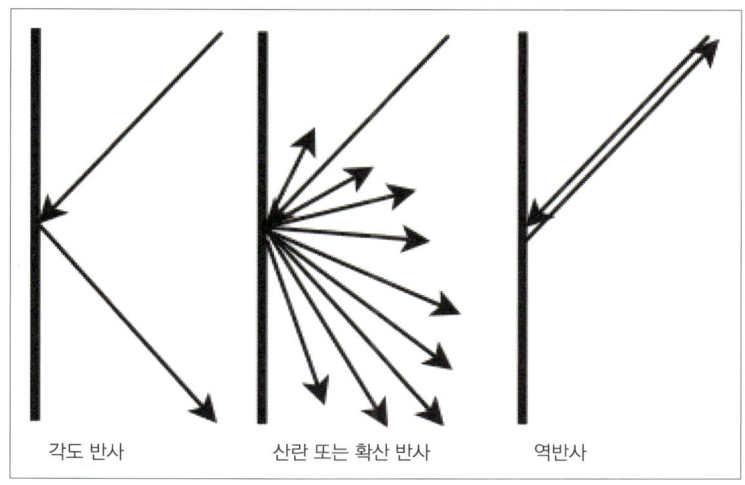

| 각도 반사 | 산란 또는 확산 반사 | 역반사 |

필터 결합 구조의 적외선 프로젝터가 장착된 카메라를 사용하는 경우에는 적외선만 검출할 수 있고 세그먼트 작업을 하기 위한 매우 높은 품질의 이미지를 얻을 수 있다. 다음 이미지와 같이 조명 환경에 상관없이 번호판의 숫자를 검출하고 인식할 수 있다.

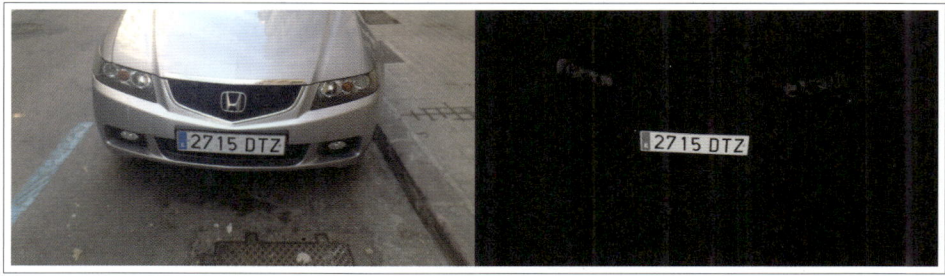

4장에서는 IR 사진을 사용하지 않는다. 일반 사진을 사용하기 때문에 최상의 결과를 얻지 못하며 IR 카메라를 사용할 때보다 더 높은 수준의 검출 오류와 높은 오인식률을 초래한다. 그렇지만 모든 단계는 동일하게 적용된다.

국가마다 번호판 크기와 사양이 다르다. 최상의 결과를 얻고 오류를 줄이려면 번호판 사양을 아는 것이 좋다. 이 장에서 사용되는 알고리즘은 ANPR의 기본 사항을 설명하기 위한 것이며, 스페인에서 사용되는 번호판용으로 알고리즘이 설계됐지만 모든 국가의 번호판 사양으로 확장할 수 있다.

4장에서는 스페인의 번호판을 사용해 작업한다. 스페인에는 세 가지 크기와 모양의 번호판이 있지만, 너비가 520mm이고 높이가 110mm인 가장 일반적인(큰) 번호판만 사용한다. 두 그룹의 문자가 41mm 간격으로 구분되고 14mm 공간으로 각 개별 문자를 구분한다. 첫 번째 문자 그룹은 네 자리 숫자이고, 두 번째 그룹은 모음 $A, E, I, O, U$ 또는 $N, Q$를 제외한 세 개의 문자다. 모든 문자의 크기는 45mm×77mm다.

이 데이터는 문자를 세그먼트화할 때 중요하다. 문자와 공백을 모두 검사해 문자를 얻고 다른 이미지 세그먼트가 없는지를 확인할 수 있다.

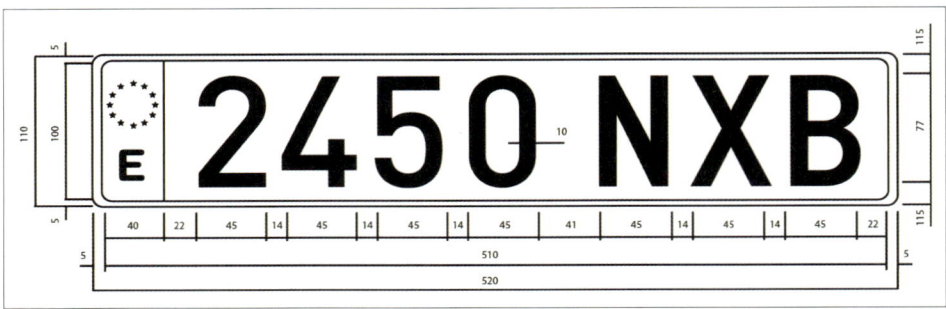

## ANPR 알고리즘

ANPR 코드를 설명하기 전에 ANPR 알고리즘의 주요 단계와 작업을 정의해야 한다. ANPR은 번호판 검출과 번호판 인식이라는 두 가지 주요 단계로 나뉜다.

- 번호판 검출은 전체 카메라 프레임에서 번호판 위치를 검출하는 데 사용된다.
- 이미지에서 번호판이 검출되면 번호판 세그먼트 결과는 두 번째 단계(번호판 인식)로 전달된다. 번호판 인식은 OCR 알고리즘을 사용해 번호판의 영숫자를 결정한다.

다음 다이어그램에서 두 가지 주요 알고리즘 단계인 번호판 검출 및 번호판 인식 과정을 볼 수 있다. 이 단계 후의 프로그램에서는 검출된 번호판의 문자를 카메라로 촬영된 이미지에 나타낸다. 알고리즘은 잘못된 결과를 반환할 수도 있고 결과를 반환하지 않을 수도 있다.

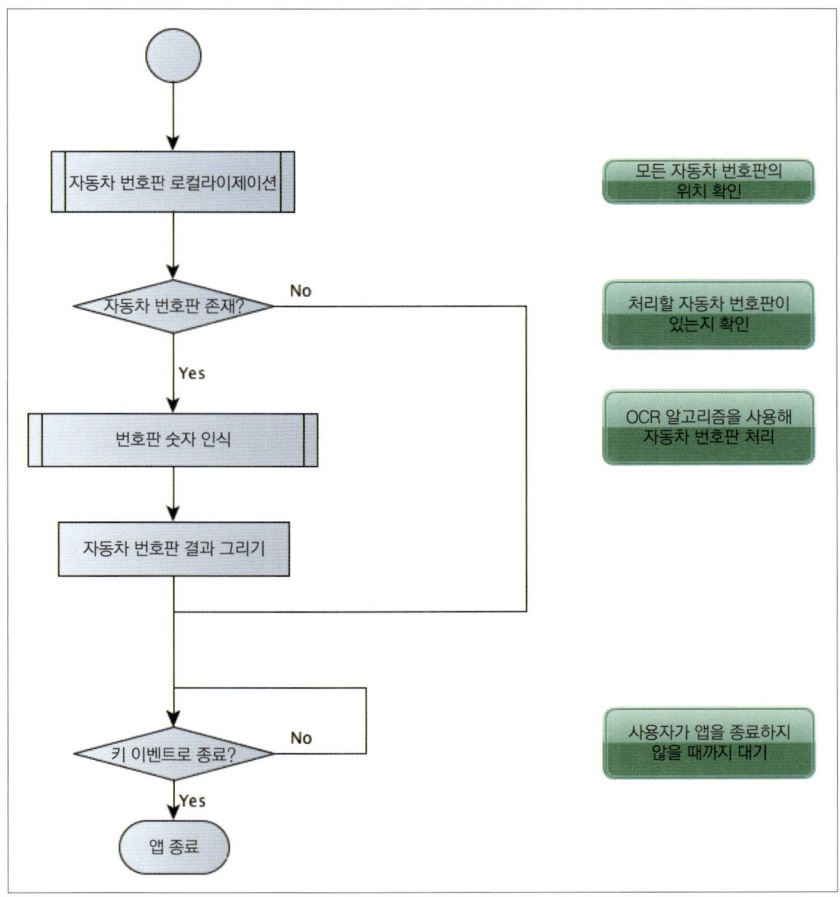

이전 다이어그램에서 표시된 각 단계의 패턴 인식 알고리즘에 일반적으로 사용되는 세 가지 추가 단계를 정의한다. 각 단계는 다음과 같다.

1. **세그멘테이션**: 이미지 내에서 관심 있는 각 패치/영역을 검출하고 제거한다.
2. **특징 추출**: 각 패치에서 특성 세트들을 추출한다.
3. **분류**: 번호판 인식 단계에서 각 문자를 추출하거나 번호판 검출 단계에서 각 이미지 패치를 '번호판 있음' 또는 '번호판 없음'으로 분류한다.

다음 다이어그램에서 애플리케이션의 패턴 인식 단계를 전반적으로 파악할 수 있다.

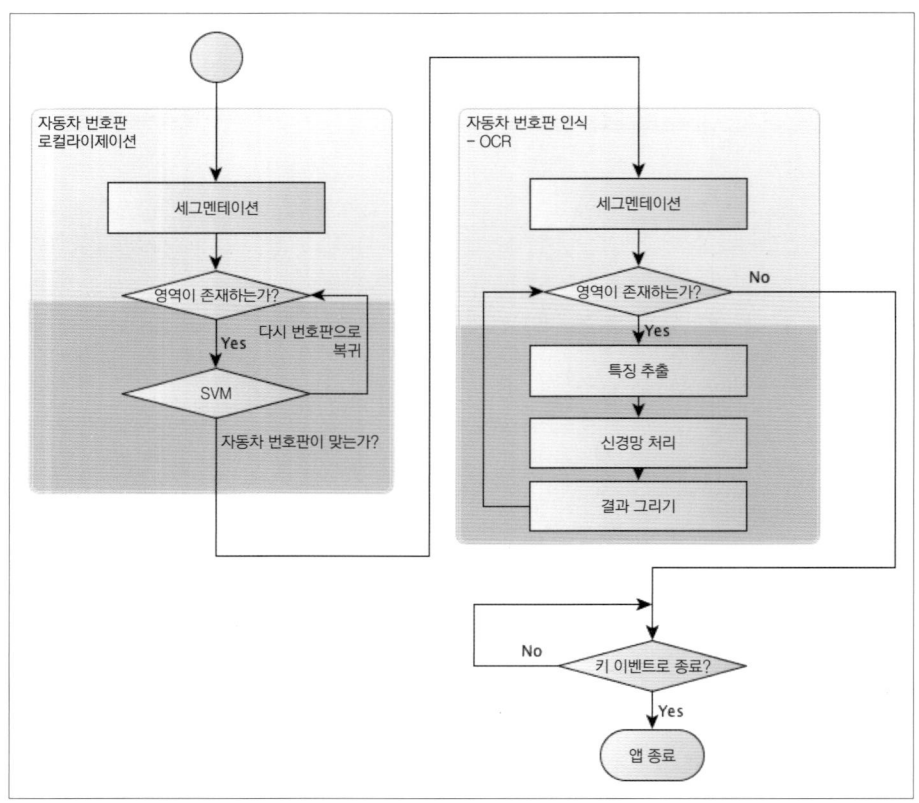

적용될 수 있는 주요 애플리케이션들을 제외하고는 자동차 번호판 검출 및 인식이 주요 목표다. 그 외에 일반적으로 설명하지 않았던 두 가지 이상의 작업을 간략하게 설명한다.

- 패턴 인식 시스템 훈련 방법
- 패턴 인식 시스템 평가 방법

그러나 패턴 인식 시스템을 제대로 훈련하지 않으면 시스템 동작은 실패하고 올바르게 동작하지 않기 때문에 이러한 훈련 작업은 기본 애플리케이션보다 더 중요할 수 있다. 다른 패턴의 경우에는 그 패턴의 다른 훈련 및 평가 프로세스가 필요하다. 최상의 결과를 얻으려면 다양한 환경, 조건, 특징을 사용해 시스템을 평가해야 한다. 평가 방법에서 볼 수 있었던 것처럼 서로 다른 특징을 사용해 다른 결과를 생성할 수 있으므로 훈련과 평가 작업은 함께 수행돼야 한다.

## 번호판 검출

이 단계에서는 현재 카메라 프레임의 모든 번호판을 검출해야 한다. 이 작업을 수행하기 위해 세그먼트화와 세그먼트 분류라는 두 가지 주요 단계로 나눌 수 있다. 이미지 패치를 벡터 기능으로 사용하기 때문에 특징 단계는 설명하지 않는다.

첫 번째 단계(세그멘테이션)에서는 번호판을 포함할 수 있는 이미지의 일부를 검색하기 위해 다양한 필터, 모폴로지 연산, 윤곽 알고리즘, 검증을 적용한다.

두 번째 단계(분류)에서는 SVM 분류기를 각 이미지 패치에 적용한다. 기본 애플리케이션을 만들기 전에 두 가지 다른 클래스(번호판과 비번호판)로 훈련한다. 너비 800픽셀을 갖는 정면 뷰의 색 이미지를 갖고 작업하며, 자동차로부터 2~4미터 정도 떨어져서 촬영한 이미지를 사용한다. 여기서 언급된 이미지의 요구 사항은 정확한 세그멘테이션 작업에 매우 중요하다. 멀티스케일 이미지 알고리즘을 만들기 위해서는 검출 작업을 해야 한다.

다음 이미지에서는 번호판 검출과 관련된 각각의 프로세스를 보여준다.

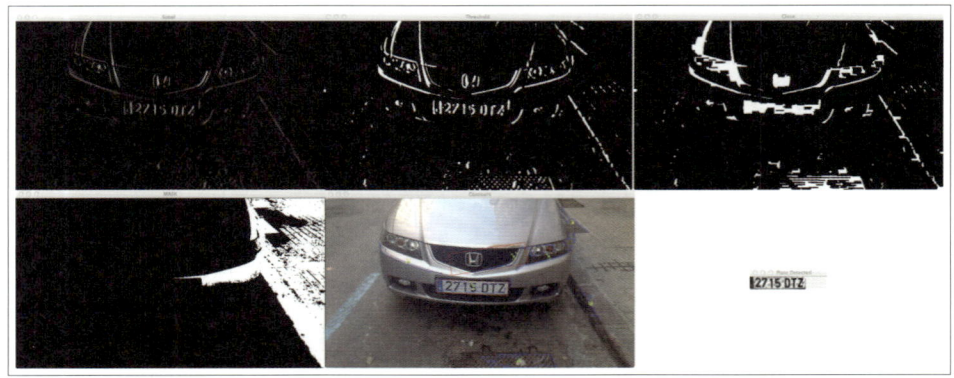

관련된 프로세스는 다음과 같다.

- Sobel 필터
- 임계값 동작
- 닫힘 모폴로지 동작
- 채워진 영역의 마스크
- 빨간색으로 검출된 번호판(특징 이미지)
- SVM 분류기에 의해 검출된 번호판

## 세그멘테이션

세그멘테이션은 이미지를 여러 세그먼트로 나누는 프로세스다. 이 프로세스는 분석을 위해 이미지를 단순화하고 특징 추출을 쉽게 만든다.

번호판 세그멘테이션의 중요한 특징 중 하나는 이미지가 정면으로 찍히고 번호판이 회전하지 않고 원근 왜곡이 없는 경우를 가정할 때 번호판의 수직 윤곽선$^{\text{vertical edge}}$ 개수가 많다는 것이다. 이 특징은 첫 번째 세그멘테이션 단계에서 수직 윤곽선이 없는 영역을 제거하기 위해 이용할 수 있다.

수직 윤곽선을 찾기 전에 색 이미지를 그레이스케일 이미지로 변환하고(색은 이 작업에 도움이 되지 않기 때문에) 카메라에서 발생하는 노이즈나 기타 주변 노이즈를 제거해야 한다. 5×5 가우시안 블러를 적용하고 노이즈를 제거한다. 노이즈 제거 방법을 적용하지 않으면 수직 모서리 검출이 많이 실패할 수 있다.

```
// 이미지를 그레이로 변환
Mat img_gray;
cvtColor(input, img_gray, CV_BGR2GRAY);
blur(img_gray, img_gray, Size(5,5));
```

수직 모서리를 찾기 위해 Sobel 필터를 사용하고 첫 번째 수평 미분<sup>horizontal derivate</sup> 결과를 얻는다.

미분은 이미지에서 수직 윤곽선을 찾기 위한 수학적 함수다. OpenCV에서 Sobel 함수의 정의는 다음과 같다.

```
void Sobel(InputArray src, OutputArray dst, int ddepth, int xorder, int
yorder, int ksize=3, double scale=1, double delta=0, int
borderType=BORDER_DEFAULT )
```

여기서 ddepth는 대상 이미지 깊이, xorder는 $x$의 미분 차수, yorder는 $y$의 미분 차수다. ksize는 커널 크기이며 1, 3, 5 또는 7을 사용한다. scale은 계산된 미분 값을 위해 사용할 선택 요소 값이다. delta는 결과에 추가된 선택 값이다. borderType은 픽셀 보간 방법<sup>pixel interpolation method</sup>을 정한다.

이번 경우에는 xorder = 1, yorder = 0, ksize = 3을 사용할 수 있다.

```
// 수직선을 찾는다. 자동차 번호판은 수직선의 밀도가 높다
Mat img_sobel;
Sobel(img_gray, img_sobel, CV_8U, 1, 0, 3, 1, 0);
```

Sobel 필터를 적용한 후에 threshold 필터를 적용해 Otsu의 방법으로 얻은 임계값을

가진 이진 이미지를 얻을 수 있다. Otsu 알고리즘에는 8비트 입력 이미지가 필요하며 Otsu 방법은 최적 임계값을 자동으로 결정한다.

```
// 임계값 이미지
Mat img_threshold;
threshold(img_sobel, img_threshold, 0, 255,
CV_THRESH_OTSU+CV_THRESH_BINARY);
```

threshold 함수에서 Otsu의 방법을 정의하기 위해 type 매개변수를 CV_THRESH_OTSU로 사용하고 임계값 매개변수는 무시한다.

CV_THRESH_OTSU 값이 사용되면 threshold 함수는 Otsu 알고리즘으로 얻은 최적의 임계값을 반환한다.

닫힘 모폴로지 연산을 적용해 각 수직 윤곽선 사이의 빈 공간을 제거하고 윤곽선 수가 많은 모든 영역을 연결할 수 있다. 이 단계에서는 번호판을 포함한 영역을 가질 수 있다.

먼저 모폴로지 동작에 사용할 구조적 요소를 정의한다. getStructuringElement 함수를 사용해 17×3차원 크기의 구조적인 직사각형 요소<sup>structural rectangular element</sup>를 정의한다. 다른 이미지 크기에서는 차원 크기가 다를 수 있다.

```
Mat element = getStructuringElement(MORPH_RECT, Size(17, 3));
```

그런 다음 morphologyEx 함수를 사용해 구조적 요소에 모폴로지 연산을 적용한다.

```
morphologyEx(img_threshold, img_threshold, CV_MOP_CLOSE, element);
```

이러한 함수를 적용하고 나면, 번호판을 포함하는 이미지에서 일정 영역을 얻게 된다.

그렇지만 이미지 내의 대부분 영역에는 번호판이 없다. 영역을 분리하기 위해 연결된 요소 분석 또는 findContours 함수를 사용할 수 있으며, 이 마지막 함수에서는 다양한 방법을 사용해 이진 이미지의 윤곽을 검색한다. 계층적 관계와 다각형 근사화 결과가 있는 외부 윤곽만 가져와야 한다.

```
// 번호판의 윤곽을 찾는다
vector< vector< Point>> contours;
findContours(img_threshold,
    contours, // 윤곽 벡터
    CV_RETR_EXTERNAL, // 외부 윤곽 추출
    CV_CHAIN_APPROX_NONE); // 각 윤곽의 모든 픽셀
```

검출된 각 윤곽에 대해 최소 영역을 갖는 경계 직사각형 bounding rectangle을 추출한다. OpenCV는 이 작업을 위해 minAreaRect 함수를 제공한다. 이 함수는 회전된 RotatedRect 직사각형 클래스를 반환한다. 그런 다음 각 윤곽에 벡터 반복자 vector iterator를 사용해 회전된 직사각형을 가져와서 각 영역을 분류하기 전에 예비 검증을 수행할 수 있다.

```
// 각 윤곽을 따라 반복 시작
vector<vector<Point>>::iterator itc= contours.begin();
vector<RotatedRect> rects;

// 가로세로비와 영역의 내부 제한을 갖지 않는 패치 제거
while (itc!=contours.end()) {
    // 객체에 경계 직사각형 생성
    RotatedRect mr= minAreaRect(Mat(*itc));
    if(!verifySizes(mr)){
        itc= contours.erase(itc);
    }else{
        ++itc;
        rects.push_back(mr);
    }
}
```

영역과 가로세로비를 기반으로 검출된 영역의 기본 유효성 검사를 수행한다. 가로세로비는 약 *520/110 = 4.727272*(번호판 너비를 번호판 높이로 나눈 값), 오류 마진은 40%, 영역은 최소 15픽셀을 가지며 최대 번호판의 높이는 125픽셀이다. 이 값은 이미지 크기와 카메라 위치에 따라 계산된다.

```
bool DetectRegions::verifySizes(RotatedRect candidate ){
  float error=0.4;
  // 스페인 자동차 번호판 크기: 52x11 가로세로비 4.7272
  const float aspect=4.7272;
  // 최소, 최대 영역 구하기. 다른 모든 패치들은 버린다
  int min= 15*aspect*15; // 최소 영역
  int max= 125*aspect*125; // 최대 영역
  // 가로세로비에 맞는 패치들만 얻는다
  float rmin= aspect-aspect*error;
  float rmax= aspect+aspect*error;

  int area= candidate.size.height * candidate.size.width;
  float r= (float)candidate.size.width
  /(float)candidate.size.height;
  if(r<1)
    r= 1/r;

  if(( area < min || area > max ) || ( r < rmin || r > rmax )){
    return false;
  }else{
    return true;
  }
}
```

자동차 번호판의 흰색 배경 속성을 사용해 더 많은 기능을 개선할 수 있다. 모든 판은 배경색이 동일하며, 플러드 필 알고리즘을 사용해 회전된 직사각형을 검색함으로써 정확한 자르기를 수행할 수 있다.

번호판을 자르기 위한 첫 번째 단계는 마지막으로 회전된 직사각형 중심 근처의 여러 개 시드seed를 얻는 것이다. 그런 다음 너비와 높이를 고려한 번호판의 최소 크기를 가

져와서 패치 센터 근처의 임의의 시드를 생성한다.

흰색 영역을 선택하고 나서 하나 이상의 흰색 픽셀을 사용하려면 몇 개의 시드가 필요하다. 그리고 각 시드에 대해 floodFill 함수를 사용해서 새로운 가장 가까운 자르기 영역을 저장하고자 새 마스크 이미지를 그린다.

```
for(int i=0; i< rects.size(); i++){
// 각 박스를 얻기 위한 더 나은 직사각형 자르기를 수행하기 위해
// 번호판은 흰색 배경을 갖기 때문에 floodFill 알고리즘을 적용한다
// 그리고 윤곽 상자를 더 명확하게 검색할 수 있다
  circle(result, rects[i].center, 3, Scalar(0,255,0), -1);
  // 너비와 높이 간의 최소 크기를 구한다
  float minSize=(rects[i].size.width < rects[i].size.height)?
  rects[i].size.width:rects[i].size.height;
  minSize=minSize-minSize*0.5;
  // rand 초기화를 하고 TumpFill 알고리즘을 위한 다섯 개 중앙점을 얻는다
  srand ( time(NULL) );
  // floodFill 매개변수와 변수를 초기화한다
  Mat mask;
  mask.create(input.rows + 2, input.cols + 2, CV_8UC1);
  mask= Scalar::all(0);
  int loDiff = 30;
  int upDiff = 30;
  int connectivity = 4;
  int newMaskVal = 255;
  int NumSeeds = 10;
  Rect ccomp;
  int flags = connectivity + (newMaskVal << 8 ) + CV_FLOODFILL_FIXED_RANGE +
  CV_FLOODFILL_MASK_ONLY;
  for(int j=0; j<NumSeeds; j++){
    Point seed;
    seed.x=rects[i].center.x+rand()%(int)minSize-(minSize/2);
    seed.y=rects[i].center.y+rand()%(int)minSize-(minSize/2);
    circle(result, seed, 1, Scalar(0,255,255), -1);
    int area = floodFill(input, mask, seed, Scalar(255,0,0), &ccomp,
      Scalar(loDiff, loDiff, loDiff), Scalar(upDiff, upDiff, upDiff), flags);
```

floodFill 함수는 포인트 시드부터 시작해 마스크 이미지에 연결된 컴포넌트를 주어진 색으로 채우고 채울 픽셀과 픽셀의 이웃 또는 픽셀 시드 간의 최대 하한/상한의 밝기/색차를 설정한다.

```
int floodFill(InputOutputArray image, InputOutputArray mask, Point seed,
Scalar newVal, Rect* rect=0, Scalar loDiff=Scalar(), Scalar
upDiff=Scalar(), int flags=4 )
```

newval 매개변수는 채울 때 이미지 통합에 사용하려는 새로운 색이다. loDiff와 upDiff 매개변수는 채울 픽셀과 픽셀 이웃 또는 픽셀 시드 간의 최대 하한/상한의 밝기/색차 값이다.

매개변수 플래그는 다음 비트의 조합으로 만들어진다.

- **하위 비트**: 이 비트는 함수 내에서 사용되는 연결 값(기본적으로 4 또는 8)을 가진다. 연결할 때 픽셀의 이웃을 고려한다.
- **상위 비트**: 이 비트들은 0이거나 다음 값의 조합일 수 있다.
  CV_FLOODFILL_FIXED_RANGE, CV_FLOODFILL_MASK_ONLY

CV_FLOODFILL_FIXED_RANGE는 현재 픽셀과 시드 픽셀의 차이를 설정한다. CV_FLOODFILL_MASK_ONLY는 이미지 마스크만 채우고 이미지 자체는 변경하지 않는다.

자르기$^{crop}$ 마스크가 있으면 이미지 마스크 포인트에서 최소 영역의 직사각형을 가져온 후 유효성 크기$^{validity\ size}$를 다시 확인한다. 각 마스크에서 흰색 픽셀의 위치를 가져오고, minAreaRect 함수를 사용해 가장 가까운 자르기 영역을 찾는다.

```
// 올바른 패치가 있는지 새 floodFill 마스크 매칭을 확인한다
// 최소 회전 직사각형을 얻기 위해 모든 검출 점을 사용한다
vector<Point> pointsInterest;
Mat_<uchar>::iterator itMask= mask.begin<uchar>();
Mat_<uchar>::iterator end= mask.end<uchar>();
```

```
for( ; itMask!=end; ++itMask)
  if(*itMask==255)
    pointsInterest.push_back(itMask.pos());
  RotatedRect minRect = minAreaRect(pointsInterest);
  if(verifySizes(minRect)){
```

세그멘테이션 프로세스는 이제 완료됐고 유효한 영역을 갖게 됐다. 이제 검출된 각 영역을 자르고, 가능한 회전을 제거하고, 이미지 영역을 자르고 나서, 이미지의 크기를 조정하고, 자른 이미지 영역의 빛을 균일화할 수 있다.

먼저 검출된 영역에서 가능한 회전을 없애기 위해 getRotationMatrix2D를 사용해 변환 행렬transform matrix을 만든다. RotatedRect를 반환하고 90도 회전할 수도 있으므로 높이 값에 주의해야 한다. 따라서 직사각형 가로세로비를 확인해야 하며 1보다 작으면 90도 회전해야 한다.

```
// 회전 행렬 사용하기
float r= (float)minRect.size.width / (float)minRect.size.height;
float angle=minRect.angle;
if(r<1)
  angle=90+angle;
Mat rotmat= getRotationMatrix2D(minRect.center, angle,1);
```

변환 행렬을 사용하면 warpAffine 함수를 사용해 입력 이미지를 아핀 변환(아핀 변환으로 평행선을 유지)해 회전할 수 있다. 여기서 입력 및 대상 이미지, 변환 행렬, 출력 크기(입력의 경우와 동일)를 설정하고 보간 방법을 사용한다. 필요한 경우에는 경계선 메서드와 경계선 값을 정의할 수 있다.

```
// 이미지 생성 및 회전
Mat img_rotated;
warpAffine(input, img_rotated, rotmat, input.size(),
CV_INTER_CUBIC);
```

이미지를 회전시킨 후 getRectSubPix를 사용해 이미지를 자르고, 이미지를 점을 중심으로 너비와 높이만큼 자른 후 복사한다. 이미지가 회전되면 C++ swap 함수를 사용해 너비와 높이 크기를 변경한다.

```
// 이미지 자르기
Size rect_size=minRect.size;
if(r < 1)
  swap(rect_size.width, rect_size.height);
Mat img_crop;
getRectSubPix(img_rotated, rect_size, minRect.center, img_crop);
```

잘라낸 이미지는 크기가 모두 동일하지 않으므로 훈련과 분류에 사용하기에 좋지 않다. 또한 각 이미지에는 서로 다른 조명 조건이 포함돼 있으므로 이미지 간의 차이가 존재한다. 이 문제를 해결하기 위해 모든 이미지의 크기를 동일한 너비와 높이로 조정하고 빛 히스토그램 균일화histogram equalization를 적용한다.

```
Mat resultResized;
resultResized.create(33,144, CV_8UC3);
resize(img_crop, resultResized, resultResized.size(), 0, 0, INTER_CUBIC);
// 자른 이미지 균일화
Mat grayResult;
cvtColor(resultResized, grayResult, CV_BGR2GRAY);
blur(grayResult, grayResult, Size(3,3));
equalizeHist(grayResult, grayResult);
```

검출된 각 영역에 대해 자른 이미지와 위치를 벡터에 저장한다.

```
output.push_back(Plate(grayResult,minRect.boundingRect()));
```

검출된 영역을 사용할 수 있으므로, 각 영역이 번호판인지 아닌지를 분류해야 한다. 다음 절에서는 SVM을 기반으로 분류하는 방법을 훈련한다.

## 분류

이미지의 모든 가능한 부분을 사전 처리하고 세그먼트화한 후에는 이제 각 세그먼트가 번호판인지 아닌지를 결정해야 한다. 이를 위해 SVM 알고리즘을 사용한다.

SVM은 원래 이진 분류용으로 만들어진 지도학습supervised learning 알고리즘에 포함된 패턴 인식 알고리즘이다. 지도학습은 레이블이 지정된 데이터를 사용해 훈련되는 머신 러닝 알고리즘 기술이다. 레이블이 지정된 많은 양의 데이터로 알고리즘을 훈련시켜야 한다. 각 데이터 세트는 클래스가 있어야 한다.

SVM은 하나 이상의 초평면hyperplane을 생성하며, 이는 각 클래스의 데이터를 구별하는 데 사용된다.

전형적인 예는 두 개의 클래스를 정의하는 2D 포인트 세트다. SVM은 각 클래스를 차별화하는 최적의 라인을 찾는다.

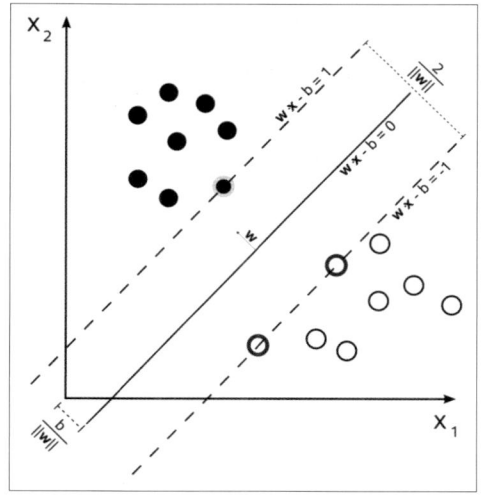

분류하기 전에 가장 먼저 해야 할 일은 분류기를 훈련시키는 것이다. 이는 주요 애플리케이션 이전에 수행해야 하는 작업이며 '오프라인 훈련'이라고 한다. 시스템 훈련에 충분한 양의 데이터가 필요하므로 쉬운 일이 아니지만, 더 큰 데이터 세트가 항상 최상의 결과를 갖는 것은 아니다. 지금은 공공 번호판 데이터베이스가 없으므로 데이터가 충분하지 않다. 따라서 수백 장의 자동차 사진을 촬영한 다음 전처리하고 모든 사진을 분류해야 한다.

144×33픽셀 해상도를 갖는 75개의 번호판 이미지와 35개의 번호판이 없는 이미지로 시스템을 훈련한다. 다음 이미지에서 훈련에 사용된 데이터 샘플들을 볼 수 있다. 이 이미지들은 큰 데이터 세트는 아니지만 4장에서 적절한 결과를 얻기에 충분하다. 실제 애플리케이션에서는 더 많은 데이터로 훈련해야 한다.

머신러닝의 작동 방식을 쉽게 이해하기 위해 분류기 알고리즘의 이미지 픽셀 특징 값들을 사용해야 한다(SVM을 훈련하기 위해 PCA, 푸리에 변환, 텍스처 분석 같은 좋은 방법과 특징 값들을 사용할 수 있음).

이미지를 저장하려면 DetectRegions 클래스를 사용해서 시스템을 훈련시키기 위해 이미지를 만들고 savingRegions 변수를 true로 설정해야 한다. segmentAllFiles.sh 배시 bash 스크립트를 사용해 폴더의 모든 이미지 파일을 대상으로 프로세스를 반복할 수 있다. 이와 같은 동작은 이 책의 소스 코드에서도 볼 수 있다.

이와 같은 동작을 좀 더 쉽게 하기 위해 처리/준비된 모든 이미지 훈련 데이터를 SVM 기능과 함께 직접 사용할 수 있도록 XML 파일에 저장한다. trainSVM.cpp 애플리케이션에서는 폴더와 이미지 파일들을 사용해 이러한 XML 파일을 만들 수 있다.

 머신러닝 OpenCV 알고리즘의 훈련 데이터는 N개의 샘플과 M개의 특징을 사용하는 N×M 행렬에 저장된다. 각 데이터 세트는 훈련 행렬의 행에 저장된다.

클래스는 n×1 크기로 다른 행렬에 저장되며 각 클래스는 float 숫자로 식별된다.

OpenCV는 `FileStorage` 클래스를 사용해 XML 또는 YAML 형식의 데이터 파일을 쉽게 관리할 수 있다. 이 클래스를 사용하면 OpenCV 변수, 구조, 사용자 정의 변수를 저장하고 읽을 수 있다. 이 함수를 사용하면 훈련 데이터 행렬과 훈련 클래스를 읽고 `SVM_TrainingData`와 `SVM_Classes`에 저장할 수 있다.

```
FileStorage fs;
fs.open("SVM.xml", FileStorage::READ);
Mat SVM_TrainingData;
Mat SVM_Classes;
fs["TrainingData"] >>SVM_TrainingData;
fs["classes"] >>SVM_Classes;
```

이제 `SVM_TrainingData` 변수에 훈련 데이터가 있고 `SVM_Classes`에는 레이블이 있게 됐다. 이어서 머신러닝 알고리즘에 사용할 데이터와 레이블을 연결하는 훈련 데이터 객체를 생성하면 된다. 객체 생성을 위해 다음과 같이 `TrainData` 클래스를 OpenCV의 포인터 `Ptr` 클래스로 사용한다.

```
Ptr<TrainData> trainData = TrainData::create(SVM_TrainingData, ROW_SAMPLE,
SVM_Classes);
```

`std::shared_ptr` OpenCV 클래스(OpenCV 4)를 사용하거나, OpenCV 3에서는 `Ptr`을 사용해 SVM 클래스를 이용한 분류자 객체를 만든다.[1]

---

1 OpenCV 4 버전부터는 C++의 std::shared_ptr 클래스가 Ptr 클래스 기능을 대체한다. - 옮긴이

```
Ptr<SVM> svmClassifier = SVM::create()
```

이제 SVM 알고리즘에 사용할 기본 매개변수를 정의하는 SVM 매개변수를 설정해야 한다. 변수를 설정할 때 일부 객체 변수만 변경하면 된다. 다른 실험들을 한 후에 다음 매개변수 설정 값을 선택할 수 있다.

```
svmClassifier->setTermCriteria(TermCriteria(TermCriteria::MAX_ITER, 1000, 0.01));
svmClassifier->setC(0.1);
svmClassifier->setKernel(SVM::LINEAR);
```

훈련하기 위해 반복 값 1000을 고르고 C 매개변수 최적화 값으로 0.1을 골랐으며, 마지막으로 커널 함수를 선택했다.

train 함수와 훈련 데이터를 사용해 분류기를 훈련시켜야 한다.

```
svmClassifier->train(trainData);
```

분류기는 SVM 클래스의 예측 기능을 사용해 잘린 이미지를 예측하고, 클래스 식별자 i를 반환한다. 여기서는 'plate' 클래스에 1을 붙이고 'no plate' 클래스에는 0을 붙인다. 그런 다음 번호판이 될 수 있는 각 검출된 영역에 대해 SVM을 사용해 번호판을 'plate' 또는 'no plate'로 분류하고 올바른 응답 값만 저장한다. 다음 코드는 '온라인 처리'라고 하는 기본 애플리케이션의 일부 코드다.

```
vector<Plate> plates;
for(int i=0; i< posible_regions.size(); i++)
{
  Mat img=posible_regions[i].plateImg;
  Mat p= img.reshape(1, 1); // 이미지를 한 개 행 단위로 변환
  p.convertTo(p, CV_32FC1);
  int response = (int)svmClassifier.predict( p );
```

```
    if(response==1)
        plates.push_back(posible_regions[i]);
}
```

## 번호판 인식

번호판 인식의 두 번째 단계는 OCR을 사용해 번호판의 문자를 검색하는 것이다. 검출된 각 번호판에서 세부 문자를 세그멘테이션하고 인공 신경망 머신러닝 알고리즘을 사용해 문자를 인식한다.

또한 이 절에서는 분류 알고리즘을 평가하는 방법을 배운다.

### OCR 세그멘테이션

먼저 균일화된 히스토그램을 사용해 OCR 세그멘테이션 함수의 입력으로 번호판 이미지 패치를 얻는다. 그런 다음 임계값 필터를 적용해 임계값 이미지를 형상 찾기 알고리즘의 입력으로 사용한다. 다음 이미지에서 이와 같은 프로세스를 볼 수 있다.

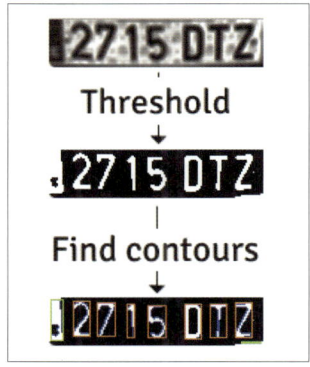

이 세그멘테이션 프로세스는 다음과 같이 코딩될 수 있다.

```
Mat img_threshold;
threshold(input, img_threshold, 60, 255, CV_THRESH_BINARY_INV);
if(DEBUG)
  imshow("Threshold plate", img_threshold);
  Mat img_contours;
  img_threshold.copyTo(img_contours);
  // 문자의 가능한 윤곽을 찾는다
  vector< vector< Point>> contours;
  findContours(img_contours, contours, // 윤곽 벡터
    CV_RETR_EXTERNAL, // 외부 윤곽을 찾기
    CV_CHAIN_APPROX_NONE); // 각 윤곽의 모든 픽셀을 찾기
```

CV_THRESH_BINARY_INV 매개변수를 사용해 흰색 입력값을 검은색으로, 검은색 입력값을 흰색으로 변경해 임계값 출력을 반전시켰다. 윤곽 알고리즘은 흰색 픽셀을 검색하므로 각 문자의 윤곽을 얻는 데 필요하다.

검출된 각 윤곽의 크기를 확인하고 크기가 작거나 가로세로비$^{aspect}$가 올바르지 않은 모든 영역을 제거할 수 있다. 이 경우 문자의 가로세로비는 45/77이며 회전하거나 왜곡된 문자에 대해서는 35%의 오차를 허용할 수 있다. 면적이 80% 이상이면 해당 영역은 문자가 아닌 검은색 블록으로 볼 수 있다. 면적을 계산하기 위해 countNonZero 함수를 사용할 수 있다. 이 함수는 0보다 큰 값을 가진 픽셀 수를 계산한다.

```
bool OCR::verifySizes(Mat r){
  // 문자의 크기는 45x77임
  float aspect=45.0f/77.0f;
  float charAspect= (float)r.cols/(float)r.rows;
  float error=0.35;
  float minHeight=15;
  float maxHeight=28;
  // 숫자 1은 다른 가로세로비를 가짐(~0.2)
  float minAspect=0.2;
  float maxAspect=aspect+aspect*error;
  // 픽셀 면적
  float area=countNonZero(r);
```

```
    // bb 면적
    float bbArea=r.cols*r.rows;
    // 면적 내 픽셀의 % 값
    float percPixels=area/bbArea;
    if(percPixels < 0.8 && charAspect > minAspect && charAspect <
    maxAspect && r.rows >= minHeight && r.rows < maxHeight)
        return true;
    else
        return false;
}
```

세그먼트화된 문자가 확인되면 모든 문자에 대해 동일한 크기와 위치를 설정하고 보조 CharSegment 클래스를 사용해 벡터 저장을 위한 사전 처리를 해야 한다. 윤곽 찾기 알고리즘은 필요한 순서대로 윤곽을 반환하지 않기 때문에 CharSegment 클래스는 세그먼트화된 문자 이미지와 문자의 위치를 저장한다.

## 컨볼루션 신경망을 사용한 문자 분류

컨볼루션 신경망과 딥러닝으로 작업하기 전에 관련 주제와 DNN을 만드는 데 사용할 방법을 소개한다.

딥러닝은 머신러닝의 일부이며 지도supervised, 준지도semisupervised 또는 비지도unsupervised 방식을 사용한다. DNN은 과학계에서는 새로운 개념이 아니다. 이 용어는 1986년에 리나 데크터Rina Dechter에 의해 머신러닝 커뮤니티에 도입됐으며, 2000년에 이고르 아이젠버그Igor Aizenberg에 의해 인공 신경망에 도입됐다. 그러나 이 영역의 연구는 1980년대 초에 시작됐고 네오코그니트론neocognitron 연구는 컨볼루션 신경망에 영감을 줬다.

그렇지만 2009년 이전에는 딥러닝에서 혁명이 시작되지 않았다. 2009년에는 새로운 연구 알고리즘뿐만 아니라 발전된 하드웨어인 NVIDIA GPU를 사용할 수 있게 돼서 딥러닝에 대한 관심을 새롭게 했으며, 이전에 며칠 또는 몇 달이 걸리던 훈련 알고리즘의 성능이 향상돼 현재는 100배까지 빨라졌다.

CNN(ConvNet)은 피드포워드$^{feed-forward}$ 네트워크를 기반으로 하는 딥러닝 알고리즘 클래스이며 주로 컴퓨터 비전에 적용된다. CNN은 다층 퍼셉트론의 변형을 사용해 변이 불변 특징을 자동으로 추출할 수 있다. CNN은 수동 머신러닝 공학에 비해 상대적으로 전처리를 거의 사용하지 않는다. 특징 추출은 다른 머신러닝 알고리즘보다 큰 장점이다.

컨볼루션 신경망은 일반적인 인공 신경망과 같이 여러 개의 숨겨진 레이어가 있는 입출력 레이어로 구성된다. 입력은 일반적으로 이미지의 원시$^{raw}$ 픽셀이며, 숨겨진 레이어는 컨볼루션 레이어와 풀링 레이어로 구성되고 완전히 연결되거나 정규화된다.

이제 컨볼루션 신경망에서 가장 자주 사용되는 레이어를 간단히 설명할 것이다.

- **컨볼루션**: 이 레이어는 컨볼루션 연산 필터를 입력에 적용해 결과를 다음 레이어로 전달한다. 이 레이어는 일반적인 컴퓨터 비전 필터(Sobel, Canny 등)처럼 작동하지만 커널 필터는 훈련 단계에서 훈련된다. 이 레이어를 사용하면 얻게 되는 주요 이점은 공통으로 연결된 피드포워드 신경망을 줄이는 것이다. 예를 들어 $100 \times 100$ 이미지의 가중치는 10,000이지만 CNN을 사용하면 문제가 커널 크기로 줄어든다. 예를 들어, $5 \times 5$ 및 32개의 서로 다른 필터의 커널을 적용하면 $5*5*32 = 800$이 된다. 이와 동시에 필터는 특징 추출의 모든 가능성을 지원한다.
- **풀링**: 이 레이어는 뉴런 그룹의 출력을 하나의 뉴런으로 결합한다. 가장 일반적인 것은 맥스 풀링$^{max\ pooling}$이며 입력 뉴런 그룹의 최댓값을 반환한다. 딥러닝에서 자주 사용되는 또 다른 방법은 평균 풀링이다. 이 레이어는 CNN에서 다음 레이어가 사용할 상위 레벨의 특징들을 추출할 수 있다.
- **플래튼**$^{flatten}$: 플래튼은 DNN 레이어가 아니지만 행렬을 간단한 벡터로 변환하는 일반적인 작업이다. 이 단계는 다른 레이어에 적용하고 마지막으로 분류를 얻는 데 필요하다.
- **완전히 연결**: 이것은 기존의 다층 퍼셉트론과 동일하며, 이전 레이어의 모든 뉴런이 활성화 기능을 통해 다음 레이어에 연결된다.

- **드롭아웃**dropout: 이 레이어는 과적합overfitting을 줄이기 위한 정규화다. 모델에서 정확도를 수행하는 데 자주 사용된다.
- **손실 레이어**loss layer: 일반적으로 DNN의 마지막 레이어이며 예측하기 위해 오류를 훈련하고 계산한다. 매우 일반적으로 사용하는 손실 레이어는 분류용인 소프트맥스Softmax다.

OpenCV의 딥러닝은 처음에는 딥러닝 모델을 훈련하도록 설계되지 않았다. 이미 텐서플로TensorFlow, 카페Caffe, 토치Torch 같은 딥러닝에만 초점을 맞춘 매우 안정적이고 강력한 오픈소스 프로젝트가 있으므로 OpenCV 딥러닝에서는 모델 훈련을 지원하지 않는다. OpenCV는 중요 모델을 가져오고 읽을 수 있는 인터페이스를 갖고 있다.

지금부터는 텐서플로에서 OCR 분류를 하기 위한 CNN 개발 방법을 살펴본다. 텐서플로는 구글 연구원과 엔지니어가 처음 개발했으며, 딥러닝에 가장 많이 사용되는 인기 있는 소프트웨어 라이브러리 중 하나다.

### 텐서플로를 사용한 컨볼루션 신경망 생성 및 훈련

이 절에서는 새로운 텐서플로 모델을 훈련하는 방법을 살펴보지만 모델을 만들기 전에 이미지 데이터 세트를 확인하고 모델을 훈련하는 데 필요한 리소스를 생성해야 한다.

### 데이터 준비

지금은 30개의 문자와 숫자를 갖고 있으며 다음 분포를 갖는 702개 이미지의 데이터 세트를 사용한다. 숫자에 대해 30개가 넘는 이미지가 있는지를 확인할 수 있지만 K, M, P와 같은 일부 문자는 더 적은 이미지 샘플을 가진다.

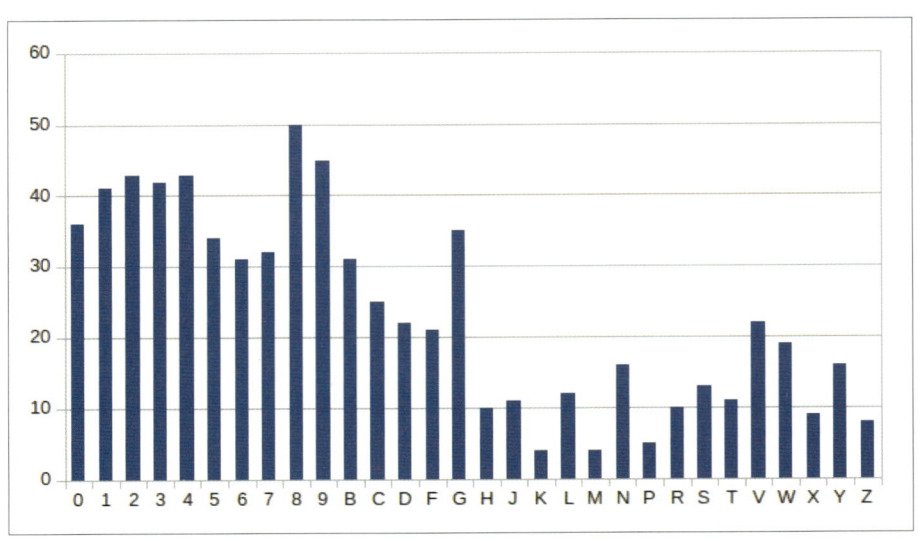

다음 이미지에서는 데이터 세트의 이미지 샘플들을 볼 수 있다.

이 데이터 세트의 수는 딥러닝에서 사용하기에 매우 작다. 딥러닝에는 많은 양의 샘플이 필요하며 이러한 특성은 일반적이다. 경우에 따라 원래 데이터 세트에 대해 데이터 세트 확장 방법을 사용한다. 데이터 세트 확장은 회전, 이미지 뒤집기, 원근 왜곡, 노이즈 추가와 같은 다른 변형을 적용해 새 샘플을 만드는 방법이다.

데이터 세트를 확장하는 방법에는 여러 가지가 있으며, 자체 스크립트를 작성하거나 이 작업에 오픈소스 라이브러리를 사용할 수 있다. 지금은 Augmentor(https://github.com/mdbloice/Augmentor)를 사용하려고 한다. Augmentor는 문제에 적용하기 더 편리하다고 생각되는 변환 방법으로 필요한 수의 샘플을 만들 수 있는 파이썬 라이브러리다.

pip를 통해 Augmentor를 설치하려면 다음 명령을 실행해야 한다.

```
pip install Augmentor
```

라이브러리를 설치한 후 변수 number_sample을 변경해 샘플 수 생성/증가 기능을 지원하는 작은 파이썬 스크립트를 만든다.

다음 파이썬 스크립트에서 볼 수 있듯이 랜덤 왜곡, 가위 기능, 스큐$^{skew}$, 회전 왜곡 기능을 지원한다.

```
import Augmentor
number_samples = 20000
p = Augmentor.Pipeline("./chars_seg/chars/")
p.random_distortion(probability=0.4, grid_width=4, grid_height=4, magnitude=1)
p.shear(probability=0.5, max_shear_left=5, max_shear_right=5)
p.skew_tilt(probability=0.8, magnitude=0.1)
p.rotate(probability=0.7, max_left_rotation=5, max_right_rotation=5)
p.sample(number_samples)
```

이 스크립트는 원본 이미지와 동일한 경로를 가지면서 모든 이미지가 저장될 출력 폴더를 생성한다. 두 개의 데이터 세트를 만들어서 하나는 훈련용으로 사용하고, 다른 하나는 알고리즘을 테스트하기 위해 사용한다. 그런 다음 number_samples를 변경해 20,000개의 훈련용 이미지와 2,000개의 테스트용 이미지 중에서 랜덤하게 샘플들을 만들 수 있다.

이제 충분한 이미지를 갖고 있게 됐으며, 이미지들을 텐서플로 알고리즘에 입력해야 한다. 텐서플로는 이미지와 레이블이 있는 CSV 파일, Numpy 데이터 파일, 추천 TFRecordDataset과 같은 여러 입력 데이터 형식을 사용할 수 있다.

>  참조용 이미지가 있는 CSV 파일 대신 TFRecordDataset을 사용하는 것이 더 좋은 이유는 http://blog.damiles.com/2018/06/18/tensorflow-tfrecodataset.html을 통해 더 자세히 확인할 수 있다.

TFRecordDataset을 생성하기 전에 텐서플로 소프트웨어를 설치해야 한다. CPU용으로 사용하는 다음 pip 명령으로 설치할 수 있다.

```
pip install tensorflow
```

또는 CUDA를 지원하는 NVIDIA 카드가 있는 경우 GPU 배포용을 사용할 수 있다.

```
pip install tensorflow-GPU
```

이제 제공된 스크립트인 create_tfrecords_from_dir.py를 사용해 모델을 훈련시키고자 데이터 세트 파일을 생성해 이미지가 있는 입력 폴더와 출력 파일의 두 매개변수에 전달할 수 있다. 여기서는 이 스크립트를 두 번 호출해야 한다. 한 번은 훈련용이고 다른 한 번은 테스트용으로 두 파일을 별도로 생성하기 때문이다. 다음 코드에서 호출 방법의 예를 볼 수 있다.

```
python ./create_tfrecords_from_dir.py -i ../data/chars_seg/DNN_data/test -o ../data/chars_seg/DNN_data/test.tfrecords
python ./create_tfrecords_from_dir.py -i ../data/chars_seg/DNN_data/train o ../data/chars_seg/DNN_data/train.tfrecords
```

스크립트를 사용해 test.tfrecords와 train.tfrecords 파일을 생성할 수 있다. 여기서 레이블은 자동으로 지정되고 폴더 이름으로 정렬된 번호를 가진다. 폴더 train은 다음 구조를 가져야 한다.

이제 데이터 세트가 준비됐고 모델 작성, 훈련, 평가를 시작할 준비를 마쳤다.

**텐서플로 모델 생성**

텐서플로는 CPU, GPU, TPU$^{\text{Tensor Process Unit}}$(딥러닝 전용의 새로운 구글 하드웨어)를 지원(액세스)할 수 있는 고성능 수치 계산과 딥러닝에 중점을 둔 오픈소스 소프트웨어 라이브러리다. 이 라이브러리는 사용하기도 어렵고 학습하기도 어렵지만, 텐서플로의 일부인 케라스$^{\text{Keras}}$(텐서플로 위에서 동작하는 라이브러리)를 도입하면 배우기 쉬워진다. 그럼에도 일정 수준의 학습은 반드시 필요하다.

텐서플로는 관련 주제에 대해서만 별도의 책이 필요할 만큼 광대하기 때문에 이 장에서는 텐서플로를 사용하는 방법을 설명하지 않고 텐서플로에서 사용할 CNN의 구조를 설명할 예정이다. 몇 분 안에 텐서플로 코드를 생성하기 위해 TensorEditor라는 온라인 시각 도구를 사용할 수 있고(이 도구는 컴퓨터로 다운로드해 사용 가능), 컴퓨터의 처리 능력이 충분하지 않은 경우에는 모델을 훈련하기 위해 동일한 온라인 도구를 사용할 수 있다. 텐서플로를 학습하려면 팩트출판사의 관련 서적이나 텐서플로 튜토리얼을 읽어보자.

사용자가 만들려는 CNN 레이어 구조는 간단한 컨볼루션 네트워크다.

- **컨볼루션 레이어 1**: ReLU 활성화 기능이 있는 5×5의 32개 필터
- **풀링 레이어 2**: 2×2 필터와 보폭 2의 최대 풀링
- **컨볼루션 레이어 3**: ReLU 활성화 기능이 있는 5×5의 64개 필터
- **풀링 레이어 4**: 2×2 필터와 보폭 2의 최대 풀링
- **밀집 레이어 5**: 1,024개의 뉴런
- **드롭아웃 레이어 6**: 0.4 비율의 드롭아웃 정규화
- **고밀도 레이어 7**: 30개의 뉴런, 각 숫자와 문자마다 하나의 뉴런 사용
- **소프트맥스 레이어 8**: 0.001의 학습률과 20,000개의 훈련 단계를 가진 경사 하강 최적화 기능을 갖춘 소프트맥스 레이어 손실 함수

다음 다이어그램에서 생성해야 할 모델의 기본 그래프를 볼 수 있다.

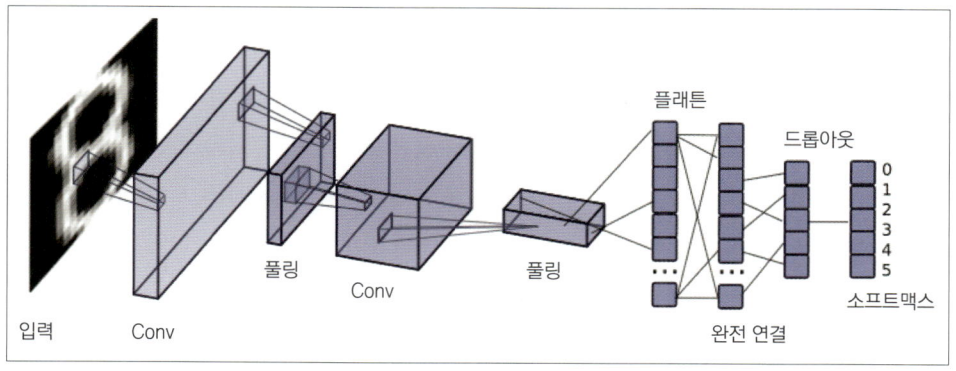

TensorEditor는 텐서플로 모델을 생성하고 클라우드에서 훈련하거나 파이썬 2.7 코드를 다운로드해 로컬에서 실행할 수 있는 온라인 도구다. 온라인 무료 도구를 사용하기 위해 등록한 후 다음 다이어그램과 같이 모델을 생성할 수 있다.

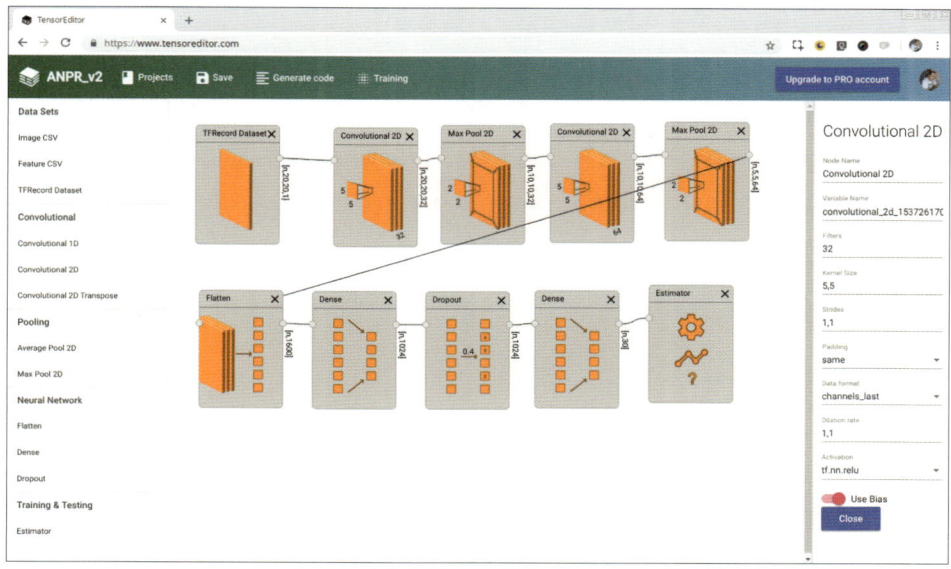

레이어를 추가하고자 왼쪽 메뉴를 클릭해 레이어를 선택하고 나면, 편집기에 해당 레이어가 나타난다. 드래그 앤 드롭해 위치를 변경하고 두 번 클릭해 매개변수를 변경할 수 있다. 각 노드의 작은 점을 클릭하면 각 노드/레이어를 연결할 수 있다. 이 편집기는 시각적으로 선택한 매개변수와 각 레이어의 출력 크기를 보여준다. 다음 이미지에서 컨볼루션 레이어는 $5 \times 5 \times 32$의 커널과 $n \times 20 \times 20 \times 32$의 출력을 가진다는 것을 알 수 있다. n개의 변수는 각 훈련 시마다 하나 이상의 이미지를 동시에 계산할 수 있음을 의미한다.

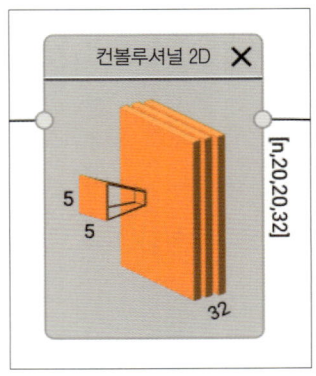

TensorEditor에서 CNN 레이어 구조를 만들고, **Generate code**를 클릭해 텐서플로 코드를 다운로드한 후 다음 스크린샷과 같은 파이썬 코드를 다운로드할 수 있다.

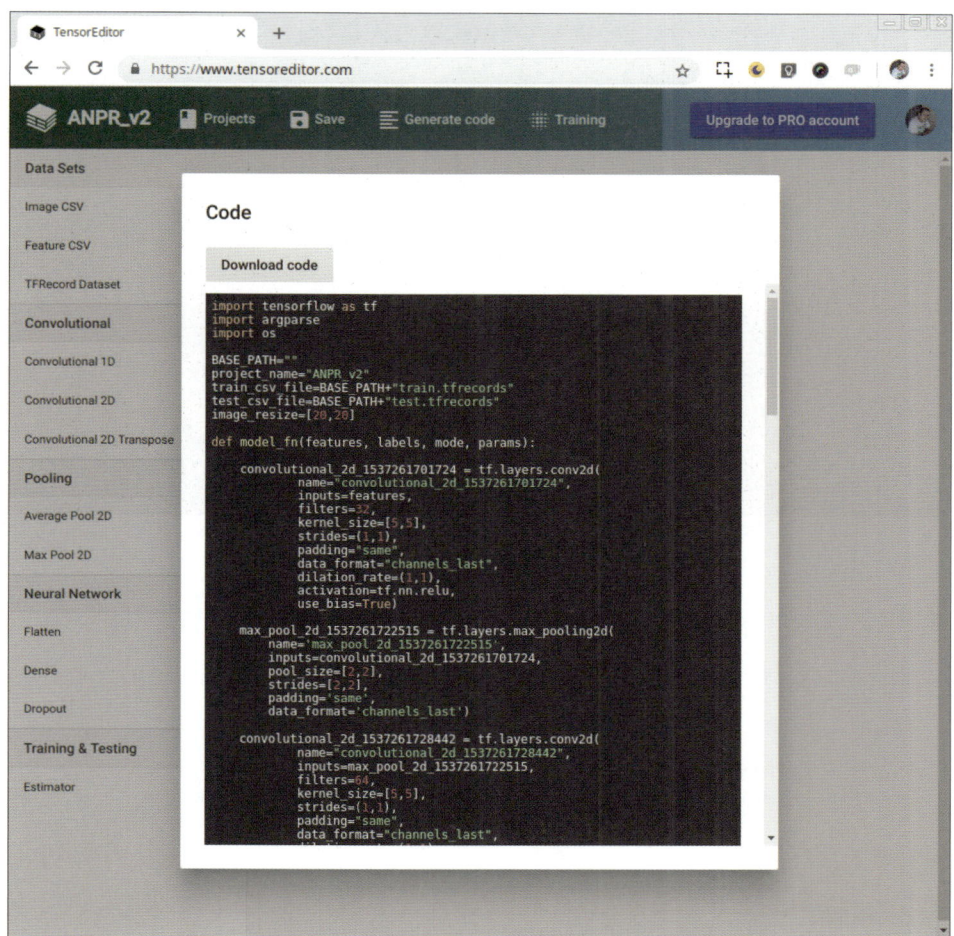

이제 다음 명령으로 텐서플로를 사용해 알고리즘 훈련을 시작할 수 있다.

```
python code.py --job-dir=./model_output
```

여기서 --job-dir 매개변수는 훈련된 출력 모델을 저장하는 출력 폴더를 정의할 때 사용된다. 터미널에서 손실 결과 및 정확도와 함께 각 반복 출력된 결과를 볼 수 있다. 다음 스크린샷에서 예를 살펴보자.

알고리즘 훈련 명령의 출력 결과

훈련과 그래프의 정보를 제공하는 텐서플로 도구인 텐서보드<sup>TensorBoard</sup>를 사용할 수 있으며, 텐서보드를 활성화하려면 다음 명령을 사용해야 한다.

---

```
tensorboard --logdir ./model_output
```

---

여기서 모델과 체크포인트를 저장하려면 --logdir 매개변수를 사용해 지정해야 한다. 텐서보드를 시작한 후에는 http://localhost:6006 URL로 액세스할 수 있다. 다음 스크린샷에서 볼 수 있듯이 이 도구를 사용해 텐서플로가 만든 그래프를 볼 수 있다. 여기서 모든 작업과 변수를 탐색하고 각 노드를 클릭할 수 있다.

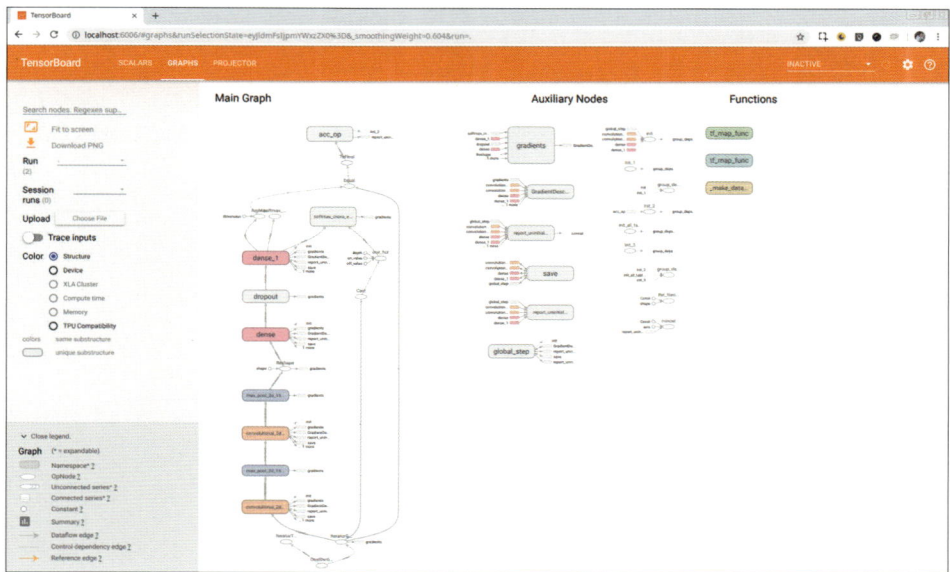

텐서보드 그래프

또는 각 에포크 단계의 손실 값 또는 정확도 메트릭과 같은 획득 결과를 볼 수 있다. 에포크당 훈련 모델로 얻은 결과는 다음 스크린샷에서 볼 수 있다.

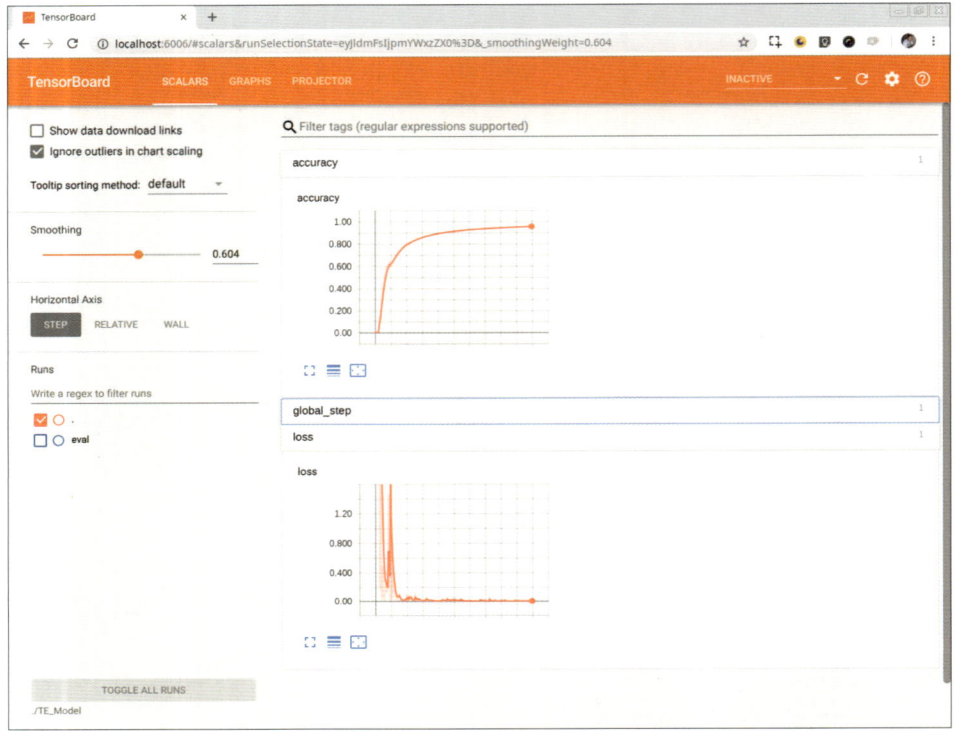

8GB RAM을 갖는 i7 6700HQ CPU를 사용한 훈련에는 약 50시간이 소요된다. 훈련에 이틀 이상이 걸린 것이다. 기본 NVIDIA GPU를 사용하면 이 작업을 2~3시간으로 줄일 수 있다.

TensorEditor에서 훈련하는 경우에는 10~15분이 소요될 수 있으며 전체 출력 모델 또는 고정$^{frozen}$/최적화된 모델을 다운로드해 모델을 훈련한다. 고정의 개념은 다음의 'OpenCV를 위한 모델 준비' 절에서 설명한다. 다음 스크린샷에서 TensorEditor의 훈련 결과를 볼 수 있다.

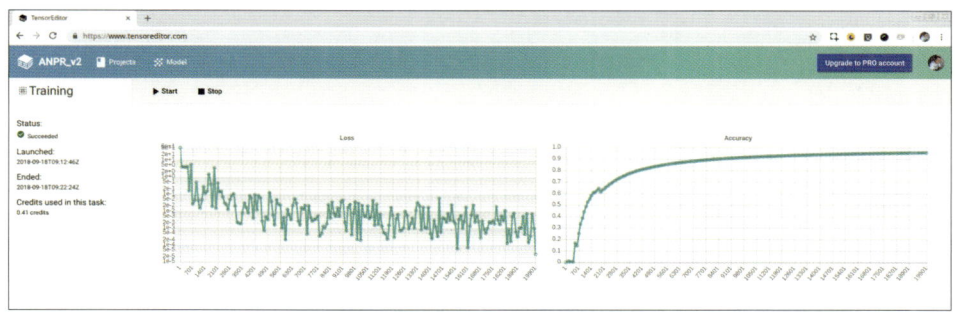

텐서 에디터를 사용한 훈련

획득한 결과를 분석해, 이 책의 두 번째 판에서 설명한 이전 알고리즘보다 훨씬 나은 약 96%의 정확도 수준을 달성한다. 여기서 특징 추출과 간단한 인공 신경망을 사용해 정확도 수준 92%를 얻을 수 있었다.

훈련을 마치면 모든 모델과 변수가 텐서플로 스크립트를 시작할 때 정의된 작업 폴더에 저장된다. 이제 완성된 결과를 OpenCV에 통합하고 가져오기 위한 준비를 해야 한다.

### OpenCV를 위한 모델 준비

텐서플로는 새로운 모델을 훈련시킬 때 여러 파일을 생성하고, 정확도와 손실을 저장하는 이벤트 관련 파일과 각 단계에서 얻은 기타 메트릭 파일들을 만든다. 또한 일부 파일은 각 단계 또는 체크포인트에서 얻은 변수 결과를 저장한다. 이 변수들은 망(네트워크)이 훈련에서 배운 가중치 값이다. 그러나 OpenCV가 파일들을 관리할 수는 없으므로 실제 사용 환경에서는 이러한 모든 파일을 공유하기가 쉽지 않다.

또한 이와 동시에 훈련에만 사용되며 추론에는 사용되지 않는 노드가 있다. 모델, 드롭아웃 레이어 또는 훈련 입력 반복자와 같은 노드에서는 이러한 노드를 제거해야 한다.

모델을 실제로 적용하려면 다음을 수행해야 한다.

- 그래프 고정

- 필요하지 않은 노드/레이어 제거
- 추론에 최적화

고정은 그래프 정의와 체크포인트들을 단일 파일로 병합하고 변수를 상수로 변환한다. 모델을 고정하려면 저장된 모델 폴더로 이동하고 텐서플로에서 제공하는 다음 스크립트를 실행해야 한다.

```
freeze_graph --input_graph=graph.pbtxt --input_checkpoint=model.ckpt-20000
--output_graph frozen_graph.pb --output_node_names=softmax_tensor
```

이제 병합 및 고정 그래프인 frozen_graph.pb라는 새 파일을 생성할 수 있다. 그런 다음 훈련 목적으로 사용되는 입력 레이어를 제거해야 한다. TensorBoard를 사용해 그래프를 검토하면 첫 번째 컨볼루션 신경망의 입력이 IteratorGetNext 노드라는 것을 알 수 있다. IteratorGetNext 노드는 한 채널의 20×20픽셀 이미지를 단일 레이어 입력으로 잘라낸다. 그런 다음 텐서플로 transform_graph 애플리케이션을 사용해 그래프를 변경하거나, 텐서플로 모델 그래프를 자르거나 수정할 수 있다. ConvNet에 연결된 레이어를 제거하기 위해 다음 코드를 실행한다.

```
transform_graph --in_graph="frozen_graph.pb" -out_
graph="frozen_cut_graph.pb" --inputs="IteratorGetNext" -outputs="
softmax_tensor" --transforms='strip_unused_nodes(type=half,
shape="1,20,20,1") fold_constants(ignore_errors=true) fold_batch_norms
fold_old_batch_norms sort_by_execution_order'
```

OpenCV가 모델을 올바르게 가져올 수 있도록 하기 위해 모델 그래프에 레이어가 순서대로 저장되도록 sort_by_execution_order 매개변수를 추가해야 한다. OpenCV는 그래프 모델에서 레이어를 순차적으로 가져온 후 이전의 모든 레이어, 작업 또는 변수를 가져올 수 있는지 확인한다. 제대로 가져오지 못하는 경우에는 가져오기 오류가 발생한다. TensorEditor는 모델을 구성/실행하기 위한 그래프의 실행 순서를 관리하지 않는다.

transform_graph를 실행한 후에는 새로운 모델이 frozen_cut_graph.pb로 저장된다. 마지막 단계에서는 그래프를 최적화해 드롭아웃과 같은 모든 훈련 작업과 레이어를 제거해야 한다. 다음 명령을 사용해 프로덕션/추론의 모델을 최적화한다. 이 애플리케이션은 텐서플로에서 제공한다.

```
optimize_for_inference.py --input frozen_cut_graph.pb --output
frozen_cut_graph_opt.pb --frozen_graph True --input_names IteratorGetNext -
output_names softmax_tensor
```

이 동작의 결과로 frozen_cut_graph_opt.pb라는 파일을 얻게 된다. 이 파일은 OpenCV 코드에서 가져와 사용할 수 있는 최종 모델이다.

### OpenCV C++ 코드에서 모델 가져오기 및 사용하기

딥러닝 모델을 OpenCV로 가져오는 것은 매우 쉽다. 텐서플로, 카페, 토치, 다크넷Darknet의 모델을 가져올 수 있다. 모든 가져오기 방법들은 매우 유사하며, 이 장에서는 텐서플로 모델을 가져오는 방법을 알아본다.

텐서플로 모델을 가져오기 위해 readNetFromTensorflow 메서드를 사용할 수 있으며, 이 메서드는 두 개의 매개변수를 사용한다. 첫 번째 매개변수는 protobuf 형식의 모델이고, 두 번째 매개변수는 protobuf 형식의 텍스트 그래프 정의다. 두 번째 매개변수는 필요하지 않지만, 이 경우에는 추론을 위해 모델을 준비해야 하며 OpenCV로 가져올 수 있도록 최적화해야 한다. 그리고 나서 다음 코드를 사용해 모델을 가져올 수 있다.

```
dnn::Net dnn_net= readNetFromTensorflow("frozen_cut_graph_opt.pb");
```

검출된 번호판의 각 세그먼트를 분류하려면 각 이미지 세그먼트를 dnn_net에 넣고 확률 값을 확인해야 한다. 다음은 각 세그먼트를 분류하는 전체 코드다.

```
for(auto& segment : segments){
    // 동일한 크기를 갖는 모든 이미지의 각 char 전처리 수행
    Mat ch=preprocessChar(segment.img);
    // DNN 분류
    Mat inputBlob;
    blobFromImage(ch, inputBlob, 1.0f, Size(20, 20), Scalar(), true,
    false);
    dnn_net.setInput(inputBlob);

    Mat outs;
    dnn_net.forward(outs);
    cout << outs << endl;
    double max;
    Point pos;
    minMaxLoc( outs, NULL, &max, NULL, &pos);
    cout << "---->" << pos << " prob: " << max << " " <<
    strCharacters[pos.x] << endl;
    input->chars.push_back(strCharacters[pos.x]);
    input->charsPos.push_back(segment.pos);
}
```

이 코드를 좀 더 설명하면, 먼저 각 세그먼트를 사전 처리해 20×20픽셀의 동일한 크기의 이미지를 가져온다. 이 전처리된 이미지는 Mat 구조에 저장된 블롭[blob]으로 변환돼야 한다. 블롭으로 변환하기 위해 blobFromImage 함수를 사용한다. blobFromImage 함수로 선택적 크기 조정, 스케일링, 자르기 또는 파란색 채널과 빨간색 채널 간 교환 작업을 하고 4차원 데이터를 만든다. 이 함수는 다음과 같은 매개변수를 가진다.

```
void cv::dnn::blobFromImage (
    InputArray image,
    OutputArray blob,
    double scalefactor = 1.0,
    const Size & size = Size(),
    const Scalar & mean = Scalar(),
    bool swapRB = false,
    bool crop = false,
    int ddepth = CV_32F
```

)

각각의 정의는 다음과 같다.

- image: 입력 이미지(한 개, 세 개 또는 네 개 채널)
- blob: 출력 블롭 행렬
- size: 출력 이미지의 공간 크기
- mean: 각 채널의 스칼라 평균값. 이미지는 BGR 순서가 있고 swapRB가 true인 경우에 이 값은 평균-R, 평균-G, 평균-B 순서를 가진다.
- scalefactor: 이미지 값에 적용할 승수
- swapRB: 3채널 이미지에서 첫 번째 채널과 마지막 채널을 교체해야 함을 나타내는 플래그다.
- crop: 크기 조정 후 이미지를 자를지 여부를 나타내는 플래그
- ddepth: 출력 blob의 깊이. CV_8U 또는 CV_32F를 고를 수 있다.

이 생성된 블롭은 dnn_net.setInput(inputBlob)을 사용해 DNN의 추가 입력으로 사용할 수 있다.

망에 사용할 입력 블롭이 설정되면 결과를 얻기 위해 입력이 전달돼야 한다. dnn_net.forward(outs) 함수의 목적은 입력 전달이고, 소프트맥스 예측 결과를 가진 Mat을 반환한다. Mat에서 예측 결과는 행을 구성하고, 각 열은 레이블이다. 확률이 가장 높은 레이블을 얻으려면 이 Mat의 최대 위치만 가져오면 된다. minMaxLoc 함수를 사용해 레이블 값을 검색하고, 원하는 경우 확률 값도 검색할 수 있다.

마지막으로 ANPR 애플리케이션을 종료하기 전에 입력 번호판 데이터에 새 세그먼트 위치와 획득한 레이블을 저장한다.

애플리케이션을 실행하면 다음과 같은 결과가 나타난다.

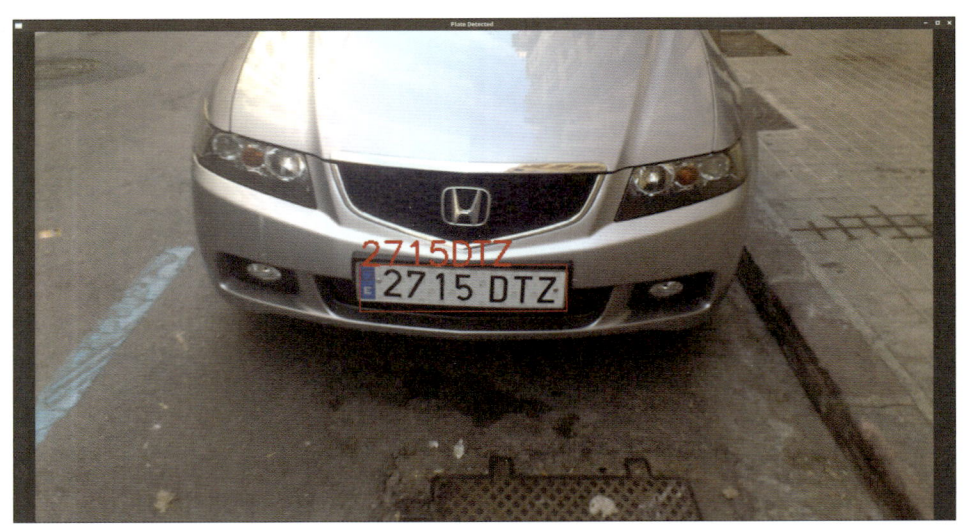

## 요약

4장에서는 자동 번호판 인식 프로그램의 작동 방식을 살펴봤고, 두 가지 중요 단계인 번호판 위치 파악과 번호판 인식을 다뤘다.

첫 번째 단계에서는 번호판이 있을 수 있는 패치를 찾고 간단한 휴리스틱 및 SVM 알고리즘을 사용해 번호판 존재 패치와 번호판 미존재 패치를 이진 분류함으로써 이미지를 세그멘테이션하는 방법을 배웠다.

두 번째 단계에서는 윤곽 탐지 알고리즘을 사용해 세그먼트화하고 텐서플로를 사용해 딥러닝 모델을 생성한 후에 OpenCV에서 훈련하거나 모델을 가져오는 방법을 배웠다. 또한 증강$^{augmentation}$ 기술을 사용해 데이터 세트의 샘플 수를 늘리는 방법도 배웠다.

다음 5장에서는 고유 얼굴$^{eigenface}$과 딥러닝을 사용해 얼굴 인식 애플리케이션을 만드는 방법을 살펴본다.

# 05

# DNN 모듈을 사용한 얼굴 검출 및 인식

5장에서는 얼굴 검출 및 인식 기술을 배운다. 얼굴 검출은 이미지에서 얼굴 위치를 찾는 과정이다. 5장에서는 하르 특징을 갖는 캐스케이드 분류기를 사용하는 클래식 알고리즘부터 딥러닝을 사용하는 최신 기술에 이르기까지 이미지에서 얼굴을 검출하는 다양한 기술을 다룰 것이다. 얼굴 인식은 이미지에 나타나는 사람을 식별하는 과정이다. 이 장에서는 다음과 같은 주제를 다룬다.

- 다른 방법으로 얼굴 인식
- 얼굴 전처리
- 수집된 얼굴에서 머신러닝 알고리즘 훈련하기
- 얼굴 인식
- 터치 마무리

## 얼굴 검출 및 인식 방법 소개

얼굴 인식은 알려진 얼굴에 레이블을 붙이는 과정이다. 인간이 얼굴을 보면서 가족, 친구, 유명인 등을 인식하는 방법을 배우는 것처럼 컴퓨터 비전에서도 얼굴을 인식하려는 많은 기술이 있다.

인식에는 일반적으로 다음과 같이 정의된 네 가지 주요 단계가 포함된다.

1. **얼굴 검출**: 이미지에서 얼굴 영역을 찾는 프로세스다(다음 스크린샷 중앙 부근의 큰 직사각형). 이 단계에서는 사람이 누구인지 신경 쓰지 않고 단지 사람의 얼굴만을 판단한다.
2. **얼굴 전처리**: 얼굴 이미지를 명확하게 조정하고 다른 얼굴과 비슷한 크기로 조정하는 프로세스다(다음 스크린샷의 상단 중앙에 있는 작은 그레이스케일 얼굴).
3. **얼굴 수집과 훈련**: 사전 처리된 많은 얼굴(인식해야 할 사람)을 저장한 다음에 인식 방법을 학습하는 과정이다.
4. **얼굴 인식**: 수집된 사람들 중 어떤 얼굴이 카메라의 얼굴과 가장 유사한지 확인하는 프로세스다(다음 스크린샷의 오른쪽 상단에 있는 작은 직사각형).

 얼굴 인식(face recognition)이라는 용어는 일반인이 얼굴 위치를 찾는 데(위의 1단계에서 설명한 얼굴 검출) 사용되는 경우가 많지만, 이 책에서 참조하는 얼굴 인식의 공식적인 정의는 4단계를 의미하고, 얼굴 검출은 1단계를 참조한다.

다음 스크린샷은 인식된 사람을 강조 표시하는 오른쪽 상단 모서리의 작은 직사각형을 포함하는 최종 WebcamFaceRec 프로젝트를 보여준다. 또한 사전 처리된 얼굴(얼굴을 표시하는 큰 직사각형의 상단 중앙에 있는 작은 얼굴) 옆에 있는 신뢰 표시 줄을 주목한다. 이 경우에 사람을 제대로 인식할 확률은 약 70%다.

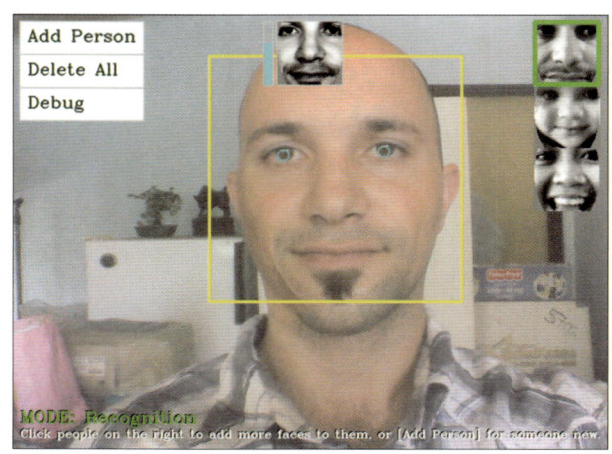

현재의 얼굴 '검출' 기술은 실제 조건에서도 상당히 신뢰할 수 있는 반면에, 현재의 얼굴 '인식' 기술은 실제 조건에서 사용될 때 신뢰도가 조금 떨어진다. 예를 들어 얼굴 인식 정확도가 95%를 초과하는 연구 논문들을 쉽게 찾을 수 있지만, 동일한 알고리즘을 직접 테스트할 때는 정확도가 종종 50%보다 낮다. 이는 현재의 얼굴 인식 기술이 조명의 종류, 조명과 그림자의 방향, 얼굴의 정확한 방향, 얼굴 표현, 사람의 현재 기분과 같은 이미지의 여러 조건에 매우 민감하기 때문이다. 훈련할 때(이미지 수집)뿐만 아니라 테스트할 때(카메라 이미지에서) 모두 일정하게 조건이 유지되면 얼굴 인식이 잘되지만, 사람이 방의 조명 왼쪽에 서 있는 상황에서 훈련한 후에 카메라로 실제 테스트하는 동안에는 오른쪽으로 이동해 서 있으면 결과가 매우 나빠질 수 있다. 따라서 훈련에 사용되는 데이터 세트는 매우 중요하다.

얼굴 전처리는 얼굴이 비슷한 밝기brightness와 대비contrast를 가지도록 변경하고 얼굴의 특징이 항상 같은 위치에 있게 조정해(예: 눈과 코를 특정 위치에 맞추는 것) 이러한 문제를 줄인다. 좋은 얼굴 전처리 단계는 얼굴 인식 시스템 전체의 안정성을 향상시키는 데 도움이 되므로 이 장에서는 얼굴 전처리 방법에 중점을 둔다.

미디어의 보안을 지원하기 위해 얼굴 인식 기술을 많이 사용하고 싶지만, 현재의 얼굴 인식 기술만으로는 진정한 보안 시스템을 구축하는 데 충분한 신뢰도를 제공하지 못한다. 그러나 방에 들어가는 각각의 사람을 개별적으로 인식해 다른 음악을 재생해주거나 자신을 볼 때 이름을 말하는 로봇과 같이 높은 신뢰도가 필요하지 않은 용도로는 사용할 수 있다. 또한 성별 인식, 연령 인식, 감정 인식과 같은 얼굴 인식의 다양한 실제 확장을 시도하는 움직임도 있다.

## 얼굴 검출

2000년까지는 얼굴을 찾는 데 다양한 기술을 사용할 수 있었지만, 모두 느리거나 신뢰할 수 없거나 혹은 둘 다였다. 비올라와 존스가 2001년에 객체 검출을 위한 하르 기반 캐스케이드 분류기를 발명했을 때와 2002년 라인하르트Lienhart와 메이트Maydt가 검출 기술을 개선했을 때 비로소 큰 변화가 있었다. 그리고 결과적으로 빠르고(VGA 웹캠이 있는 일반 데스크톱에서 얼굴을 실시간으로 검출 가능) 신뢰할 수 있는(얼굴 정면을 대략 95% 정확하게 검출) 객체 검출 기술을 갖게 됐다. 이 객체 검출기는 얼굴 인식 분야(일반적으로 로봇 공학과 컴퓨터 비전뿐만 아니라)에서도 혁명을 일으켰다. 실시간 얼굴 검출과 얼굴 인식이 가능해졌으며, 특히 라인하르트가 OpenCV로 무료 제공되는 객체 검출기를 만들었다. 정면 얼굴뿐만 아니라 측면 얼굴(프로파일 면이라고도 함), 눈, 입, 코, 회사 로고와 기타 여러 객체에도 적용된다.

LBP 기반 검출기는 하르 기반 검출기보다 몇 배 더 빠르고 많은 하르 검출기가 갖고 있는 라이선스 문제가 없으므로, 이 객체 검출기는 2006년 아호넨Ahonen, 하디드Hadid, 피에티카이넨Pietikainen이 수행한 검출용 LBP 특징을 사용해 OpenCV v2.0에서 확장됐다.

OpenCV는 v3.4에서 딥러닝을 구현했고 v4.0에서는 더욱 안정적인 버전을 확보했다. 5장에서는 얼굴 검출에 SSD Single Shot Multibox Detector 알고리즘을 사용하는 방법을 보여준다.

하르 기반 얼굴 검출기의 기본 아이디어는 대부분의 얼굴 정면을 보면 눈이 있는 부분이 이마와 뺨보다 어둡고 입이 있는 부분이 뺨보다 어둡다는 것이다. 얼굴인지 아닌지를 결정하기 위해 일반적으로 이와 같은 약 20단계의 비교를 수행하지만, 이미지의 가능한 각 위치와 얼굴의 가능한 각 크기마다 이 작업을 수행해야 하므로 실제로는 이미지당 수천 번을 수행한다. LBP 기반 얼굴 검출기의 기본 개념은 하르 기반 얼굴 검출기와 비슷하지만 윤곽선, 코너, 평평한 영역과 같은 픽셀 강도 비교[pixel intensity comparison] 히스토그램을 사용한다.

사람이 얼굴을 가장 잘 정의할 수 있는 비교 방법을 결정하기보다는 하르 및 LBP 기반 얼굴 검출기를 자동으로 훈련해 큰 이미지 세트에서 얼굴을 찾고 나중에 사용될 정보를 XML 파일에 저장할 수 있다. 이 캐스케이드 분류기 검출기는 일반적으로 최소 1,000개의 고유 얼굴 이미지와 10,000개의 비얼굴 이미지(예: 나무, 자동차, 텍스트의 사진)를 사용해 훈련되며, 훈련 과정은 멀티코어 데스크톱에서도 오랜 시간이 걸릴 수 있다(일반적으로 LBP의 경우 몇 시간이지만 하르의 경우는 1주일 정도 걸린다). 운 좋게도 OpenCV에는 사전 훈련된 하르 및 LBP 검출기가 함께 제공된다! 실제로 다양한 캐스케이드 분류기 XML 파일을 객체 검출기에 불러오고 선택한 XML 파일을 기준으로 하르와 LBP 검출기 중에서 선택하기만 하면 정면 얼굴, 프로파일(측면) 얼굴, 눈 또는 코를 검출할 수 있다.

### OpenCV 캐스케이드 분류기를 사용한 얼굴 검출 구현

앞에서 언급했듯이 OpenCV v2.4는 다양한 용도로 사용할 수 있는 다양한 사전 훈련된 XML 검출기를 제공한다. 다음 표는 가장 많이 사용되는 XML 파일을 보여준다.

| 캐스케이드 분류기의 유형 | XML 파일 이름 |
| --- | --- |
| 얼굴 검출기(기본값) | haarcascade_frontalface_default.xml |
| 얼굴 검출기(빠른 하르) | haarcascade_frontalface_alt2.xml |
| 얼굴 검출기(빠른 LBP) | lbpcascade_frontalface.xml |
| 프로파일(측면) 얼굴 검출기 | haarcascade_profileface.xml |

(이어짐)

| 캐스케이드 분류기의 유형 | XML 파일 이름 |
| --- | --- |
| 눈 검출기(좌우 분리) | haarcascade_lefteye_2splits.xml |
| 입 검출기 | haarcascade_mcs_mouth.xml |
| 코 검출기 | haarcascade_mcs_nose.xml |
| 사람 검출기 | haarcascade_fullbody.xml |

하르 기반 검출기는 data₩haarcascades 폴더에 저장되고 LBP 기반 검출기는 OpenCV 루트 폴더 C:₩opencv₩data₩lbpcascades의 data₩lbpcascades 폴더에 저장된다.

얼굴 인식 프로젝트의 경우 정면을 검출하려고 하므로 가장 빠르고 특히 라이선스 문제가 없는 LBP 얼굴 검출기를 사용한다. OpenCV v2.x와 함께 제공되는 사전 훈련된 LBP 얼굴 검출기는 사전 훈련된 하르 얼굴 검출기만큼은 최적화되지 않으므로 좀 더 안정적인 얼굴 검출을 원한다면 LBP 얼굴 검출기를 훈련시키거나 하르 얼굴 검출기를 사용한다.

**객체 또는 얼굴 검출을 위한 하르/LBP 검출기 불러오기**

객체 또는 얼굴 검출을 수행하려면 먼저 다음과 같이 OpenCV의 `CascadeClassifier` 클래스를 사용해 사전 훈련된 XML 파일을 불러와야 한다.

```
CascadeClassifier faceDetector;
faceDetector.load(faceCascadeFilename);
```

다른 파일 이름을 지정한 하르 또는 LBP 검출기를 불러올 수 있다. 검출기를 불러올 때 하게 되는 가장 일반적인 실수는 잘못된 폴더 또는 파일 이름을 사용하는 것이고, 이때 빌드 환경에 따라 `load()` 메서드는 `false`를 반환하거나 C++ 예외를 만들고 어설션 오류[assert error]와 함께 프로그램을 종료한다. 따라서 `try ... catch` 블록으로 `load()` 메서드를 둘러싸고 문제가 발생하면 사용자에게 오류 메시지를 표시하는 것이 가장 좋다. 많은 초보자가 오류 확인을 건너뛰지만 무언가가 제대로 로드되지 않은 경우에는 사용자에게 도움말 메시지를 표시하는 것이 중요하다. 그렇지 않으면 제대로 로드되지 않는 것을 깨닫기 전에 다른 코드 디버깅 작업으로만 오랜 시간을 소모한다. 간단한 오류 메시지는 다음과 같이 표시될 수 있다.

```
CascadeClassifier faceDetector;
try {
  faceDetector.load(faceCascadeFilename);
} catch (cv::Exception e) {}
if ( faceDetector.empty() ) {
  cerr << "ERROR: Couldn't load Face Detector (";
  cerr << faceCascadeFilename << ")!" << endl;
  exit(1);
}
```

**웹캠에 액세스하기**

컴퓨터 웹캠 또는 비디오 파일에서 프레임을 가져오려면 VideoCapture::open() 함수에서 카메라 번호 또는 비디오 파일 이름을 사용하고 C++ 스트림 연산자로 프레임을 가져온다. 1장, '라즈베리 파이의 카툰화와 피부색 변경'의 '웹캠에 액세스하기' 절을 참조한다.

**하르 또는 LBP 분류기를 사용한 객체 검출**

이제 분류기를 (초기화 중 한 번만) 로드했으므로 분류기를 사용해 각각의 새 카메라 프레임에서 얼굴을 검출할 수 있다. 그러나 먼저 다음 단계를 수행해서 얼굴 인식을 위해 카메라 이미지를 기본 처리해야 한다.

1. **그레이스케일 색 변환**: 얼굴 인식은 그레이스케일 이미지에서만 작동한다. 따라서 색을 가진 카메라 프레임을 그레이스케일로 변환해야 한다.
2. **카메라 이미지 축소**: 얼굴 검출 속도는 입력 이미지의 크기(큰 이미지의 경우 매우 느리지만, 작은 이미지의 경우 빠름)에 따라 달라지지만 저해상도에서도 안정적으

로 검출된다. 따라서 카메라 이미지를 좀 더 합리적인 크기로 축소해야 한다 (또는 다음 절에서 설명하는 것처럼 검출기에서 minFeatureSize에 큰 값을 사용해야 함).

3. **히스토그램 균일화**: 낮은 조명 조건의 얼굴 인식 결과는 신뢰하기 어렵다. 따라서 밝기와 대비를 개선하기 위해 히스토그램 균일화를 수행해야 한다.

### 그레이스케일 색 변환

cvtColor() 함수를 사용해 RGB 색 이미지color image를 그레이스케일로 쉽게 변환할 수 있다. 그러나 색 이미지(즉, 그레이스케일 카메라가 아닌 경우)를 사용한다면 입력 이미지의 형식(일반적으로 데스크톱에서는 3채널 BGR, 모바일에서는 4채널 BGRA)을 지정해야 한다. 따라서 다음 코드와 같이 세 가지 입력 색 형식을 사용한다.

```
Mat gray;
if (img.channels() == 3) {
  cvtColor(img, gray, COLOR_BGR2GRAY);
}
else if (img.channels() == 4) {
  cvtColor(img, gray, COLOR_BGRA2GRAY);
}
else {
  // 그레이스케일 입력 이미지를 직접 사용
  gray = img;
}
```

### 카메라 이미지 축소

resize() 함수를 사용해 이미지를 특정 크기 또는 특정 배율로 축소할 수 있다. 얼굴 검출은 일반적으로 크기가 240×240픽셀보다 큰 이미지(카메라에서 멀리 떨어진 얼굴을 검출해야 하는 경우가 아니라면)에서 아주 잘 작동한다. minFeatureSize(일반적으로 20×20픽셀)보다 큰 얼굴을 찾기 때문이다. 이제 카메라 이미지를 320픽셀 너비로 줄여보자. 입력이 VGA 웹캠인지 또는 500만 화소 HD 카메라인지는 중요하지 않다. 축소된 이미지에서 얼굴을 검출하면 결과도 축소되므로 검출 결과를 확대하는 것도 중요하다. 입력 이미지를 축소하는 대신 검출기의 minFeatureSize 변수에 큰 값을 사용할 수 있다. 또한 이미지가 더 가늘어지거나 얇아지지 않도록 해야 한다. 예를 들어 300×200으로 축소했을 때 800×400의 와이드 스크린 이미지에서는 사람이 가늘어져 보이게 된다. 따라서 출력의 가로세로비(가로 세로 비율)를 입력과 동일하게 유지해야 한다. 이미지 너비를 얼마나 축소할 것인지 계산한 후 다음과 같이 높이에 동일한 배율을 적용한다.

```
const int DETECTION_WIDTH = 320;
// 이미지를 축소해 훨씬 빠르게 실행한다
Mat smallImg;
float scale = img.cols / (float) DETECTION_WIDTH;
if (img.cols > DETECTION_WIDTH) {
  // 동일한 가로세로비를 유지하면서 이미지를 축소한다
  int scaledHeight = cvRound(img.rows / scale);
  resize(img, smallImg, Size(DETECTION_WIDTH, scaledHeight));}
else {
  // 입력이 이미 작으므로 입력에 직접 액세스한다
  smallImg = img;
}
```

히스토그램 균일화

equalizeHist() 함수를 사용해 히스토그램 균일화를 쉽게 수행함으로써 이미지의 밝기와 대비를 향상시킬 수 있다. 때로는 이미지가 이상하게 보일 수 있지만, 일반적으로 밝기와 대비를 개선하고 얼굴 인식이 더 잘된다. equalizeHist() 함수는 다음과 같이 사용된다.

```
// 어두운 이미지를 개선하기 위해 밝기와 대비를 조정한다
Mat equalizedImg;
equalizeHist(inputImg, equalizedImg);
```

얼굴 검출

이미지를 그레이스케일로 변환하고, 이미지를 축소하고, 히스토그램을 균일화했으므

로 CascadeClassifier::detectMultiScale() 함수를 사용해 얼굴을 검출할 수 있다. 이 함수에 전달하는 많은 매개변수는 다음과 같이 나열된다.

- minFeatureSize: 이 매개변수는 관심 있는 최소 얼굴 크기(일반적으로 20×20 또는 30×30 픽셀)를 결정하지만, 사용하는 경우와 이미지 크기에 따라 다른 값을 가진다. 항상 카메라와 얼굴이 매우 가까운 웹캠 또는 스마트폰에서 얼굴 검출을 수행하는 경우에는 빠른 검출 속도를 얻기 위해 80×80으로 확대하고, 해변에서 친구를 찾는 것과 같이 멀리 있는 사람의 얼굴을 검출하려는 경우에는 20×20으로 둔다.
- searchScaleFactor: 이 매개변수는 검색할 얼굴에서 얼마나 다양한 크기로 찾아야 할지를 결정한다. 보통 얼굴을 잘 찾지 못한 경우, 좋은 결과를 가져야 하는 검출 동작에서는 1.1을 가져야 하고 빠른 검출이라면 1.2를 가져야 한다.
- minNeighbors: 이 매개변수는 검출기의 얼굴 검출 신뢰도를 결정한다. 일반적으로 값은 3이지만, 많은 얼굴이 검출되지 않더라도 좀 더 신뢰도가 높은 얼굴 검출을 원하면 더 높게 설정할 수 있다.
- flags: 이 매개변수를 사용하면 모든 얼굴을 검색할지(기본값), 아니면 가장 큰 얼굴만(CASCADE_FIND_BIGGEST_OBJECT) 검색할지를 지정할 수 있다. 가장 큰 얼굴만 찾으면 더 빨리 동작을 완료할 수 있다. 검출을 약 1% 또는 2% 더 빠르게 완료하기 위해 다른 매개변수 CASCADE_DO_ROUGH_SEARCH 또는 CASCADE_SCALE_IMAGE를 사용할 수 있다.

detectMultiScale() 함수는 cv::Recttype 객체의 std::vector를 결과값으로 가진다. 예를 들어 두 얼굴을 검출하면 두 개의 직사각형<sup>rectangle</sup> 배열이 출력에 저장된다. detectMultiScale() 함수는 다음과 같이 사용한다.

```
int flags = CASCADE_SCALE_IMAGE; // 많은 얼굴을 검색한다
Size minFeatureSize(20, 20); // 가장 작은 얼굴 크기로 만든다
float searchScaleFactor = 1.1f; // 얼마나 많은 검색 크기를 사용할지 지정한다
int minNeighbors = 4; // 신뢰도 vs. 많은 얼굴
```

```
// 작은 그레이스케일 이미지에서 객체를 검출한다
std::vector<Rect> faces;
faceDetector.detectMultiScale(img, faces, searchScaleFactor,
  minNeighbors, flags, minFeatureSize);
```

직사각형 벡터에 저장된 요소 개수를 확인한다. 즉, objects.size() 함수를 사용해 얼굴이 검출됐는지 확인할 수 있다.

앞에서 언급했듯이 얼굴 검출기에 축소된 이미지를 제공하면 결과도 축소돼 나오므로, 결과 이미지의 얼굴 영역을 보려면 확대해야 한다. 또한 다음 코드와 같이 OpenCV에서 예외가 발생하면 이미지 경계선 내에 얼굴이 존재해야 한다.

```
// 이미지가 임시로 축소되면 결과를 확인하기 위해 다시 확대해야 한다
if (img.cols > scaledWidth) {
  for (auto& object:objects ) {
    object.x = cvRound(object.x * scale);
    object.y = cvRound(object.y * scale);
    object.width = cvRound(object.width * scale);
    object.height = cvRound(object.height * scale);
  }
}
// 객체가 경계선 위에 있으면 이미지 내에 존재하도록 한다
for (auto& object:objects) {
  if (object.x < 0)
    object.x = 0;
  if (object.y < 0)
    object.y = 0;
  if (object.x + object.width > img.cols)
    object.x = img.cols - object.width;
  if (object.y + object.height > img.rows)
    object.y = img.rows - object.height;
}
```

앞의 코드는 이미지 내에 존재하는 모든 얼굴을 찾지만, 얼굴 하나만 신경 쓴다면 다음과 같이 변수를 변경할 수 있다.

```
int flags = CASCADE_FIND_BIGGEST_OBJECT |
            CASCADE_DO_ROUGH_SEARCH;
```

WebcamFaceRec 프로젝트는 OpenCV의 하르 또는 LBP 검출기에 래퍼[wrapper]를 갖고 있으므로 이미지에서 얼굴이나 눈을 쉽게 찾을 수 있다.

```
Rect faceRect; // 검출 결과 또는 -1을 저장
int scaledWidth = 320; // 검출하기 전에 이미지 크기를 축소한다
detectLargestObject(cameraImg, faceDetector, faceRect, scaledWidth);
if (faceRect.width > 0)
  cout << "We detected a face!" << endl;
```

이제 얼굴 영역을 나타내는 직사각형이 생겼으므로 원본 이미지에서 얼굴을 추출하거나 자르는 등 다양한 방법으로 사용할 수 있다. 다음 코드를 통해 얼굴에 액세스할 수 있다.

```
// 카메라 이미지 내 얼굴에만 접근한다
Mat faceImg = cameraImg(faceRect);
```

다음 사진은 얼굴 검출기가 제공하는 일반적인 직사각형 영역을 보여준다.

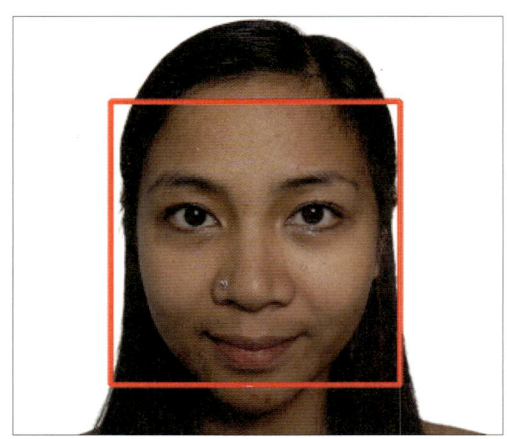

### OpenCV 딥러닝 모듈을 사용한 얼굴 검출 구현

OpenCV 3.4부터 딥러닝 모듈은 contrib 소스(https://github.com/opencv/opencv_contrib)로 제공되고, 버전 4.0부터 딥러닝은 OpenCV 코어의 일부로 제공된다. 코어 일부로 제공된다는 사실은 OpenCV 딥러닝이 안정적이며 유지 관리가 잘되는 것을 의미한다.

얼굴에 SSD 딥러닝 알고리즘을 기반으로 사전 훈련된 카페$^{Caffe}$ 모델을 사용할 수 있다. 이 알고리즘을 사용하면 단일 딥러닝 망(네트워크)에서 이미지의 여러 객체를 검출해 검출된 객체당 클래스와 경계 상자를 반환할 수 있다.

미리 훈련된 카페를 로드하려면, 두 파일을 로드해야 한다.

- 프로토$^{proto}$ 파일 또는 구성 모델을 로드한다. 이 경우 파일은 data/deploy.prototxt에 저장된다.
- 각 변수의 가중치를 갖는 이진 훈련 모델을 로드한다. 이 경우 파일은 data/res10_300x300_ssd_iter_140000_fp16.caffemodel에 저장된다.

다음 코드를 사용하면 모델을 OpenCV에 로드할 수 있다.

```
dnn::Net net = readNetFromCaffe("data/deploy.prototxt",
"data/res10_300x300_ssd_iter_14000_fp16.caffemodel");
```

딥러닝 망을 로드한 후 웹캠으로 캡처한 각 프레임들을 딥러닝 망이 이해할 수 있는 블롭 이미지로 변환해야 한다. 다음과 같이 blobFromImage 함수를 사용해야 한다.

```
Mat inputBlob = blobFromImage(frame, 1.0, Size(300, 300), meanVal, false, false);
```

첫 번째 매개변수가 입력 이미지인 경우 두 번째 매개변수는 각 픽셀 값의 스케일링된 계수이고, 세 번째 매개변수는 출력 공간 크기이며, 네 번째 매개변수는 각 채널에서 빼는 스칼라 값이고, 다섯 번째 매개변수는 B와 R 채널을 교환하는 플래그다. 그리고 마지막 매개변수를 true로 설정하면 이미지의 크기를 조정resize한 이후에 자른다.

이제 딥 신경망(DNN)에서 사용할 입력 이미지를 준비했다. 입력 이미지를 망 입력으로 설정하려면 다음 함수를 호출해야 한다.

```
net.setInput(inputBlob);
```

마지막으로 네트워크를 호출해 다음과 같이 예측할 수 있다.

```
Mat detection = net.forward();
```

## 얼굴 전처리

앞에서 언급했듯이 얼굴 인식은 조명 조건, 얼굴 방향, 얼굴 표현 등의 변화에 매우 취약하므로 가능한 한 이러한 차이를 줄이는 것이 매우 중요하다. 그렇지 않으면, 얼굴 인식 알고리즘은 종종 동일한 사람의 두 개 이미지 사이에서보다 동일한 조건에서 두 명의 다른 사람들의 얼굴 사이에 더 많은 유사도가 있다고 판단한다.

가장 쉬운 얼굴 전처리 형태는 얼굴 검출과 마찬가지로 equalizeHist() 함수를 사용해 히스토그램 균일화를 적용하는 것이다. 조명 및 위치 조건이 크게 변하지 않는 일부 프로젝트에는 충분할 수 있다. 그러나 실제 상황에서의 안정성을 위해서는 얼굴 특징 검출(예: 눈, 코, 입, 눈썹 검출)을 포함한 많은 정교한 기술이 필요하다. 간단하게 하기 위해 5장에서는 눈 검출만 사용하고 입, 코와 같은 다른 얼굴 특징은 무시한다.

다음 사진은 이 절에서 다루는 기술을 사용해 일반적으로 전처리된 얼굴을 확대해 보여준다.

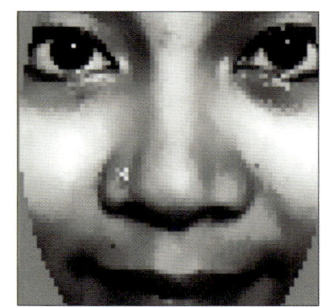

### 눈 검출

눈 검출은 얼굴 전처리에 매우 유용할 수 있다. 정면 얼굴의 경우 항상 사람의 눈이 수평이고 얼굴 표정, 조명 조건, 카메라 속성, 카메라와의 거리 등이 달라진다고 하더라도 얼굴 내에서 상당히 표준적인 위치와 크기를 가진다고 가정할 수 있기 때문이다.

얼굴 검출기가 얼굴을 검출했지만 실제로는 다른 것으로 검출했다면 오검출을 버리는 것도 필요하다. 얼굴 검출기와 양쪽 눈 검출기 모두가 동시에 '제대로 동작하지 않는' 경우는 드물기 때문에 검출된 얼굴과 눈이 있는 이미지만 처리하는 경우에는 오검출되지 않는다(그렇지만 눈 검출기는 얼굴 검출기만큼 자주 사용되지 않으므로 처리를 위해 사용되는 얼굴 수는 감소한다).

OpenCV v2.4와 함께 제공되는 사전 훈련된 눈 검출기 중 일부는 눈을 떴는지 감았는지를 검출할 수 있는 반면에 일부는 눈을 뜬 경우만 검출할 수 있다.

열린 눈(뜬 눈) 또는 닫힌 눈(감은 눈)을 검출하는 눈 검출기는 다음과 같다.

- haarcascade_mcs_lefteye.xml(그리고 haarcascade_mcs_righteye.xml)
- haarcascade_lefteye_2splits.xml(그리고 haarcascade_righteye_2splits.xml)

열린 눈만 검출하는 눈 검출기는 다음과 같다.

- haarcascade_eye.xml
- haarcascade_eye_tree_eyeglasses.xml

열린 눈과 닫힌 눈을 모두 지원하는 검출기는 훈련된 눈을 지정하므로 왼쪽 눈과 오른쪽 눈에 다른 검출기를 사용해야 하는 반면, 열린 눈에만 사용하는 검출기는 왼쪽 눈이나 오른쪽 눈에 동일한 검출기를 사용할 수 있다.

haarcascade_eye_tree_eyeglasses.xml 검출기는 사람이 안경을 쓰고 있다면 눈을 검출할 수 있지만 안경을 쓰지 않으면 신뢰할 수 없다.

XML 파일 이름에 왼쪽 눈이 지정돼 있으면 사람의 실제 왼쪽 눈을 의미하므로 카메라 이미지에서는 일반적으로 왼쪽이 아닌 얼굴의 오른쪽을 의미한다.

언급된 네 개의 눈 검출기 목록은 가장 신뢰할 수 있는 것부터 가장 신뢰할 수 없는 것까지의 순서로 순위가 정해진다. 안경을 쓴 사람을 찾을 필요가 없다는 것을 알고 있다면 첫 번째 검출기가 가장 적합하다.

### 눈 검색 영역

눈 검출의 경우에는 얼굴 검출과 같이 왼쪽 눈이 있어야 하는 영역을 작은 직사각형으로 자르는 것처럼(왼쪽 눈 검출기를 사용하는 경우), 대략적인 눈 영역을 표시하기 위해 입력 이미지를 자르는 것이 중요하다. 오른쪽 눈 검출기의 오른쪽 직사각형에 대해서도 동일하다.

얼굴 전체 또는 전신 사진에서 눈을 검출하면 훨씬 느리고 신뢰도가 떨어진다. 다른 눈 검출기는 얼굴의 다른 영역을 포함해 검출할 때 더 적합하다. 예를 들어 haarcascade_eye.xml 검출기는 실제 눈 주위의 매우 좁은 영역에서만 검색하는 경우에 가장 잘 작동하는 반면, haarcascade_mcs_lefteye.xml과 haarcascade_lefteye_2splits.xml 검출기는 눈 주위에 넓은 영역이 포함돼 있을 때 가장 잘 작동한다.

다음 표는 검출된 얼굴 직사각형 내 상대 좌표를 사용해 다양한 눈 검출기(LBP 얼굴 검출기 사용 시)에 대한 얼굴의 좋은 검색 영역을 나타낸다(EYE_SX는 눈 검색 시 $x$ 위치, EYE_SY

는 눈 검색 시 y 위치, EYE_SW는 눈 검색 시 너비, EYE_SH는 눈 검색 시 높이 값이다).

| 캐스케이드 분류기 | EYE_SX | EYE_SY | EYE_SW | EYE_SH |
|---|---|---|---|---|
| haarcascade_eye.xm | 0.16 | 0.26 | 0.30 | 0.28 |
| haarcascade_mcs_lefteye.xml | 0.10 | 0.19 | 0.40 | 0.36 |
| haarcascade_lefteye_2splits.xml | 0.12 | 0.17 | 0.37 | 0.36 |

검출된 얼굴에서 왼쪽 눈과 오른쪽 눈 영역을 추출하는 소스 코드는 다음과 같다.

```
int leftX = cvRound(face.cols * EYE_SX);
int topY = cvRound(face.rows * EYE_SY);
int widthX = cvRound(face.cols * EYE_SW);
int heightY = cvRound(face.rows * EYE_SH);
int rightX = cvRound(face.cols * (1.0-EYE_SX-EYE_SW));

Mat topLeftOfFace = faceImg(Rect(leftX, topY, widthX, heightY));
Mat topRightOfFace = faceImg(Rect(rightX, topY, widthX, heightY));
```

다음 사진은 다양한 눈 검출기의 이상적인 검색 영역을 보여준다. 여기서 haarcascade_eye.xml과 haarcascade_eye_tree_eyeglasses.xml 파일은 작은 검색 영역에 가장 적합하고 haarcascade_mcs_*eye.xml과 haarcascade_*eye_2splits.xml 파일은 더 큰 검색 영역에 가장 적합하다. 다음 그림에서는 눈 검색 영역이 검출된 얼굴 직사각형과 비교해 얼마나 더 큰지 보여주기 위해 검출된 얼굴 직사각형도 나타냈다.

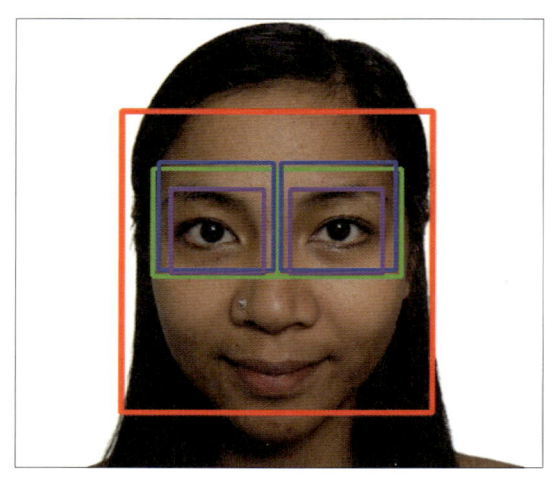

눈 검색 영역을 사용하는 동안 다른 눈 검출기들의 대략적인 검출 속성을 다음 표에서 정리했다.

| 캐스케이드 분류기 | 신뢰도* | 속도** | 눈 열림/닫힘 여부 | 안경 착용 여부 |
|---|---|---|---|---|
| haarcascade_mcs_lefteye.xml | 80% | 18밀리초 | 열림 또는 닫힘 | 미착용 |
| haarcascade_lefteye_2splits.xml | 60% | 7밀리초 | 열림 또는 닫힘 | 미착용 |
| haarcascade_eye.xml | 40% | 5밀리초 | 열림만 | 미착용 |
| haarcascade_eye_tree_eyeglasses.xml | 15% | 10밀리초 | 열림만 | 착용 |

'신뢰도' 값은 안경을 착용하지 않고 양쪽 눈을 모두 열었을 때 LBP 정면 얼굴을 검출한 후에 양 눈이 얼마나 자주 검출되는지를 나타낸다. 눈을 감으면 신뢰도가 떨어지고, 안경을 착용하면 신뢰도와 속도가 모두 떨어진다.

인텔 코어 i7 2.2GHz에서 320×240픽셀 크기로 조정된 이미지의 경우(1,000장의 평균 사진 대상) '속도' 값은 밀리초 단위로 표시된다. 전체 이미지를 스캔해야 하므로 눈을 찾을 수 없을 때보다 눈을 찾을 수 있을 때 속도가 일반적으로 훨씬 빠르지만 haarcascade_mcs_lefteye.xml은 여전히 다른 눈 검출기보다 훨씬 느리다.

예를 들어 사진을 320×240픽셀로 축소한 경우 히스토그램 균일화를 수행하고 LBP 정면 얼굴 검출기를 사용해 얼굴을 얻은 다음에 haarcascade_mcs_lefteye.xml의 값을 사용해 얼굴에서 왼쪽 눈 영역과 오른쪽 눈 영역을 추출한다. 그리고 각 눈 영역에서 히스토그램 균일화를 수행한다. 왼쪽 눈에는 haarcascade_mcs_lefteye.xml 검출기(실제로는 이미지의 오른쪽 상단)를 사용하고 오른쪽 눈에는 haarcascade_mcs_righteye.xml 검출기(실제로는 이미지의 왼쪽 상단)를 사용하면, 각 눈 검출기는 LBP로 검출된 정면 모습 사진들의 약 90%에서 동작한다. 따라서 두 눈을 모두 검출하려면 LBP로 검출된 정면 사진의 약 80%에서 동작해야 한다.

얼굴을 검출하기 전에 카메라 이미지를 축소하는 것이 좋지만, 눈이 얼굴보다 훨씬 작기 때문에 최대한 많은 해상도가 필요하므로 눈을 검출할 때는 전체 카메라 해상도를 사용해야 한다.

표를 기준으로 사용할 눈 검출기를 선택할 때 닫힌 눈을 검출할지, 아니면 열린 눈을 검출할지 여부를 결정해야 한다. 그리고 눈 검출기를 사용할 수 있으며, 이 검출기로 눈을 검출하지 못하면 다른 눈 검출기로 시도한다.

많은 작업에서 눈이 열려 있는지 닫혀 있는지에 상관없이 눈을 검출하는 것이 필요하므로 속도가 중요하지 않은 경우에는 먼저 mcs_*eye 검출기로 검색하고, 실패하면 eye_2splits 검출기로 검색하는 것이 가장 좋다. 그러나 얼굴 인식의 경우 눈을 감으면 사람이 상당히 다르게 보일 수 있으므로, 먼저 일반 haarcascade_eye 검출기로 검색하고 실패하면 haarcascade_eye_tree_eyeglasses 검출기로 검색하는 것이 가장 낫다.

얼굴 검출에 사용한 것과 동일한 `detectLargestObject()` 함수를 사용해 눈을 검색할 수 있지만, 눈 검출 전에 이미지를 축소하는 대신 눈을 더 잘 검출하기 위해 전체 눈 영역 너비를 지정한다. 하나의 검출기를 사용해 왼쪽 눈을 쉽게 검색할 수 있고, 실패하면 다른 검출기(오른쪽 눈과 동일)를 사용한다. 눈 검출은 다음과 같이 수행한다.

```
CascadeClassifier eyeDetector1("haarcascade_eye.xml");
CascadeClassifier eyeDetector2("haarcascade_eye_tree_eyeglasses.xml");
```

```
...
Rect leftEyeRect; // 검출된 눈 저장용
// 첫 번째 눈 검출기를 사용해 왼쪽 영역을 검색한다
detectLargestObject(topLeftOfFace, eyeDetector1, leftEyeRect,
topLeftOfFace.cols);
// 실패 시, 두 번째 눈 검출기를 사용해 왼쪽 영역을 검색한다
if (leftEyeRect.width <= 0)
  detectLargestObject(topLeftOfFace, eyeDetector2,
                      leftEyeRect, topLeftOfFace.cols);
// 눈 검출기 중 하나가 작동하면, 왼쪽 눈의 중앙 좌표 값을 얻는다
Point leftEye = Point(-1,-1);
if (leftEyeRect.width <= 0) {
  leftEye.x = leftEyeRect.x + leftEyeRect.width/2 + leftX;
  leftEye.y = leftEyeRect.y + leftEyeRect.height/2 + topY;
}

// 오른쪽 눈에도 동일한 과정을 수행한다
...
// 양쪽 눈이 검출됐는지를 확인한다
if (leftEye.x >= 0 && rightEye.x >= 0) {
...
}
```

얼굴과 양쪽 눈이 모두 검출되면 다음 단계를 결합해 얼굴 전처리를 수행한다.

1. **기하학적 변형 및 자르기**: 눈이 정렬되도록 이미지를 크기 조정(스케일링), 회전, 변환한 다음 얼굴 이미지에서 이마, 턱, 귀와 배경을 제거한다.

2. **왼쪽과 오른쪽의 개별 히스토그램 균일화**: 얼굴 왼쪽과 오른쪽의 밝기와 대비를 독립적으로 표준화한다.

3. **스무딩**smoothing(다듬기): 양방향 필터bilateral filter를 사용해 이미지 노이즈를 줄인다.

4. **타원형 마스크**elliptical mask: 타원형 마스크는 얼굴 이미지에서 남은 머리카락과 배경을 제거한다.

다음 사진은 검출된 얼굴에 적용된 얼굴 전처리 단계 1에서 단계 4까지를 보여준다. 최종 사진이 얼굴의 양쪽 면에서 얼마나 밝기와 대비가 좋은지를 보여주며, 원본은 그

렇지 않다는 것을 알 수 있다.

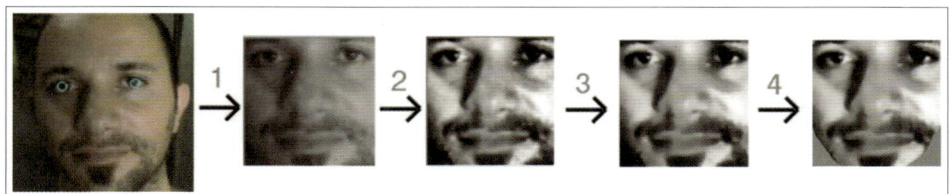

**기하학적 변환**

여러 개의 얼굴을 모두 함께 정렬하는 것이 중요하다. 그렇지 않으면 얼굴 인식 알고리즘이 코의 일부와 눈의 일부 등만을 비교한다. 좀 전에 본 얼굴 검출의 출력 결과는 어느 정도 정렬된 얼굴을 보여주지만, 매우 정확한 결과는 아니다(즉, 얼굴 직사각형이 항상 이마의 같은 지점에서 시작하지 않는다).

더 나은 정렬을 하기 위해 눈 검출 기능을 사용해 얼굴을 정렬한다. 따라서 검출된 두 눈의 위치가 원하는 위치로 완벽하게 정렬된다. warpAffine() 함수를 사용해 다음 네 가지 작업을 단일 작업으로 처리할 수 있고, 기하학적 변환이 이뤄진다.

- 두 눈이 수평이 되도록 얼굴을 회전한다.
- 두 눈 사이의 거리가 항상 같아지도록 얼굴의 크기를 조정한다.
- 눈이 항상 수평 중앙에 있고 원하는 높이에 오도록 얼굴을 변환한다.
- 이미지 배경, 머리카락, 이마, 귀, 턱을 잘라내기 위해 얼굴의 바깥 부분을 잘라낸다.

아핀 와핑affine warping은 검출된 두 눈 위치를 원하는 두 눈 위치로 변환한 다음 원하는 크기와 위치로 자르는 아핀 행렬affine matrix을 사용한다. 이 아핀 행렬을 생성하기 위해 눈 사이의 중심을 얻고, 검출된 두 눈이 나타나는 각도를 계산하고, 다음과 같이 거리를 구한다.

```
// 두 눈 사이의 중심을 얻는다
Point2f eyesCenter;
eyesCenter.x = (leftEye.x + rightEye.x) * 0.5f;
eyesCenter.y = (leftEye.y + rightEye.y) * 0.5f;

// 두 눈 사이의 각도를 얻는다
double dy = (rightEye.y - leftEye.y);
double dx = (rightEye.x - leftEye.x);
double len = sqrt(dx*dx + dy*dy);

// 라디안을 디그리(degree)로 변환한다
double angle = atan2(dy, dx) * 180.0/CV_PI;

// 손으로 계산한 결과는 크기 조정된 얼굴 이미지에서
// 왼쪽 눈의 중앙 점이 대략적으로 (0.16, 0.14)임을 보여준다
const double DESIRED_LEFT_EYE_X = 0.16;
const double DESIRED_RIGHT_EYE_X = (1.0f - 0.16);

// 원하는 고정된 크기를 얻기 위해
// 이미지의 크기 조정을 얼마나 해야 할지를 계산한다
const int DESIRED_FACE_WIDTH = 70;
const int DESIRED_FACE_HEIGHT = 70;
double desiredLen = (DESIRED_RIGHT_EYE_X - 0.16);
double scale = desiredLen * DESIRED_FACE_WIDTH / len;
```

이제 다음과 같이 얼굴을 변형(회전, 크기 조정, 변환)해 검출된 두 눈이 이상적인 얼굴에서 원하는 눈 위치에 놓일 수 있도록 한다.

```
// 원하는 각도와 크기의 변환 행렬을 가져온다
Mat rot_mat = getRotationMatrix2D(eyesCenter, angle, scale);
// 눈의 중심을 원하는 중심으로 이동한다
double ex = DESIRED_FACE_WIDTH * 0.5f - eyesCenter.x;
double ey = DESIRED_FACE_HEIGHT * DESIRED_LEFT_EYE_Y - eyesCenter.y;
rot_mat.at<double>(0, 2) += ex;
rot_mat.at<double>(1, 2) += ey;
// 얼굴 이미지를 원하는 각도, 크기, 위치로 변환한다
// 또한 변환된 이미지 배경을 기본 그레이 색으로 변경한다
```

```
Mat warped = Mat(DESIRED_FACE_HEIGHT, DESIRED_FACE_WIDTH,
  CV_8U, Scalar(128));
warpAffine(gray, warped, rot_mat, warped.size());
```

### 왼쪽 면과 오른쪽 면의 개별 히스토그램 균일화

실제 상황에서는 얼굴의 한쪽 절반에 강한 조명이 있고, 다른 쪽에는 약한 조명이 있는 것이 일반적이다. 이때 같은 얼굴의 왼쪽과 오른쪽은 매우 다른 사람처럼 보일 것이므로 얼굴 인식 알고리즘에서는 큰 영향을 미친다. 따라서 얼굴의 왼쪽과 오른쪽에 각각 히스토그램 균일화를 수행해 얼굴의 각 면에서 표준화된 밝기와 대비를 가져야 한다.

왼쪽 절반에 히스토그램 균일화를 적용한 다음 오른쪽 절반에 다시 히스토그램 균일화를 적용하면, 평균 밝기가 왼쪽과 오른쪽에서 다를 수 있으므로 중간 영역에 매우 뚜렷한 윤곽선이 존재하는 것을 볼 수 있다. 따라서 이 윤곽선을 제거하기 위해 왼쪽 또는 오른쪽에서 중심 방향으로 히스토그램 균일화를 각각 점진적으로 적용한 후에 얼굴 전체 히스토그램 균일화 결과와 혼합한다.

그런 다음 맨 왼쪽은 왼쪽 히스토그램 균일화를 사용하고, 맨 오른쪽은 오른쪽 히스토그램 균일화를 사용하며, 중심은 왼쪽 및 오른쪽 값과 전체 얼굴을 균일화한 값을 혼합해 사용한다.

다음 스크린샷은 왼쪽 균일화, 전체 균일화, 오른쪽 균일화된 이미지가 어떻게 혼합되는지 보여준다.

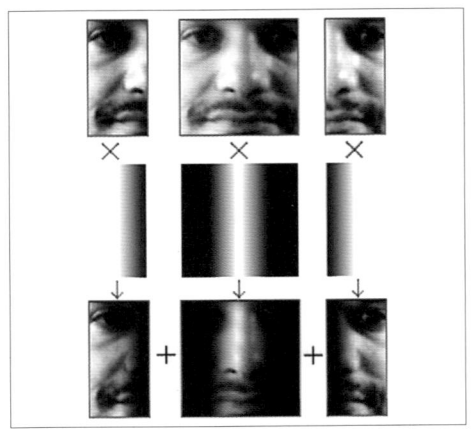

이를 수행하려면 왼쪽 절반 균일화와 오른쪽 절반 균일화뿐만 아니라 전체 얼굴 균일화의 복사본을 사용한다.

```
int w = faceImg.cols;
int h = faceImg.rows;
Mat wholeFace;
equalizeHist(faceImg, wholeFace);
int midX = w/2;
Mat leftSide = faceImg(Rect(0,0, midX,h));
Mat rightSide = faceImg(Rect(midX,0, w-midX,h));
equalizeHist(leftSide, leftSide);
equalizeHist(rightSide, rightSide);
```

이제 세 이미지를 결합한다. 이미지가 작기 때문에 결합 속도가 느리더라도 image.at<uchar>(y, x) 함수를 사용해 픽셀에 직접 쉽게 액세스할 수 있다. 다음과 같이 세 개의 입력 이미지와 출력 이미지의 픽셀에 직접 액세스해 세 개의 이미지를 병합한다.

```
for (int y=0; y<h; y++) {
  for (int x=0; x<w; x++) {
    int v;
    if (x < w/4) {
```

```
            // 왼쪽의 25%: 얼굴 왼쪽 면만 사용
            v = leftSide.at<uchar>(y,x);
        }
        else if (x < w*2/4) {
            // 중앙에서 왼쪽 방향의 25%: 전체 얼굴과 왼쪽 얼굴을 섞는다
            int lv = leftSide.at<uchar>(y,x);
            int wv = wholeFace.at<uchar>(y,x);
            // 얼굴을 따라 이동하면서 전체 얼굴과 섞는다
            float f = (x - w*1/4) / (float)(w/4);
            v = cvRound((1.0f - f) * lv + (f) * wv);
        }
        else if (x < w*3/4) {
            // 중앙에서 오른쪽 방향의 25%: 전체 얼굴과 오른쪽 얼굴을 섞는다
            int rv = rightSide.at<uchar>(y,x-midX);
            int wv = wholeFace.at<uchar>(y,x);
            // 얼굴을 따라 이동하면서 전체 얼굴과 섞는다
            float f = (x - w*2/4) / (float)(w/4);
            v = cvRound((1.0f - f) * wv + (f) * rv);
        }
        else {
            // 오른쪽의 25%: 얼굴 오른쪽 면만 사용
            v = rightSide.at<uchar>(y,x-midX);
        }
        faceImg.at<uchar>(y,x) = v;
    } // x 루프의 끝
} // y 루프의 끝
```

이 분리된 히스토그램 균일화는 얼굴의 왼쪽과 오른쪽에서 서로 다른 조명의 효과를 줄이는 데 크게 도움이 되지만, 얼굴이 그림자가 많은 복잡한 3D 모양인 경우 한쪽 조명의 효과를 완전히 제거하지 못한다.

### 스무딩

양방향 필터bilateral filter는 윤곽선을 선명하게 유지하면서 대부분의 이미지를 부드럽게 하는 데 적합하므로 픽셀 노이즈의 영향을 줄이기 위해 얼굴에 양방향 필터를 사용한다. 히스토그램 균일화는 픽셀 노이즈를 크게 증가시킬 수 있으므로 필터 강도를 20.0

으로 설정해 픽셀 노이즈를 낮추고, 작은 픽셀 노이즈를 낮추기 위해서는 두 픽셀 부근의 이웃 픽셀을 사용한다.

```
Mat filtered = Mat(warped.size(), CV_8U);
bilateralFilter(warped, filtered, 0, 20.0, 2.0);
```

**타원형 마스크**

기하학적 변환을 수행할 때 대부분의 이미지 배경, 이마, 머리카락을 이미 제거했지만 얼굴이 카메라를 향해 똑바로 보이지 않는 경우에 타원 마스크를 적용해 얼굴에서 그림자가 있는 목과 같은 일부 코너 영역을 제거할 수 있다. 마스크를 만들기 위해 검은 색으로 채워진 타원을 흰색 이미지에 그린다. 이 작업을 수행하는 타원은 수평 반경이 0.5(즉, 얼굴 너비를 완벽하게 포함), 수직 반경이 0.8(얼굴이 일반적으로 너비보다 크므로)이며 좌표 0.5, 0.4를 중심으로 한다. 타원형 마스크가 얼굴에서 원하지 않는 모서리를 제거하며, 다음 스크린샷에서 그 결과를 볼 수 있다.

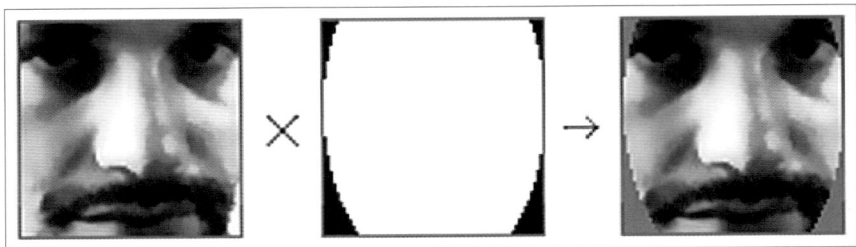

일반적으로 전체 이미지를 특정 픽셀 값으로 설정하는 cv::setTo() 함수를 사용할 때 마스크를 적용할 수 있고, 마스크 이미지를 사용할 때 일부 픽셀만 지정된 픽셀 값으로 설정한다. 다음 코드에서는 이미지를 나머지 얼굴과 대비가 덜 되도록 그레이(회색)로 채운다.

```
// 이미지 중간에 검은색 타원을 그린다
// 먼저 마스크 이미지를 흰색(255)으로 초기화한다
Mat mask = Mat(warped.size(), CV_8UC1, Scalar(255));
double dw = DESIRED_FACE_WIDTH;
double dh = DESIRED_FACE_HEIGHT;
Point faceCenter = Point( cvRound(dw * 0.5),
    cvRound(dh * 0.4) );
Size size = Size( cvRound(dw * 0.5), cvRound(dh * 0.8) );
ellipse(mask, faceCenter, size, 0, 0, 360, Scalar(0),
    CV_FILLED);

// 얼굴에 타원형 마스크를 적용해 코너를 제거한다
// 얼굴 내부는 건드리지 않고 코너를 그레이로 설정한다
filtered.setTo(Scalar(128), mask);
```

다음 확대 스크린샷은 모든 얼굴 전처리 단계를 거친 샘플 결과를 보여준다. 다른 밝기, 얼굴 회전, 카메라 각도, 배경, 조명 위치 등과 같은 조건에서 얼굴을 인식할 때 훨씬 일관성을 가질 수 있다. 이 사전 처리된 얼굴은 훈련을 위해 얼굴을 수집할 때와 입력으로 사용되는 얼굴을 인식하려고 할 때 얼굴 인식 단계의 입력 데이터로 사용된다.

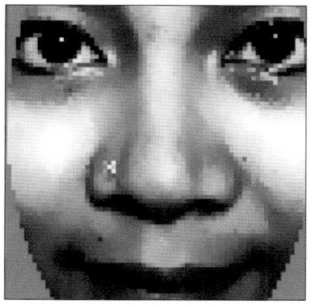

## 얼굴 수집과 훈련

얼굴을 수집하는 과정은 새로 사전 처리된 각 얼굴을 카메라에서 사전 처리된 얼굴의 배열에 배치하고, 레이블을 배열에 넣는 것(얼굴을 촬영한 사람을 지정)과 같이 간단할 수

있다. 예를 들어 첫 번째 사람의 사전 처리된 열 개 얼굴과 두 번째 사람의 사전 처리된 열 개 얼굴을 사용할 수 있으므로, 얼굴 인식 알고리즘의 입력으로 20개의 사전 처리된 얼굴 배열과 20개의 정수 배열(처음 열 개 숫자는 0, 다음 열 개 숫자는 1)을 가진다.

그리고 얼굴 인식 알고리즘은 다른 사람들의 얼굴을 구별하는 방법을 훈련한다. 이를 훈련 단계training phase라고 하며 수집된 얼굴을 훈련 세트training set라고 한다. 얼굴 인식 알고리즘이 훈련을 마치면 생성된 지식을 파일이나 메모리에 저장한 다음 나중에 이를 사용해 카메라 앞에 보이는 사람을 인식할 수 있다. 이것을 테스트 단계라고 한다. 카메라 입력으로부터 직접 사용한 경우에 사전 처리된 얼굴은 테스트 이미지test image라고 하며, 많은 이미지(예: 이미지 파일 폴더 등)로 테스트한 경우 테스트 세트testing set라고 한다.

테스트 세트에서 발생할 것으로 예상되는 변형된 유형을 포함한 훈련 세트를 제공하는 것은 중요한 작업이다. 예를 들어, ID 사진과 같이 완벽하게 똑바로 보이는 얼굴만 테스트하는 경우에는 완벽하게 똑바로 보이는 얼굴의 훈련 이미지만 제공하면 된다. 그러나 사람이 왼쪽을 보고 있거나 위로 보고 있는 경우, 훈련 세트에서는 이러한 작업을 수행할 사람의 얼굴도 포함돼 있는지 확인해야 한다. 그렇지 않으면 얼굴 인식 알고리즘이 얼굴을 인식하는 데 어려움을 겪는다. 이는 얼굴 표정(예: 사람이 훈련 세트에서는 항상 웃지만 테스트 세트에서는 웃지 않는 경우)이나 조명 방향(예: 강한 빛이 훈련 세트에서는 왼쪽에 있지만, 테스트 세트에서는 오른쪽에 있다.)과 같은 다른 요인에 따라서도 적용된다. 따라서 얼굴 인식 알고리즘은 얼굴을 인식할 때 어려움을 겪는다. 얼굴 전처리 단계는 이러한 문제를 줄이는 데 도움이 되지만 없앨 수는 없다. 특히 얼굴의 모든 요소 위치에 영향을 미치는 얼굴이 보는 방향은 제거할 수 없다.

많은 실제 상황을 지원하는 훌륭한 훈련 세트를 얻는 한 가지 방법은 각 사람이 머리를 왼쪽에서 위, 오른쪽, 아래로 본 다음 똑바로 바라보는 것이다. 그러고 나서 머리를 옆으로 기울인 다음 위아래로 기울이며 미소, 화내는 모습, 중립적인 얼굴 표정을 번갈아가면서 짓는다. 얼굴 이미지를 수집하는 동안 각 사람이 이와 같은 동작을 따르는 경우 실제 상황에서 모든 사람을 인식할 가능성이 훨씬 높다.

더 나은 결과를 얻으려면 카메라를 180도 정도 돌리고 반대 방향으로 걷다가 전체 루틴을 반복해 여러 위치 또는 방향으로 다시 수행한다. 그러면 사용자는 많은 다른 조명 조건을 가진 훈련 세트를 얻는다.

따라서 일반적으로 각 사람에 대해 100개의 훈련용 얼굴 이미지를 확보하는 것이 각 사람에 대해 열 개의 훈련용 얼굴 이미지를 갖는 것보다 더 나은 결과를 제공할 가능성이 있다. 하지만 100개의 얼굴이 거의 동일하게 보이는 경우에는 여전히 좋은 성능을 얻기 힘들다. 훈련 세트는 단지 많은 수의 얼굴을 갖기보다는 테스트 세트를 커버하기에 충분한 다양성을 가져야 한다. 따라서 훈련 세트의 얼굴이 모두 비슷하지 않도록 수집된 각 얼굴 사이에 지연 시간을 눈에 띄도록 추가해야 한다. 예를 들어 사람이 움직일 시간이 없을 때 초당 30프레임으로 실행 가능한 카메라를 사용해 몇 초 안에 100개의 얼굴을 수집할 수 있으므로, 사람이 움직이는 동안 초당 얼굴 한 개만 수집하면 된다. 훈련 세트를 변형하기 위한 또 다른 간단한 개선 방법은 얼굴이 이전에 수집된 얼굴과 현저히 다른 경우에만 얼굴을 수집하는 것이다.

### 훈련을 위해 전처리된 얼굴의 수집

새 얼굴을 모으는 데 1초 이상의 간격이 있는지 확인하려면 경과한 시간을 측정해야 한다. 시간 측정은 다음과 같이 수행한다.

```
// 이전 얼굴이 추가된 이후의 시간을 확인한다
double current_time = (double)getTickCount();
double timeDiff_seconds = (current_time
  old_time) / getTickFrequency();
```

픽셀 단위로 두 이미지의 유사도를 비교하기 위해 상대적인 L2 오류를 찾는다. L2 오차를 찾아서 하나의 이미지를 다른 이미지에서 빼고 제곱 값을 합한 다음 그 제곱근을 얻는다. 따라서 사람이 전혀 움직이지 않았을 경우 이전 얼굴에서 현재 얼굴을 빼면 각 픽셀에서 숫자가 매우 낮아지고, 조금이라도 움직인 경우 픽셀을 빼면 큰 숫자를 얻게 된다. 이 경우에는 L2 오류가 높다. 결과가 모든 픽셀에 합산되므로 값은 이미지 해상도에 따라 달라진다. 평균 오차를 얻으려면, 이 값을 이미지의 총 픽셀 수로 나눠야 한다. 평균 오차는 다음과 같이 getSimilarity() 함수에 넣는다.

```
double getSimilarity(const Mat A, const Mat B) {
    // 두 이미지 사이의 L2 상대 오차를 계산한다
    double errorL2 = norm(A, B, CV_L2);
    // L2가 모든 픽셀에 합산되므로 값의 크기를 조정한다
    double similarity = errorL2 / (double)(A.rows * A.cols);
    return similarity;
}
...
// 이 얼굴이 이전 얼굴과 다르게 보이는지 확인한다
double imageDiff = MAX_DBL;
if (old_prepreprocessedFaceprepreprocessedFace.data) {
    imageDiff = getSimilarity(preprocessedFace,
    old_prepreprocessedFace);
}
```

이미지가 많이 움직이지 않으면 유사도는 0.2보다 낮고 이미지가 움직이면 0.4보다 높아지므로, 새로운 얼굴을 수집하기 위한 임계값으로 0.3을 사용한다.

미러된 얼굴<sup>mirrored face</sup> 사용, 랜덤 노이즈 추가, 얼굴의 몇 픽셀 이동, 얼굴 백분율 크기 조정(스케일링), 얼굴의 몇 도 회전 등과 같이 더 많은 훈련 데이터를 얻기 위해 사용자가 많은 방법을 사용할 수 있다(얼굴 전처리 시, 이러한 효과를 제거하려고 특별히 노력했음에도 불구하고). 훈련 세트에 미러된 얼굴을 추가해 더 큰 훈련 세트를 사용하고 얼굴 비대칭 문제를 줄일 수 있다. 또한 훈련 중에는 사용자가 항상 왼쪽이나 오른쪽으로 약간 방향을 잡고 있지만, 테스트할 때는 방향을 잡지 않은 경우에도 문제를 해결할 수 있다.

지금까지 다룬 내용들에 대해 다음과 같이 처리할 수 있다.

```
// 얼굴과 눈에 띄게 다른 경우에만 처리한다
// 이전 프레임과 눈에 띄는 시간 간격을 가진다
if ((imageDiff > 0.3) && (timeDiff_seconds > 1.0)) {
  // 거울 이미지를 훈련 세트에 추가한다
  Mat mirroredFace;
  flip(preprocessedFace, mirroredFace, 1);

  // 검출된 얼굴 목록에 얼굴과 미러된 얼굴을 추가한다
  preprocessedFaces.push_back(preprocessedFace);
  preprocessedFaces.push_back(mirroredFace);
  faceLabels.push_back(m_selectedPerson);
  faceLabels.push_back(m_selectedPerson);

  // 가공된 얼굴 사본을 보관한다
  // 다음의 반복 결과를 비교한다
  old_prepreprocessedFace = preprocessedFace;
  old_time = current_time;
}
```

그러면 사전 처리된 얼굴의 `std::vector` 배열, `preprocessedFaces`, `faceLabels`뿐만 아니라 해당 사람의 레이블 또는 ID 번호(정수형 m_selectedPerson 변수에 저장돼 있다고 가정한다.)도 수집한다.

현재 얼굴을 컬렉션에 추가했다는 사실을 사용자에게 좀 더 명확히 전달하고자 전체 이미지 위에 큰 흰색 직사각형을 표시하거나 몇 초 동안 얼굴을 표시해 시각적 알림을 제공할 수 있다. 그러면 사용자들도 사진이 촬영됨을 알 수 있다. OpenCV의 C++ 인터페이스를 사용하면 + 오버로드된 `cv::Mat` 연산자를 사용해 이미지의 모든 픽셀에 값을 추가하고 255로 클리핑할 수 있다(saturate_cast를 사용해 흰색에서 검은색으로 오버플로되지 않는다!).

`displayedFrame`이 표시돼야 하는 컬러 카메라 프레임의 사본이라고 가정하면 앞의 얼굴 수집 코드 뒤에 다음 코드를 넣는다.

```
// 관심 영역에 액세스한다
Mat displayedFaceRegion = displayedFrame(faceRect);
// 얼굴 영역의 각 픽셀에 밝기를 추가한다
displayedFaceRegion += CV_RGB(90,90,90);
```

## 수집된 얼굴에서 얼굴 인식 시스템 훈련

각 개인의 인식할 수 있는 충분한 얼굴을 수집한 후 얼굴 인식에 적합한 머신러닝 알고리즘을 사용해 시스템이 데이터를 훈련한다. 지금까지 다양한 얼굴 인식 알고리즘 관련 논문이 발표됐으며, 그중 가장 간단한 것은 고유 얼굴과 인공 신경망을 사용한 알고리즘이다. 고유 얼굴은 ANN보다 더 잘 작동하고 단순한 구조를 갖지만, 훨씬 더 복잡한 얼굴 인식 알고리즘과 거의 비슷한 수준으로 작동한다. 따라서 초보자를 위한 기본 얼굴 인식 알고리즘으로 사용되며 다른 알고리즘과 비교될 만한 새로운 알고리즘으로 유명해졌다.

얼굴 인식을 더 많이 연구하고자 하는 독자는 다음의 이론을 학습해야 한다.

- 고유 얼굴eigenface(PCA Principal Component Analysis(주성분 분석)라고도 함)
- 피셔 얼굴fisherface(LDA Linear Discriminant Analysis(선형 판별 분석)라고도 함)
- 기타 고전적인 얼굴 인식 알고리즘(대부분 http://www.facerec.org/algorithms/에서 구할 수 있음)
- 최근 컴퓨터 비전 연구 논문의 최신 얼굴 인식 알고리즘(예: CVPR과 ICCV(http://www.cvpapers.com/)): 매년 발표된 수백 건의 얼굴 인식 논문을 참조한다.[1]

그러나 이 책에서 제공하는 알고리즘을 사용하기 위해 앞서 소개한 이론을 모두 이해할 필요는 없다. OpenCV 팀과 필립 와그너Philipp Wagner가 기여한 libfacerec 덕분에 구

---

1 'fisherface'는 일반 논문에서는 '피셔페이스'라는 용어로 표현했으나(https://bi.snu.ac.kr/Publications/Conferences/Domestic/KIISE2014W_BJLee.pdf), '고유 얼굴'이란 용어와의 통일성을 유지하고자 여기서는 '피셔 얼굴'이라고 번역했다. - 옮긴이

현 방법을 반드시 이해하지 않아도 OpenCV v2.4.1의 `cv::Algorithm`은 여러 가지 알고리즘 중 하나로(실시간으로 선택 가능) 얼굴을 인식할 수 있다.

다음 코드와 같이 `Algorithm::getList()` 함수를 사용해 OpenCV 버전에서 사용 가능한 알고리즘을 찾을 수 있다.

```
vector<string> algorithms;
Algorithm::getList(algorithms);
cout << "Algorithms: " << algorithms.size() << endl;
for (auto& algorithm:algorithms) {
  cout << algorithm << endl;
}
```

OpenCV v2.4.1에서 사용할 수 있는 세 가지 얼굴 인식 알고리즘은 다음과 같다.

- FaceRecognizer.Eigenfaces: 1991년 터크<sup>Turk</sup>와 펜틀랜드<sup>Pentland</sup>가 처음 사용한 PCA라고도 하는 고유 얼굴 알고리즘이다.
- FaceRecognizer.Fisherfaces: 피셔 얼굴은 LDA라고도 하며 1997년에 벨루무어<sup>Belhumeur</sup>, 에스파냐<sup>Hespanha</sup>, 크리그만<sup>Kriegman</sup>이 만든 알고리즘이다.
- FaceRecognizer.LBPH: 로컬 이진 패턴 히스토그램<sup>Local Binary Pattern Histogram</sup>이며 2004년에 아호넨<sup>Ahonen</sup>, 하디드<sup>Hadid</sup>, 피에티카이넨<sup>Pietikainen</sup>이 만들었다.

> 얼굴 인식 알고리즘 구현을 더 자세히 알고 싶다면 필립 와그너의 웹사이트(http://bytefish.de/blog와 http://bytefish.de/dev/libfacerec/)에서 설명서, 샘플, 파이썬에 해당하는 내용을 참조한다.

이러한 얼굴 인식 알고리즘은 OpenCV contrib 모듈의 FaceRecognizer 클래스로 사용할 수 있다. 동적 링크로 인해 프로그램이 contrib 모듈에 링크될 수 있지만, 실제로는 런타임에 로드되지 않는다(불필요한 것으로 간주되기 때문에). 따라서 FaceRecognizer 알고리즘에 액세스하기 전에 cv::initModule_contrib() 함수를 호출한다. 이 함수는 OpenCV v2.4.1에서만 사용할 수 있으므로 컴파일할 때 얼굴 인식 알고리즘을 사용할 수 있다.

```
// 런타임에 contrib 모듈을 동적으로 로드한다
bool haveContribModule = initModule_contrib();
if (!haveContribModule) {
  cerr << "ERROR: The 'contrib' module is needed for ";
  cerr << "FaceRecognizer but hasn't been loaded to OpenCV!";
  cerr << endl;
  exit(1);
}
```

얼굴 인식 알고리즘 중 하나를 사용하려면 cv::Algorithm::create<FaceRecognizer>() 함수를 사용해 FaceRecognizer 객체를 만들어야 한다. Create 함수에 사용할 얼굴 인식 알고리즘의 이름을 문자열로 전달한다. OpenCV 버전에서 지원 가능하면 해당 알고리즘을 사용할 수 있다. 따라서 사용자에게 OpenCV v2.4.1 이상이 설치돼 있는지 확인하기 위한 런타임 오류 검사로 사용된다. 사용 방법의 예는 다음과 같다.

```
string facerecAlgorithm = "FaceRecognizer.Fisherfaces";
Ptr<FaceRecognizer> model;
// contrib 모듈의 새로운 OpenCV FaceRecognizer 객체를 사용한다
model = Algorithm::create<FaceRecognizer>(facerecAlgorithm);
if (model.empty()) {
  cerr << "ERROR: The FaceRecognizer [" << facerecAlgorithm;
  cerr << "] is not available in your version of OpenCV. ";
  cerr << "Please update to OpenCV v2.4.1 or newer." << endl;
  exit(1);
}
```

FaceRecognizer 알고리즘을 로드한 후에는 수집된 얼굴 데이터와 함께 FaceRecognizer::train() 함수를 다음과 같이 호출한다.

```
// 수집된 얼굴로 실제 훈련을 한다
model->train(preprocessedFaces, faceLabels);
```

이 한 줄 코드로 선택한 모든 얼굴 인식 훈련 알고리즘(예: 고유 얼굴, 피셔 얼굴 또는 잠재적으로 다른 알고리즘)을 실행할 수 있다. 얼굴이 20명 미만인 사람이 몇 명뿐이라면 이 훈련은 매우 빠르게 복귀하지만, 많은 사람 얼굴이 있는 경우에는 모든 데이터를 처리하기 위한 train() 함수 동작이 몇 초 또는 몇 분 정도 걸릴 수 있다.

### 훈련된 지식 살펴보기

꼭 필요하지는 않지만, 훈련 알고리즘을 훈련할 때 얼굴 인식 알고리즘이 생성한 내부 데이터 구조를 살펴보는 것이 꽤 유용하다. 특히 선택한 알고리즘의 이론을 이해하고 작동하는지 확인하려는 경우 또는 원하는 대로 작동하지 않는 이유를 찾고자 할 때 필요하다. 내부 데이터 구조는 알고리즘마다 다를 수 있지만, 운 좋게도 고유 얼굴과 피셔 얼굴은 동일하므로 이 두 가지만 살펴보면 된다. 둘 다 2D 이미지로 볼 때 얼굴처럼 보이는 1D 고유 벡터 행렬을 기반으로 한다. 따라서 고유 얼굴 알고리즘을 사용하는 경우 고유 얼굴을 고유 벡터로 사용하고, 피셔 얼굴 알고리즘을 사용할 때는 피셔 얼굴을 고유 벡터로 사용한다.

간단히 말해, 고유 얼굴의 기본 원리는 특수 이미지 세트(Eigenfaces)와 혼합 비율(Eigenvalues) 계산에 있다. 다른 방식들을 결합할 때 훈련 세트에서 각 이미지를 생성할 수 있고 훈련 세트의 많은 얼굴 이미지를 서로 구별하는 데 사용할 수 있다. 예를 들어 훈련 세트의 일부 얼굴에 콧수염이 있고 다른 얼굴에는 수염이 없는 경우에 수염을 가진 하나 이상의 고유 얼굴이 있을 수 있으므로, 수염이 있는 훈련의 경우에는 수염을 가졌는지를 나타낸 고유 얼굴의 높은 혼합 비율을 가진다. 수염이 없는 얼굴은 해당 고유 벡터의 낮은 혼합 비율을 가진다.

훈련 세트에서 각 사람에 대해 20개의 얼굴을 갖고, 이러한 다섯 명의 사람이 지원할 때 훈련 세트에서는 총 100개의 얼굴을 구별하기 위해 100개의 고유 얼굴과 고윳값이 존재한다. 실제로는 얼굴이 정렬되기 때문에 처음 몇 개의 고유 얼굴과 고윳값은 가장 중요한 차별화 요소로 사용되고, 마지막 몇 가지 고유 얼굴과 고윳값은 실제로 데이터를 구분하는 데 도움이 되지 않는 임의의 픽셀 노이즈일 뿐이다. 따라서 마지막 고유 얼굴 중 일부를 버리고 처음 50개 정도의 고유 얼굴을 유지하는 것이 일반적이다.

이와 달리, 피셔 얼굴의 기본 원리는 훈련 세트의 각 이미지에 대해 특정 고유 벡터와 고윳값을 계산하는 대신 각 개인에 대해 하나의 특수한 고유 벡터와 고윳값만 계산한다는 것이다. 따라서 한 사람당 20개의 얼굴을 가진 다섯 명의 사람이 있는 앞의 예에서 고유 얼굴 알고리즘은 100개의 고유 얼굴과 고윳값을 사용하는 반면, 피셔 얼굴 알고리즘은 다섯 개의 피셔 얼굴과 고윳값을 사용한다.

고유 얼굴과 피셔 얼굴 알고리즘의 내부 데이터 구조에 액세스하려면 컴파일 타임에 액세스할 수 없으므로 `cv::Algorithm::get()` 함수를 사용해 런타임에 가져와야 한다. 데이터 구조는 이미지 처리가 아니라 수학적 계산으로 사용되므로 일반 이미지의 픽셀과 유사한 0에서 255 사이의 8비트 uchar 픽셀이 아닌 0에서 255까지의 부동 소수점 숫자로 저장된다. 또한 이들은 종종 1D 행 또는 열 행렬이거나 더 큰 행렬의 여러 개 1D 행 또는 열 중 하나를 구성한다. 따라서 이러한 내부 데이터 구조를 많이 표시하려면 직사각형 모양으로 재구성하고 0에서 255 사이의 8비트 uchar 픽셀로 변환해야 한다. 행렬 데이터의 범위는 0.0에서 1.0 또는 −1.0일 수 있다. `cv::NORM_MINMAX` 옵션과 함께 `cv::normalize()` 함수를 사용해 입력 범위에 관계없이 0에서 255 사이의 데이터를 출력할 수 있다. 다음과 같이 직사각형으로 모양을 바꾸고 8비트 픽셀로 변환하는 함수를 만들어보자.

```
// 행렬 행 또는 열(부동 행렬)을
// 표시하거나 저장 가능한 직사각형 8비트 이미지로 변환한다
// 값을 0에서 255 사이로 조정한다
Mat getImageFrom1DFloatMat(const Mat matrixRow, int height)
{
```

```
// 단일 행 대신 직사각형 모양의 이미지를 만든다
Mat rectangularMat = matrixRow.reshape(1, height);
// 0에서 255 사이의 값으로 크기를 조정하고,
// 일반 8비트 uchar 이미지로 조정한다
Mat dst;
normalize(rectangularMat, dst, 0, 255, NORM_MINMAX,
    CV_8UC1);
return dst;
}
```

cv::Algorithm 데이터 구조를 내부적으로 디버깅할 때 OpenCV 코드를 좀 더 쉽게 디버깅할 수 있도록 ImageUtils.cpp와 ImageUtils.h 파일을 사용해 다음과 같은 방법으로 cv::Mat 구조의 정보를 쉽게 표시할 수 있다.

```
Mat img = ...;
printMatInfo(img, "My Image");
```

실행하고 나면, 콘솔에 다음과 같은 내용이 출력된다.

```
My Image: 640w480h 3ch 8bpp, range[79,253][20,58][18,87]
```

이 값은 너비가 640 요소이고 높이가 480(즉, 보는 방식에 따라 640×480 이미지 또는 480×640 행렬)이며, 각 픽셀당 8비트인 세 개의 채널(즉, 일반 BGR 이미지)과 각 색상 채널의 이미지 최솟값/최댓값이다.

 printMatInfo() 함수 대신 printMat() 함수를 사용해 이미지 또는 행렬의 실제 내용을 출력할 수 있다. 이는 초보자가 보기에 다소 까다로울 수 있지만, 행렬과 멀티 채널 부동 행렬을 볼 때는 매우 편하다.

ImageUtils 코드는 대부분 OpenCV의 C 인터페이스용이지만 시간이 지남에 따라 점차 더 많은 C++ 인터페이스를 포함한다. 최신 버전은 http://shervinemami.info/openCV.html 에서 찾을 수 있다.

## 평균 얼굴

고유 얼굴과 피셔 얼굴 알고리즘은 먼저 모든 훈련 이미지의 수학적 평균 값을 사용해 평균 얼굴을 계산하므로 각 얼굴 이미지에서 평균 이미지를 빼서 더 나은 얼굴 인식 결과를 얻을 수 있다. 그러면 이제 훈련 세트에서 평균 얼굴을 구해보자. 평균 얼굴은 다음과 같이 고유 얼굴과 피셔 얼굴의 구현 코드에서 mean으로 정의한다.

```
Mat averageFace = model->get<Mat>("mean");
printMatInfo(averageFace, "averageFace (row)");
// 1D 부동소수점 행 행렬을 일반 8비트 이미지로 변환한다
averageFace = getImageFrom1DFloatMat(averageFace, faceHeight);
printMatInfo(averageFace, "averageFace");
imshow("averageFace", averageFace);
```

코드를 수행하면 남자, 여자, 아기를 조합한 다음 사진과 유사한 평균 얼굴 이미지가 화면에 표시된다. 또한 콘솔에는 이와 유사한 텍스트가 표시된다.

```
averageFace (row): 4900w1h 1ch 64bpp, range[5.21,251.47]
averageFace: 70w70h 1ch 8bpp, range[0,255]
```

수행 결과 이미지는 다음 스크린샷과 같다.

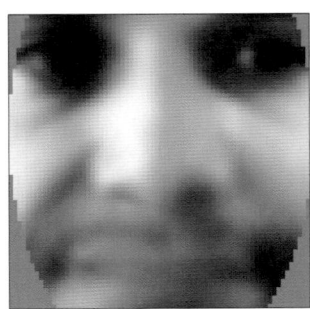

averageFace (row)는 64비트 부동 소수점의 단일 행 행렬이고, averageFace는 8비트 픽셀의 직사각형 이미지이며 0에서 255까지의 범위 전체를 포함한다.

### 고윳값, 고유 얼굴, 피셔 얼굴

다음 코드를 사용해 고윳값의 실제 구성 요소 값(텍스트)을 확인해보자.

```
Mat eigenvalues = model->get<Mat>("eigenvalues");
printMat(eigenvalues, "eigenvalues");
```

고유 얼굴의 경우 각 얼굴에는 하나의 고윳값이 있으므로 각각 네 개의 얼굴 이미지를 가진 사람 세 명이 있는 경우 다음과 같이 최고에서 최악으로 정렬된 12개의 고윳값을 포함한 열 벡터를 가진다.

```
eigenvalues: 1w18h 1ch 64bpp, range[4.52e+04,2.02836e+06]
2.03e+06
1.09e+06
5.23e+05
4.04e+05
2.66e+05
2.31e+05
1.85e+05
1.23e+05
9.18e+04
7.61e+04
6.91e+04
4.52e+04
```

피셔 얼굴의 경우 각 사람이 추가될 때마다 고윳값은 하나뿐이므로, 각각 네 개의 얼굴 이미지를 가진 세 명의 사람이 있는 경우 다음과 같이 두 개의 고윳값을 가진 행 벡터를 가진다.

```
eigenvalues: 2w1h 1ch 64bpp, range[152.4,316.6]
317, 152
```

고유 벡터(고유 얼굴 또는 피셔 얼굴 이미지)를 보려면 큰 고유 벡터 행렬에서 열을 추출해야 한다. OpenCV 및 C/C++ 데이터는 일반적으로 행을 주요 순서 값으로 사용해 행렬 형태로 저장되므로 열을 추출하려면 데이터가 연속적임을 보장하는 `Mat::clone()` 함수를 사용해야 한다. 그렇지 않으면 데이터를 직사각형으로 재구성할 수 없다. 연속적인 열인 Mat을 갖고 있다면, 평균 얼굴에서와 마찬가지로 `getImageFrom1DFloatMat()` 함수를 사용해 고유 벡터를 표시할 수 있다.

```cpp
// 고유 벡터 구하기
Mat eigenvectors = model->get<Mat>("eigenvectors");
printMatInfo(eigenvectors, "eigenvectors");

// 최고의 고유 얼굴 20개를 표시한다
for (int i = 0; i < min(20, eigenvectors.cols); i++) {
  // 고유 벡터 #i에서 연속 열 벡터를 만든다
  Mat eigenvector = eigenvectors.col(i).clone();

  Mat eigenface = getImageFrom1DFloatMat(eigenvector,
    faceHeight);
  imshow(format("Eigenface%d", i), eigenface);
}
```

다음 스크린샷은 고유 벡터를 이미지로 표시한다. 네 개의 얼굴을 가진 세 사람의 경우 12개의 고유 얼굴(스크린샷의 왼쪽) 또는 두 개의 피셔 얼굴(스크린샷의 오른쪽)을 볼 수 있다.

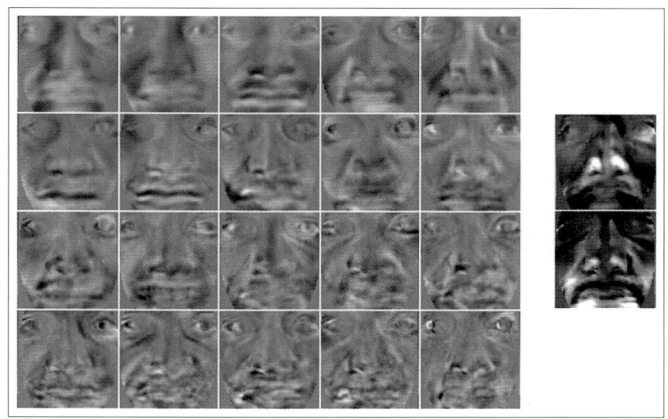

고유 얼굴과 피셔 얼굴은 일부 얼굴 특징과 비슷하지만 실제 얼굴처럼 보이지는 않는다. 평균 얼굴은 고유 얼굴에서 평균 값을 빼기 때문에 단순히 평균 얼굴과 각 고유 얼굴의 차이만 표시한다. 번호 매기기는 항상 가장 중요한 고유 얼굴에서 가장 덜 중요한 고유 얼굴로 순서를 갖고 어떤 고유 얼굴인지를 보여준다. 만약 50개 이상의 고유 얼굴을 갖고 있다면, 후반부에 위치한 고유 얼굴은 임의의 이미지 노이즈를 가지므로 버려야 한다.

## 얼굴 인식

이제 훈련 이미지와 얼굴 레이블 세트를 사용해 고유 얼굴과 피셔 얼굴의 머신러닝 알고리즘을 훈련했으므로 이제 얼굴 이미지만으로 사람이 누구인지 파악할 수 있다! 이 마지막 단계를 얼굴 인식 또는 얼굴 식별이라고 한다.

### 얼굴 인식: 얼굴로 사람들을 인식

OpenCV는 `FaceRecognizer` 클래스를 지원하므로 얼굴 이미지에서 `FaceRecognizer::predict()` 함수를 다음과 같이 호출해 사진에서 사람을 식별할 수 있다.

```
int identity = model->predict(preprocessedFace);
```

이 identity 값은 훈련을 위해 얼굴을 수집할 때 처음에 사용한 레이블 번호다(예: 첫 번째 사람의 경우 0, 두 번째 사람의 경우 1 등).

이 식별의 문제점은 입력된 사진이 알 수 없는 사람이나 심지어 자동차인 경우에도 항상 주어진 사람 중 한 명으로 예측한다는 것이다. 이에 따라 사진에서 가장 높은 가능성을 가진 사람이 누구인지 알려주므로 그 결과를 그대로 믿기 어렵다! 해결책은 신뢰도 메트릭을 사용하는 것이므로 결과 신뢰도를 통해 판단할 수 있으며, 신뢰도가 너무 낮다고 판단되면 알 수 없는 사람이라고 가정한다.

### 얼굴 검증: 제대로 사람을 예측했는지 검증하기

예측 결과를 신뢰할 수 있는지, 또는 알 수 없는 사람으로 생각했어야 하는지 확인하기 위해 얼굴을 검증(얼굴 인증이라고도 함)해 단일 얼굴 이미지가 예측하고자 한 사람과 유사한지 여부를 나타내는 신뢰도 메트릭confidence metric을 사용한다(방금 수행한 얼굴 식별과는 반대로, 단일 얼굴 이미지를 많은 사람과 비교한다).

OpenCV의 FaceRecognizer 클래스는 predict() 함수를 호출할 때 신뢰도 메트릭을 반환하지만, 신뢰도 메트릭은 고유-하위 공간eigen-subspace의 거리에 기반을 두므로 신뢰하기 어렵다. 사용자가 사용할 수 있는 방법은 고유 벡터와 고윳값을 사용해 얼굴 이미지를 재구성하고 이 재구성된 이미지를 입력 이미지와 비교하는 것이다. 훈련 세트에 많은 사람의 얼굴을 갖고 있다면 재구성은 훈련된 고유 벡터와 고윳값을 사용해 잘 작동해야 하지만, 훈련 세트에 얼굴이 없거나(또는 테스트 이미지의 조명과 얼굴 표정으로 얼굴이 없는 것 같은 경우) 재구성된 얼굴이 입력된 얼굴과 매우 다르게 보일 때 알 수 없는 얼굴로 처리된다.

앞서 고유 얼굴과 피셔 얼굴 알고리즘은 이미지가 고유 벡터 세트(특정 얼굴 이미지)와 고윳값(블렌딩 비율)으로 표현될 수 있다는 개념에 기반을 둔다. 따라서 모든 고유 벡터를 훈련 세트 내 고윳값 하나와 결합하려면 원래 훈련 이미지와 상당히 유사한 복제본을 가져야 한다. 이는 훈련 세트와 유사한 다른 이미지에도 동일하게 적용된다. 훈련된 고유 벡터를 유사 테스트 이미지의 고윳값과 결합하면 테스트 이미지의 복제본 이미지를 재구성할 수 있다.

다시 한 번 OpenCV의 FaceRecognizer 클래스로 subspaceProject() 함수를 사용해 고유 공간eigenspace으로 투영하고, subspaceReconstruct() 함수를 사용해 고유 공간에서 이미지 공간으로 되돌아가면 입력 이미지에서 재구성된 얼굴을 쉽게 만들 수 있다. 쉽게 만들 수 있는 비결은 다음과 같다. 부동 소수점floating-point 행 행렬을 직사각형 8비트 이미지(예: 평균 얼굴과 고유 얼굴 표시 때와 마찬가지로)로 변환해야 하지만, 원본 이미지와 비교할 때 이상적인 크기를 갖기 때문에 데이터를 정규화하지 않아도 되기 때문이다. 데이터를 정규화하면 입력 이미지의 밝기와 대비가 달라지고 L2 상대 오차만 사용해 이미지 유사도를 비교하기가 어렵다. 이 내용의 코드는 다음과 같이 사용할 수 있다.

```
// FaceRecognizer 모델에서 필요한 데이터를 가져온다
Mat eigenvectors = model->get<Mat>("eigenvectors");
Mat averageFaceRow = model->get<Mat>("mean");

// 입력 이미지를 고유 공간에 투영한다
Mat projection = subspaceProject(eigenvectors, averageFaceRow,
preprocessedFace.reshape(1,1));

// 고유 공간에서 재구성된 얼굴을 다시 생성한다
Mat reconstructionRow = subspaceReconstruct(eigenvectors,
averageFaceRow, projection);

// 단일 행 대신 직사각형 모양의 이미지로 만든다
Mat reconstructionMat = reconstructionRow.reshape(1,
faceHeight);

// 부동 소수점 픽셀을 일반 8비트 uchar로 변환한다
Mat reconstructedFace = Mat(reconstructionMat.size(), CV_8U);
reconstructionMat.convertTo(reconstructedFace, CV_8U, 1, 0);
```

다음 스크린샷은 재구성된 두 얼굴을 보여준다. 왼쪽의 얼굴은 아는 사람의 얼굴이기 때문에 잘 재구성된 반면, 오른쪽의 얼굴은 모르는 사람이거나 아는 사람의 얼굴이지만 조명 조건/얼굴 표정/얼굴 방향이 불명확하기 때문에 재구성이 잘 안 됐다.

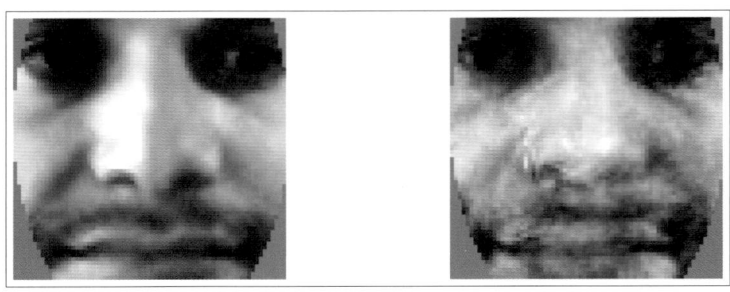

이제 두 이미지를 비교하기 위해 이전에 작성한 getSimilarity() 함수를 사용해 재구성된 얼굴이 입력 얼굴과 얼마나 유사한지 계산할 수 있다. 0.3보다 작은 값을 가지면 두 이미지가 매우 유사하다는 것을 의미한다. 고유 얼굴의 경우 각 얼굴에 고유 벡터가 하나씩 있어서 재구성이 잘되기 때문에 일반적으로 임계값 0.5를 사용할 수 있다. 피셔 얼굴은 각 개인에 대해 고유 벡터가 하나뿐이고 재구성도 제대로 작동하지 않으므로 0.7과 같이 더 높은 임계값이 필요하다. 유사 비교 동작은 다음과 같이 수행한다.

```
similarity = getSimilarity(preprocessedFace, reconstructedFace);
if (similarity > UNKNOWN_PERSON_THRESHOLD) {
  identity = -1; // 모르는 사람
}
```

이제 콘솔에서 식별한 결과를 출력하거나 원하는 대로 사용할 수 있다. 이러한 얼굴 인식 방법과 얼굴 검증 방법은 훈련한 조건에서만 신뢰할 수 있다. 따라서 우수한 인식 정확도를 얻으려면 각 사람별 훈련 세트가 전체 조명 조건, 표정, 테스트할 각도를 모두 다뤄야 한다. 얼굴 전처리 단계는 조명 조건과 면내$^{\text{in-plane}}$ 회전(사람이 머리를 왼쪽 또는 오른쪽 어깨쪽으로 기울일 때)의 차이를 줄이는 데 도움이 됐지만, 면외$^{\text{out-of-plane}}$ 회전과 같은 다른 경우에는(머리를 왼쪽 또는 오른쪽으로 돌릴 때) 훈련 세트에서만 잘 작동한다.

## 마무리: 파일 저장하기 및 불러오기

웹 서비스로 얼굴 검출, 얼굴 전처리, 얼굴 인식을 수행하고 디스크에 저장하거나 입력 파일을 처리할 수 있는 명령줄 기반 방법을 추가할 수 있다. 이러한 유형의 프로젝트인 경우 FaceRecognizer 클래스의 save와 load 함수를 사용해 원하는 기능을 추가하는 것이 매우 쉽다. 훈련된 데이터를 저장한 다음 프로그램을 시작할 때 불러올 수 있다.

훈련된 모델을 XML 또는 YML 파일로 저장하는 것은 매우 쉬우며 다음과 같이 사용할 수 있다.

```
model->save("trainedModel.yml");
```

이후 훈련 세트에 더 많은 데이터를 추가하려는 경우 사전 처리된 얼굴들과 레이블들의 배열을 저장할 수 있다.

예를 들어, 훈련된 모델을 파일에서 로드하기 위한 샘플 코드는 다음과 같다. 훈련된 모델을 만들기 위해 원래 사용된 얼굴 인식 알고리즘(예: FaceRecognizer.Eigenfaces 또는 FaceRecognizer.Fisherfaces)을 지정해야 한다.

```
string facerecAlgorithm = "FaceRecognizer.Fisherfaces";
model = Algorithm::create<FaceRecognizer>(facerecAlgorithm);
Mat labels;
try {
  model->load("trainedModel.yml");
  labels = model->get<Mat>("labels");
} catch (cv::Exception &e) {}
if (labels.rows <= 0) {
  cerr << "ERROR: Couldn't load trained data from [trainedModel.yml]!" << endl;
  exit(1);
}
```

## 마무리: 멋진 대화식 GUI 만들기

5장에서 지금까지 제공된 코드는 얼굴 인식 시스템 전체에서 사용하기에 충분하지만 시스템에 데이터를 넣고 사용하는 방법이 필요하다. 많은 연구용 얼굴 인식 시스템은 텍스트 파일로 이상적인 입력값을 받고 컴퓨터에 정적 이미지 파일이 저장된 위치, 얼굴 영역의 좌표(예: 얼굴과 눈 중심이 실제로 어디에 있는지에 대한 실제 측정값), 사람의 실명 또는 신원과 같은 주요 데이터를 가진다. 이 데이터들은 수동으로 수집되거나 다른 얼굴 인식 시스템에 의해 수집될 수 있다.

이상적인 출력은 인식 결과를 실제 측정값과 비교해 텍스트 파일 형태로 얼굴 인식 시스템을 다른 얼굴 인식 시스템과 비교하기 위한 통계 값을 제공한다.

그러나 5장의 얼굴 인식 시스템은 최신 연구 방법보다는 실제 재미와 훈련을 위한 설계 방법을 다루기 때문에 실시간으로 웹캠을 사용해 얼굴을 수집하고, 훈련하고, 대화식으로 테스트가 가능한 GUI를 사용한다. 이 절에서는 이러한 기능들을 제공하기 위한 대화식 GUI를 보여준다. 사용자는 이 책과 함께 제공되는 GUI를 사용하거나 자체 목적에 맞게 수정할 수 있으며, 또는 본 GUI를 무시하고 지금까지 설명한 얼굴 인식 기술을 수행하는 자체 GUI를 설계할 수 있다.

여러 작업을 수행하려면 GUI가 필요하므로 사용자가 모드를 변경하기 위해 버튼 클릭이나 마우스 클릭으로 GUI에서 지원할 모드 또는 상태 세트를 만든다.

- **시작**: 이 상태는 웹캠을 초기화하고 데이터를 로드한다.
- **검출**: 이 상태는 얼굴을 검출하고 사용자가 **Add Person** 버튼을 클릭할 때까지 사전 처리한 것을 표시한다.
- **수집**: 이 상태는 사용자가 창의 아무 곳이나 클릭할 때까지 현재 사람의 얼굴을 수집하고, 또한 각 사람의 가장 최근 얼굴을 보여준다. 사용자는 기존 사람 중 하나를 클릭하거나 **Add Person** 버튼을 클릭해 다른 사람의 얼굴을 수집한다.

- **훈련**: 이 상태에서 시스템은 모든 수집된 사람들의 얼굴을 사용해 훈련한다.
- **인식**: 인식된 사람을 강조 표시하고 신뢰도 측정도를 표시한다. 사용자는 사람들 중 한 명을 클릭하거나 Add Person 버튼을 클릭해 모드 2(수집)로 돌아간다.

사용자가 언제든지 창에서 Esc 키를 누르면 종료할 수 있다. 새로운 얼굴 인식 시스템을 재시작하기 위한 Delete All 모드와 추가 디버그 정보 표시를 보여주는 Debug 버튼도 추가한다. 현재 모드를 표시하기 위해 열거된 mode 변수를 만든다.

## GUI 요소 그리기

화면에 현재 모드를 표시하기 위해 텍스트를 쉽게 그릴 수 있는 함수를 만들어보자.

OpenCV에는 여러 글꼴과 안티앨리어싱을 포함하는 cv::putText() 함수가 있지만, 원하는 위치에 텍스트를 배치하는 것은 까다롭다. 운 좋게도 텍스트 주위의 경계 상자를 계산하는 cv::getTextSize() 함수도 있으므로 텍스트를 쉽게 배치할 수 있도록 래퍼 함수를 만들 수 있다.

창의 윤곽선을 따라 텍스트를 배치하고, 완전히 보이게 하고, 덮어 쓰지 않으면서 서로의 옆에 여러 줄 또는 텍스트를 배치하고자 한다. 다음 코드는 왼쪽 맞춤 또는 오른쪽 맞춤을 지정하고 상단 맞춤 또는 하단 맞춤을 지정한 후 경계 상자를 반환해 창의 코너 또는 윤곽선 자리에 여러 줄의 텍스트를 쉽게 그릴 수 있는 래퍼 함수다.

```
// 이미지에 텍스트를 그린다. 기본적으로 텍스트는 왼쪽 위에 위치한다
// 오른쪽 정렬 텍스트에 음수 x 좌표를 지정하고
// 하단 정렬 텍스트의 음수 y 좌표를 사용한다
// 그리고 그려진 텍스트 주위의 경계 직사각형을 반환한다
Rect drawString(Mat img, string text, Point coord, Scalar
  color, float fontScale = 0.6f, int thickness = 1,
  int fontFace = FONT_HERSHEY_COMPLEX);
```

이제 GUI에 현재 모드를 표시하고자 할 때 창의 배경은 카메라 피드camera feed이므로

카메라 피드 위에 단순히 텍스트를 그리면 카메라 배경과 동일한 색상일 수 있다. 사용자가 그리고자 하는 전경 텍스트와 1픽셀 떨어진 위치에 텍스트의 검은색 그림자를 그리자. 그 아래에 유용한 텍스트 줄을 그리고 나면 사용자가 해야 할 다음 단계를 알 수 있다. 다음은 drawString() 함수를 사용해 텍스트를 그리는 방법의 예다.

```
string msg = "Click [Add Person] when ready to collect faces.";
// 흰색 텍스트와 검은색 그림자를 그린다
float txtSize = 0.4;
int BORDER = 10;
drawString (displayedFrame, msg, Point(BORDER, -BORDER-2),
  CV_RGB(0,0,0), txtSize);
Rect rcHelp = drawString(displayedFrame, msg, Point(BORDER+1,
  -BORDER-1), CV_RGB(255,255,255), txtSize);
```

다음 부분 스크린샷은 GUI 창의 맨 아래에 있는 이미지와 카메라 이미지 위에 겹쳐진 모드 및 정보가 어떻게 보이는지를 알려준다.

GUI 버튼이 여러 개 필요하므로 다음과 같이 GUI 버튼을 쉽게 그릴 수 있는 함수를 만든다.

```
// drawString()을 사용해 GUI 버튼을 이미지에 그린다
// minWidth를 사용해 동일한 너비의 여러 버튼을 제공할 수 있다
// 그려진 버튼 주위의 경계 직사각형을 반환한다
Rect drawButton(Mat img, string text, Point coord,
  int minWidth = 0)
{
  const int B = 10;
  Point textCoord = Point(coord.x + B, coord.y + B);
  // 텍스트 주변의 경계 박스를 만든다
```

```
    Rect rcText = drawString(img, text, textCoord,
      CV_RGB(0,0,0));
    // 텍스트 주위에 색이 채워진 직사각형을 그린다
    Rect rcButton = Rect(rcText.x - B, rcText.y - B,
      rcText.width + 2*B, rcText.height + 2*B);
    // 버튼의 최소 너비를 설정한다
    if (rcButton.width < minWidth)
      rcButton.width = minWidth;
    // 반투명 하얀색 직사각형을 만든다
    Mat matButton = img(rcButton);
    matButton += CV_RGB(90, 90, 90);
    // 비투명 하얀색 경계선을 그린다
    rectangle(img, rcButton, CV_RGB(200,200,200), 1, LINE_AA);

    // 표시될 실제 텍스트를 그린다
    drawString(img, text, textCoord, CV_RGB(10,55,20));

    return rcButton;
}
```

이제 drawButton() 함수를 사용해 몇 개의 클릭 가능한 GUI 버튼을 만든다. 이 버튼은 다음의 부분 스크린샷과 같이 항상 GUI의 왼쪽 상단에 표시된다.

앞에서 언급했듯이, GUI 프로그램은 시작 모드부터 시작하고 다른 일부 모드에서는 유한 상태 머신으로 전환된다. 현재 모드는 m_mode 변수에 저장한다.

### 시작 모드

시작 모드Startup mode에서는 얼굴과 눈을 검출하고 기존에 다른 웹캠을 초기화하기 위해 XML 검출기 파일을 로드한다. 사용자가 창에서 마우스를 움직이거나 클릭할 때마다

OpenCV가 호출하는 마우스 콜백 기능이 있는 기본 GUI 창을 만든다. 카메라 해상도는 적당한 값으로 설정한다. 예를 들면, 카메라에서 지원하는 해상도(예: 640×480)를 사용한다. 해상도는 다음과 같이 설정한다.

```
// 화면에 표시할 GUI 창을 만든다
namedWindow(windowName);

// 사용자가 창을 클릭하면 onMouse()를 호출한다
setMouseCallback(windowName, onMouse, 0);

// 카메라 해상도를 설정한다. 일부 시스템에서만 작동 가능하다
videoCapture.set(CAP_PROP_FRAME_WIDTH, 640);
videoCapture.set(CAP_PROP_FRAME_HEIGHT, 480);

// 이미 초기화됐으므로 검출 모드에서 시작한다
m_mode = MODE_DETECTION;
```

### 검출 모드

검출 모드<sup>Detection mode</sup>에서는 얼굴과 눈을 지속적으로 검출하고, 주변에 직사각형이나 원을 그려서 검출 결과를 표시하고, 현재 전처리된 얼굴을 표시한다.

실제로 어떤 모드에 있든 얼굴과 눈을 표시하길 원한다. 검출 모드에서 특별한 점은 사용자가 사용자 추가 버튼을 클릭할 때 다음 모드(수집 모드)로 변경된다는 것이다.

이 장에서 검출 단계를 기억하면 검출 단계는 다음의 출력을 가진다.

- `Mat preprocessedFace`: 사전 처리된 얼굴(얼굴과 눈이 검출)
- `Rect faceRect`: 검출된 얼굴 영역 좌표
- `Point leftEye, rightEye`: 검출된 왼쪽 및 오른쪽 눈 중심 좌표

따라서 사전 처리된 얼굴이 반환됐는지 확인하고, 다음과 같이 얼굴과 눈 주위가 검출되면 다음 코드와 같이 직사각형과 원을 그린다.

```
bool gotFaceAndEyes = false;
if (preprocessedFace.data)
  gotFaceAndEyes = true;

if (faceRect.width > 0) {
  // 검출된 얼굴 주위에 안티앨리어싱된 직사각형을 그린다
  rectangle(displayedFrame, faceRect, CV_RGB(255, 255, 0), 2,
    CV_AA);

  // 두 눈에 밝은 파란색 안티앨리어싱 원을 그린다
  Scalar eyeColor = CV_RGB(0,255,255);
  if (leftEye.x >= 0) { // 눈이 검출됐는지 확인
    circle(displayedFrame, Point(faceRect.x + leftEye.x,
      faceRect.y + leftEye.y), 6, eyeColor, 1, LINE_AA);
  }
  if (rightEye.x >= 0) { // 눈이 검출됐는지 확인
    circle(displayedFrame, Point(faceRect.x + rightEye.x,
      faceRect.y + rightEye.y), 6, eyeColor, 1, LINE_AA);
  }
}
```

다음과 같이 창의 상단 중앙에 현재 사전 처리된 얼굴을 오버레이한다.

```
int cx = (displayedFrame.cols - faceWidth) / 2;

if (preprocessedFace.data) {
  // 출력이 BGR이므로 BGR 버전의 얼굴을 가져온다
  Mat srcBGR = Mat(preprocessedFace.size(), CV_8UC3);
  cvtColor(preprocessedFace, srcBGR, COLOR_GRAY2BGR);

  // 대상 ROI를 얻는다
  Rect dstRC = Rect(cx, BORDER, faceWidth, faceHeight);
  Mat dstROI = displayedFrame(dstRC);

  // src에서 dst로 픽셀을 복사한다
  srcBGR.copyTo(dstROI);
}
```

```
// 얼굴 주위에 안티앨리어싱 테두리를 그린다
rectangle(displayedFrame, Rect(cx-1, BORDER-1, faceWidth+2,
faceHeight+2), CV_RGB(200,200,200), 1, LINE_AA);
```

다음 스크린샷은 검출 모드에서 표시되는 GUI를 보여준다. 전처리된 얼굴이 상단 중앙에 표시되고 검출된 얼굴과 눈이 표시된다.

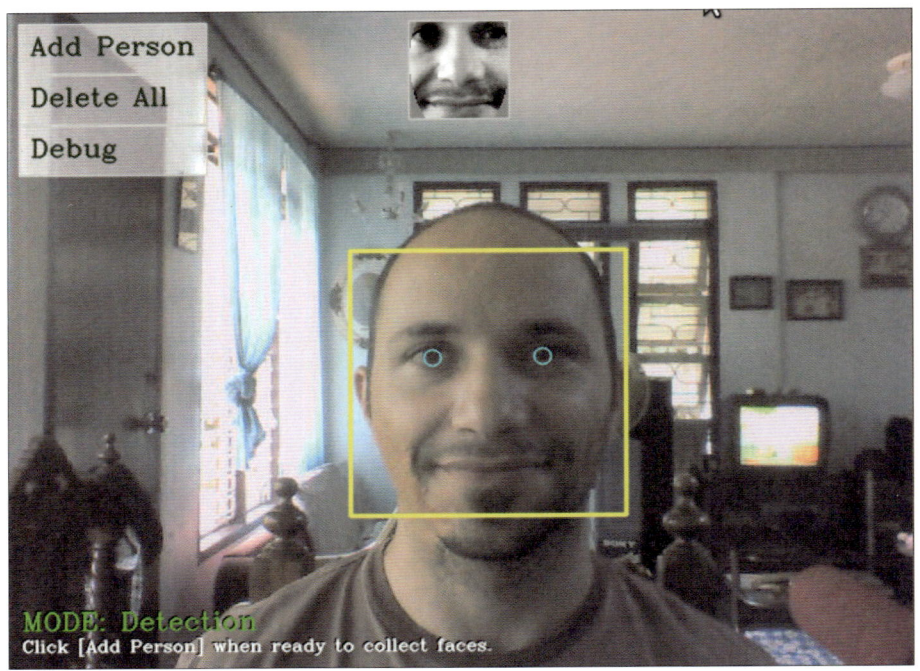

**수집 모드**

새로운 사람의 얼굴을 수집하기 위해 **Add Person**(사용자 추가하기) 버튼을 클릭하면 수집 모드Collection mode로 들어간다. 이전에 수집한 얼굴 대비 크게 변경된 얼굴만 수집하고자 1초당 얼굴을 한 개만 수집하도록 제한하고, 전처리된 얼굴뿐만 아니라 전처리된 얼굴의 미러 이미지도 수집한다.

수집 모드에서는 알려진 각 사람의 가장 최근 얼굴을 표시하고 사용자가 해당 사람들 중 하나를 클릭해 더 많은 얼굴을 추가하거나 **Add Person** 버튼을 클릭해 새로운 사람을 컬렉션에 추가할 수 있다. 다음 모드(훈련 모드)로 계속 진행하려면 창 화면 가운데 아무 곳이나 클릭한다.

그리고 먼저 개인별로 수집된 최신 얼굴의 참조reference를 저장한다. 정수 배열 m_latestFaces를 업데이트해 참조 작업을 수행하고, 이 정수 배열은 큰 preprocessedFaces 배열(즉, 많은 사람의 모든 얼굴 모음)에서 각 사람의 배열 색인만 저장한다. 또한 해당 배열에 미러된 얼굴mirrored face을 저장하므로 마지막 얼굴이 아닌 두 번째 얼굴 참조를 사용한다. 다음 코드는 사전 처리된 preprocessedFaces 배열에 새로운 얼굴(그리고 미러된 얼굴)을 추가하는 코드에 넣는다.

```
// 각 사람의 최신 얼굴을 참조한다
m_latestFaces[m_selectedPerson] = preprocessedFaces.size() - 2;
```

새 사람이 추가되거나 삭제될 때마다(예: 사용자가 Add Person 버튼을 클릭할 때) 항상 m_latestFaces 배열을 늘리거나 줄이면 된다. 이제 수집된 각 사람의 가장 최근 얼굴들을 창 오른쪽에(수집 모드와 인식 모드에서) 다음과 같은 코드를 사용해 표시한다.

```
m_gui_faces_left = displayedFrame.cols - BORDER - faceWidth;
m_gui_faces_top = BORDER;
for (int i=0; i<m_numPersons; i++) {
  int index = m_latestFaces[i];
  if (index >= 0 && index < (int)preprocessedFaces.size()) {
    Mat srcGray = preprocessedFaces[index];
    if (srcGray.data) {
      // 출력이 BGR이므로 BGR 얼굴을 가져온다
      Mat srcBGR = Mat(srcGray.size(), CV_8UC3);
      cvtColor(srcGray, srcBGR, COLOR_GRAY2BGR);

      // 목적지 ROI 얻기
      int y = min(m_gui_faces_top + i * faceHeight,
        displayedFrame.rows - faceHeight);
      Rect dstRC = Rect(m_gui_faces_left, y, faceWidth,
```

```
      faceHeight);
    Mat dstROI = displayedFrame(dstRC);

    // src에서 dst로 픽셀을 복사한다
    srcBGR.copyTo(dstROI);
   }
  }
}
```

또한 얼굴 주위에 두꺼운 빨간색 경계선을 사용해 현재 수집 중인 사람을 강조한다. 이 동작은 다음 코드를 사용해 수행된다.

```
if (m_mode == MODE_COLLECT_FACES) {
  if (m_selectedPerson >= 0 &&
    m_selectedPerson < m_numPersons) {
    int y = min(m_gui_faces_top + m_selectedPerson *
    faceHeight, displayedFrame.rows - faceHeight);
    Rect rc = Rect(m_gui_faces_left, y, faceWidth, faceHeight);
    rectangle(displayedFrame, rc, CV_RGB(255,0,0), 3, LINE_AA);
  }
}
```

다음 부분 스크린샷은 여러 사람의 얼굴이 수집될 때 볼 수 있는 일반적인 화면을 보여준다. 사용자는 오른쪽 상단의 사람을 클릭해 해당 사람의 더 많은 얼굴을 수집할 수 있다.

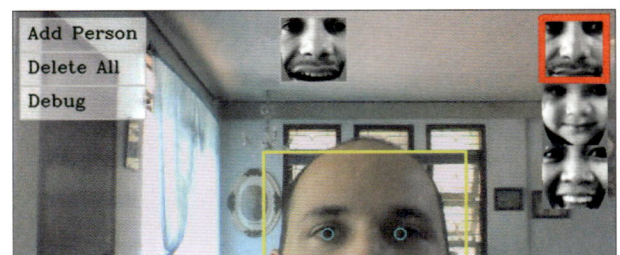

**훈련 모드**

사용자가 창 가운데를 클릭하면 얼굴 인식 알고리즘이 수집된 모든 얼굴의 훈련을 시작한다. 그러나 먼저 얼굴이나 사람이 충분히 수집돼 있는지 확인해야 한다. 그렇지 않으면 프로그램 실행을 중단한다. 일반적으로 훈련 세트에는 얼굴이 하나 이상 있어야 한다(적어도 사람 한 명 이상은 있어야 함). 그러나 피셔 얼굴 알고리즘은 사람 간의 비교를 검색하므로 훈련 세트에 두 명 미만의 사람이 있으면 제대로 실행되지 않는다. 따라서 선택한 얼굴 인식 알고리즘이 피셔 얼굴인지 확인해야 한다. 피셔 얼굴 알고리즘을 사용한다면 얼굴이 있는 사람이 두 명 이상 필요하고, 그렇지 않으면 얼굴이 있는 사람이 한 명 이상 필요하다. 데이터가 충분하지 않으면 프로그램은 수집 모드로 돌아가므로 사용자가 훈련 전에 얼굴을 더 추가할 수 있다.

얼굴을 수집한 사람이 여러 명(두 명 이상) 있는지 확인하기 위해, 사용자가 **Add Person** 버튼을 클릭할 때 사람을 추가할 공간이 없는 경우에(사람은 추가됐지만 아직 얼굴이 수집되지는 않았다.) 새로운 사람을 추가할 수 있는지 확인할 수 있다. 지금 두 사람만 있고 피셔 얼굴 알고리즘을 사용해야 할 경우, 수집 모드에서 마지막 사람에 대해 m_latestFaces 참조reference가 설정돼 있는지 확인해야 한다.

그런 다음에 m_latestFaces[i]는 참조가 설정된 개인에 대해 추가된 얼굴이 없는 경우에는 -1로 초기화되고, 해당 개인의 얼굴이 추가되면 0 이상의 값을 갖게 된다. 이와 같은 동작은 다음과 같은 코드를 통해 수행된다.

```
// 훈련할 데이터가 충분한지 확인한다
bool haveEnoughData = true;
if (!strcmp(facerecAlgorithm, "FaceRecognizer.Fisherfaces")) {
  if ((m_numPersons < 2) ||
  (m_numPersons == 2 && m_latestFaces[1] < 0) ) {
    cout << "Fisherfaces needs >= 2 people!" << endl;
    haveEnoughData = false;
  }
}
if (m_numPersons < 1 || preprocessedFaces.size() <= 0 ||
```

```
    preprocessedFaces.size() != faceLabels.size()) {
    cout << "Need data before it can be learnt!" << endl;
    haveEnoughData = false;
}

if (haveEnoughData) {
    // 고유 얼굴 또는 피셔 얼굴을 사용해 수집된 얼굴을 훈련한다
    model = learnCollectedFaces(preprocessedFaces, faceLabels,
            facerecAlgorithm);
    // 이제 훈련이 끝났으므로 인식을 시작할 수 있다
    m_mode = MODE_RECOGNITION;
}
else {
    // 훈련 데이터가 충분하지 않으면 수집 모드로 돌아간다
    m_mode = MODE_COLLECT_FACES;
}
```

훈련은 원래 1초 정도의 시간이 걸리지만, 수집되는 데이터의 양에 따라 훈련은 몇 초 또는 몇 분이 걸릴 수 있다. 수집된 얼굴의 훈련이 완료되면 얼굴 인식 시스템이 자동으로 인식 모드로 들어간다.

**인식 모드**

인식 모드[Recognition mode]에서는 사전 처리된 얼굴 옆에 신뢰도 측정기가 표시되므로 사용자는 인식된 결과의 신뢰도를 알 수 있다. 신뢰도 수준이 임의의 임계값보다 높으면 인식된 사람 주위에 녹색 직사각형이 그려져 결과를 쉽게 알 수 있다. 사용자가 **Add Person** 버튼이나 기존 사람 중 하나를 클릭하면 추가 훈련을 위해 더 많은 얼굴을 추가할 수 있으며, 이때는 프로그램이 수집 모드로 변경된다.

이제 앞에서 언급한 인식된 아이덴티티[identity]와 재구성된 얼굴과의 유사도를 얻을 수 있다. 신뢰도 측정기를 표시하기 위해 L2 유사도 값은 일반적으로 신뢰도가 높은 경우 0과 0.5 사이, 신뢰도가 낮은 경우 0.5와 1.0 사이를 갖고, 0.0에서 1.0 사이의 신뢰 수준을 얻기 위해서는 1에서 신뢰도를 뺀다.

그런 다음 신뢰 수준을 사용해 일정 비율의 내부를 채운 직사각형을 그린다. 그리고 다음과 같은 코드를 사용해 그릴 수 있다.

```
int cx = (displayedFrame.cols - faceWidth) / 2;
Point ptBottomRight = Point(cx - 5, BORDER + faceHeight);
Point ptTopLeft = Point(cx - 15, BORDER);

// '모르는' 사람들의 임계값을 나타내는 그레이 선을 그린다
Point ptThreshold = Point(ptTopLeft.x, ptBottomRight.y
  (1.0 - UNKNOWN_PERSON_THRESHOLD) * faceHeight);
rectangle(displayedFrame, ptThreshold, Point(ptBottomRight.x,
ptThreshold.y), CV_RGB(200,200,200), 1, CV_AA);

// 막대(bar)에 맞도록 신뢰 등급을 0에서 1 사이로 나타낸다
double confidenceRatio = 1.0 - min(max(similarity, 0.0), 1.0);
Point ptConfidence = Point(ptTopLeft.x, ptBottomRight.y
  confidenceRatio * faceHeight);

// 밝은 하늘색의 신뢰 표시 막대를 나타낸다
rectangle(displayedFrame, ptConfidence, ptBottomRight,
  CV_RGB(0,255,255), CV_FILLED, CV_AA);

// 막대 그레이 경계선을 그린다
rectangle(displayedFrame, ptTopLeft, ptBottomRight,
  CV_RGB(200,200,200), 1, CV_AA);
```

인식된 사람을 강조하기 위해 다음과 같이 얼굴 주위에 녹색 직사각형을 그린다.

```
if (identity >= 0 && identity < 1000) {
  int y = min(m_gui_faces_top + identity * faceHeight,
    displayedFrame.rows - faceHeight);
  Rect rc = Rect(m_gui_faces_left, y, faceWidth, faceHeight);
  rectangle(displayedFrame, rc, CV_RGB(0,255,0), 3, CV_AA);
}
```

다음 부분 스크린샷은 인식 모드에서 실행할 때 상단 중앙의 사전 처리된 얼굴 옆에

신뢰도 측정기를 표시하고, 오른쪽 상단에서 인식된 사람을 강조하는 일반적인 표시 방법을 보여준다.

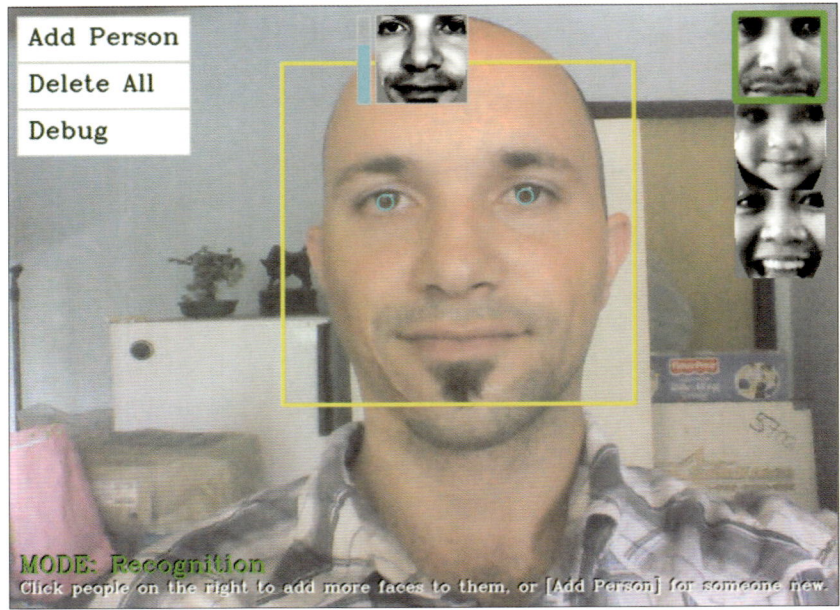

## 마우스 클릭 확인과 처리

이제 모든 GUI 요소가 그려졌으므로 마우스 이벤트를 처리해야 한다. 디스플레이 창을 초기화할 때 onMouse 함수의 마우스 이벤트 콜백이 필요하다.

지금은 마우스 이동을 신경 쓰지 말고 마우스 클릭만 고려한다. 따라서 먼저 마우스 왼쪽 버튼 클릭이 아닌 경우에는 마우스 이벤트 처리를 건너뛴다.

```
void onMouse(int event, int x, int y, int, void*)
{
  if (event != CV_EVENT_LBUTTONDOWN)
    return;

  Point pt = Point(x,y);
```

```
    ... (마우스 클릭 처리)
    ...
}
```

버튼을 그릴 때 직사각형의 경계선을 그렸기 때문에 OpenCV의 inside() 함수를 사용해 마우스 클릭 위치가 버튼 영역에 있는지 확인한다. 이제 생성한 각 버튼을 확인할 수 있다.

사용자가 **Add Person** 버튼을 클릭하면 m_numPersons 변수에 사람을 추가하고, m_latestFaces 변수에 공간을 할당하고, 수집을 위한 새로운 사람을 선택하고, 수집 모드를 (이전에 어떤 모드에 있든) 시작한다.

그러나 한 가지 주의해야 할 일이 있다. 훈련에서 적어도 각각 하나의 얼굴 사진은 사용해야 한다. 모든 사람의 얼굴 사진을 가지고자 한다면, 새로운 사람들의 얼굴 사진 공간을 할당해야 한다. 이를 통해 항상 m_latestFaces[m_numPersons-1]의 값을 확인해 사람들의 얼굴이 수집됐는지 확인할 수 있다. 이는 다음과 같이 수행된다.

```
if (pt.inside(m_btnAddPerson)) {
  // 사진이 수집되지 않은 사람은 없는지 확인한다
  if ((m_numPersons==0) ||
      (m_latestFaces[m_numPersons-1] >= 0)) {
    // 새로운 사람을 추가한다
    m_numPersons++;
    m_latestFaces.push_back(-1);
  }
  m_selectedPerson = m_numPersons - 1;
  m_mode = MODE_COLLECT_FACES;
}
```

이 방법을 사용하면 다음과 같이 디버그 플래그<sup>debug flag</sup> 토글과 같은 다른 버튼 클릭을 테스트할 수 있다.

```
else if (pt.inside(m_btnDebug)) {
  m_debug = !m_debug;
}
```

Delete All 버튼을 처리하려면 기본$^{main}$ 루프에서 다양한 로컬 데이터 구조를 비워야 한다(즉, 마우스 이벤트 콜백 함수에서 액세스할 수 없다). Delete All 모드로 변경한 다음에는 메인 루프 내 모든 것을 삭제할 수 있다. 또한 사용자의 기본 창(버튼이 아님) 클릭을 처리해야 한다. 오른쪽에 있는 사람 중 하나를 클릭하면 해당 사람을 선택하고 수집 모드로 변경해야 하며, 수집 모드에서 기본 창을 클릭한 경우 훈련 모드로 변경해야 한다. 이는 다음과 같이 수행된다.

```
else {
  // 사용자가 목록에서 얼굴을 클릭했는지 확인한다
  int clickedPerson = -1;
  for (int i=0; i<m_numPersons; i++) {
    if (m_gui_faces_top >= 0) {
      Rect rcFace = Rect(m_gui_faces_left,
        m_gui_faces_top + i * faceHeight, faceWidth, faceHeight);
      if (pt.inside(rcFace)) {
        clickedPerson = i;
        break;
      }
    }
  }
  // 사용자가 리스트의 얼굴을 클릭한 경우 선택한 사람으로 변경한다
  if (clickedPerson >= 0) {
    // 현재 사람을 변경하고 더 많은 사진을 수집한다
    m_selectedPerson = clickedPerson;
    m_mode = MODE_COLLECT_FACES;
  }
  // 그렇지 않으면 중앙을 클릭한 것이다
  else {
    // 수집된 얼굴이라면 훈련 모드로 변경한다
    if (m_mode == MODE_COLLECT_FACES) {
      m_mode = MODE_TRAINING;
```

```
      }
    }
}
```

## ▌요약

이 장에서는 기본 알고리즘을 사용해 훈련 세트 조건과 테스트 세트 조건 사이에 약간의 차이를 허용하는 충분한 사전 처리를 통해 필요한 실시간 얼굴 인식 애플리케이션 작성 단계를 보여줬다. 얼굴 인식을 사용해 카메라 이미지 내에서 얼굴의 위치를 찾은 다음 여러 가지 형태의 얼굴 전처리를 수행해 다양한 조명 조건, 카메라 및 얼굴 방향, 얼굴 표정의 영향을 줄였다.

그리고 수집한 전처리된 얼굴로 고유 얼굴과 피셔 얼굴의 머신러닝 시스템을 훈련했으며, 마지막으로 얼굴 인식을 수행한 사람이 누구인지 알기 위해 얼굴 인식을 수행해서 알 수 없는 사람인 경우의 신뢰도를 제공했다.

이미지 파일을 오프라인으로 처리하는 명령줄 도구를 제공하는 대신 앞의 모든 단계를 자체 포함된 실시간 GUI 프로그램과 결합해 얼굴 인식 시스템을 사용할 수 있으며, 컴퓨터에서 자동 로그인을 허용하는 등 자신의 목적에 따라 시스템의 동작을 수정할 수 있다. 또는 특정 요구에 충분한 신뢰도를 가질 수 있을 때까지 프로그램의 각 단계를 개선하기 위해 인식 안정도를 향상시키고자 할 경우에는 얼굴 인식에 관한 최근 콘퍼런스 논문을 읽어야 한다. 예를 들어, 얼굴 전처리 단계를 개선하거나 http://www.facerec.org/algorithms/과 http://www.cvpapers.com의 방법으로 고급 머신러닝 알고리즘 또는 더 나은 얼굴 검증 알고리즘을 사용할 수 있다.

# 참고 문헌

- Rapid Object Detection Using a Boosted Cascade of Simple Features, P. Viola and M.J. Jones, Proceedings of the IEEE Transactions on CVPR 2001, Vol. 1, pp. 511-518
- An Extended Set of Haar-like Features for Rapid Object Detection, R. Lienhart and J. Maydt, Proceedings of the IEEE Transactions on ICIP 2002, Vol. 1, pp. 900-903
- Face Description with Local Binary Patterns: Application to Face Recognition, T. Ahonen, A. Hadid and M. Pietikainen, Proceedings of the IEEE Transactions on PAMI 2006, Vol. 28, Issue 12, pp. 2037-2041
- Learning OpenCV: Computer Vision with the OpenCV Library, G. Bradski and A. Kaehler, pp. 186-190, O'Reilly Media.
- Eigenfaces for recognition, M. Turk and A. Pentland, Journal of Cognitive Neuroscience 3, pp. 71-86
- Eigenfaces vs. Fisherfaces: Recognition using class specific linear projection, P.N. Belhumeur, J. Hespanha and D. Kriegman, Proceedings of the IEEE Transactions on PAMI 1997, Vol. 19, Issue 7, pp. 711-720
- Face Recognition with Local Binary Patterns, T. Ahonen, A. Hadid and M. Pietikainen, Computer Vision - ECCV 2004, pp. 469-48

# 06
# OpenCV.js를 사용한 웹 컴퓨터 비전 소개

6장에서는 웹용 컴퓨터 비전 알고리즘을 개발하는 새로운 방법을 소개한다. 웹에서 컴퓨터 비전 알고리즘을 작성해야 할 때, 일반적으로 클라이언트가 웹 서버를 통해 서버의 C++ 프로그램을 호출하지만 OpenCV.js를 사용하면 컴퓨터 비전 알고리즘 개발을 서버뿐만 아니라 브라우저 클라이언트까지로 확장할 수 있다. 알고리즘이 클라이언트 브라우저에서 실행될 수 있으므로 개발자는 클라이언트 브라우저에서 코드를 실행할 때 더 많은 유연성과 이점을 활용할 수 있다.

6장에서는 다음 내용을 배운다.

- OpenCV.js의 정의와 클라이언트 브라우저 코드의 이점
- 이미지 조작을 위한 기본 알고리즘 개발
- 브라우저에서 비디오 또는 웹캠으로 작업하기

- OpenCV.js를 사용해 프레임 다루기
- OpenCV.js를 사용한 웹 브라우저에서 얼굴 검출

## OpenCV.js란 무엇인가?

OpenCV.js는 C++ 코드를 자바스크립트로 컴파일하는 새로운 기술을 사용한 일부 OpenCV 함수의 포트다. OpenCV는 Emscripten을 사용해 C++ 함수를 Asm.js 또는 웹어셈블리$^{WebAssembly}$ 대상으로 컴파일한다. Emscripten은 LLVM$^{Low-Level\ Virtual\ Machine}$ 컴파일러에서 LLVM 비트코드$^{bitcode}$를 Asm.js 또는 웹어셈블리 자바스크립트로 컴파일해 새 웹 브라우저에서 실행할 수 있다. Emscripten은 다음과 같이 작동한다.[1]

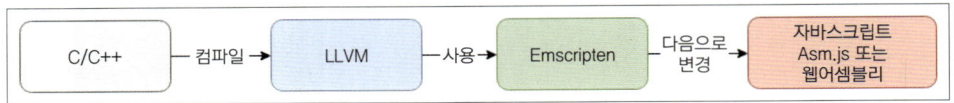

웹 애플리케이션의 증가와 개발자가 웹캠에 액세스할 수 있게 한 WebGL 또는 WebRTC와 같은 웹 HTML5 표준의 뉴스는 새로운 애플리케이션의 새로운 가능성을 창출한다. 웹 개발자가 브라우저에서 OpenCV.js로 새로운 알고리즘을 개발할 수 있도록 OpenCV는 더욱 강력하게 향상돼 컴퓨터 비전 알고리즘을 사용하고 웹 가상현실, 웹 증강현실, 얼굴 검출 및 인식, 이미지 조작과 같은 새로운 애플리케이션을 만들 수 있는 가능성을 제공한다.

Asm.js는 고도로 최적화돼 있고 기본 네이티브 코드로 설계됐지만, 동일한 기본 실행 애플리케이션보다 두 배(브라우저와 컴퓨터에 따라 다름) 정도 속도가 느리다.

Asm.js는 다음과 같은 C++ 함수를 사용하는 자바스크립트의 하위 집합이다.

---

1 Emscripten은 LLVM 컴파일러의 백엔드로서 실행되는 소스 대 소스 컴파일러이며, Asm.js라는 이름의 자바스크립트 하위 집합을 생성한다. 웹어셈블리도 생성할 수 있다(출처: https://ko.wikipedia.org/wiki/Emscripten). – 옮긴이

```
int f(int i) {
  return i + 1;
}
```

그리고 위의 코드를 다음과 같이 자바스크립트 코드로 변환한다.

```
function f(i) {
  i = i|0; return (i + 1)|0;
}
```

웹어셈블리는 웹 페이지에서 코드를 실행하기 위한 이진 형식을 정의하는 새로운 기술 및 웹 표준이며, 기본 코드처럼 실행해야 하는 애플리케이션의 속도를 높이기 위해 자바스크립트를 보완한다. 이 기술은 컴퓨터 비전의 성능을 높이고 OpenCV를 자바스크립트로 이식하기 위한 최선의 선택이다. 다음 C 예제 코드를 참조해보자.

```
int factorial(int n) {
  if (n == 0)
    return 1;
  else
    return n * factorial(n-1);
}
```

이 코드를 실행하면 다음과 같이 이진 인코딩으로 변환된다.

```
20 00
50
04 7E
42 01
05
20 00
20 00
42 01
7D
```

```
10 00
7E
0B
```

이 바이너리 인코딩은 웹어셈블리를 사용해 OpenCV.js와 같은 대용량 파일의 크기를 최소화할 수 있다. 이는 웹어셈블리로 컴파일되고 원시 코드 속도가 1.5배 정도만 더 느린 속도를 가지도록 최적화돼 있다.

그러나 서버의 C++ 프로그램을 실행하는 대신 클라이언트 브라우저에서 OpenCV.js를 사용하면 어떤 이점이 있을까? 한 가지 이점은 애플리케이션을 각 운영체제에서 컴파일하지 않고도 모든 운영체제로 쉽게 이식할 수 있다는 점이다. 또 다른 흥미로운 이점은 컴퓨팅 시간과 비용을 최적화하는 것이다. 예를 들어 웹캠 앞에서 사람을 검출하고 인식해야 하는 웹 애플리케이션을 생성한다고 가정하면, 이 알고리즘은 계산하는 데 100ms가 걸리고 초당 1,000명의 사용자가 사용하기 때문에 1,000명의 사용자 질의를 계산하려면 100초가 걸린다. 100ms 내에 응답을 얻기 위해 열 개의 프로세스를 병렬로 배치하는 경우 빠른 응답을 얻기 위해 열 개의 서버가 필요하다. 돈을 절약하기 위해 OpenCV.js를 사용해서 컴퓨터 브라우저를 클라이언트 브라우저에 두고 컴퓨터 비전 작업 결과만 서버에 보낼 수 있다.

## OpenCV.js 컴파일하기

OpenCV.js를 컴파일하려면 Emscripten을 설치해야 한다. Emscripten을 사용하려면 다음 항목들이 필요하다.

- 파이썬 2.7
- Node.js
- CMake
- 자바 런타임<sup>Java runtime</sup>

다음 명령어를 사용해 이러한 종속성을 가진 솔루션들을 설치할 수 있다.

```
# 파이썬 설치
Sudo apt-get install python2.7

# node.js 설치
sudo apt-get install nodejs

# CMake 설치(선택적이며 Binaryen 구축과 테스트에만 필요)
sudo apt-get install cmake

# 자바 설치(선택적이며 폐쇄 컴파일러 최소화(Closure Compiler minification)에만 필요)
sudo apt-get install default-jre
```

이제 깃허브 저장소에서 Emscripten을 다운로드해야 한다.

```
# emsdk repo 받기
git clone https://github.com/juj/emsdk.git

# 받은 디렉터리로 들어가기
cd emsdk
```

이제 Emscripten에 필요한 환경 변수만 업데이트하고 설치하면 명령줄에서 다음 과정으로 수행할 수 있다.

```
# 최신 SDK 도구를 다운로드해 설치한다
./emsdk install latest

# 현재 사용자에 대해 '최신' SDK를 '활성화'한다(~/.emscripten 파일을 사용한다)
./emsdk activate latest

# 현재 터미널에서 PATH와 기타 환경 변수를 활성화한다
source ./emsdk_env.sh
```

이제 OpenCV를 자바스크립트로 컴파일할 준비가 됐다. 깃허브에서 OpenCV를 다운로드하고 OpenCV 폴더에 액세스한 후 build_js와 같은 이름으로 빌드 폴더를 생성한다. 이어서 다음 명령줄을 실행해 OpenCV를 Asm.js로 컴파일한다.

```
python ./platforms/js/build_js.py build_js
```

또는 웹어셈블리를 사용해 컴파일하기 위해 --build_wasm 매개변수를 사용한다.

```
python ./platforms/js/build_js.py build_js --build_wasm
```

더 많은 디버그 정보와 예외를 살펴보길 원한다면 —enable_exception 매개변수를 사용해 활성화할 수 있다.

이진 결과는 build_js/bin 폴더에 생성되며, 여기서 웹 페이지에서 사용할 opencv.js와 opencv.wasm 파일을 찾을 수 있다.

## ▌OpenCV.js 개발의 기본 소개

OpenCV.js로 개발을 시작하기 전에 HTML 요소가 포함된 기본 HTML 구조가 필요하다. 이 예에서는 HTML, CSS, 자바스크립트를 사용해 미리 디자인된 여러 웹 구성 요소와 유틸리티로 응답성이 뛰어난 웹 애플리케이션을 빌드할 수 있는 툴킷인 부트스트랩$^{Bootstrap}$을 사용한다. 그리고 JQuery 라이브러리를 사용해 HTML 요소, 이벤트, 콜백을 쉽게 사용할 수 있다. 부트스트랩과 JQuery 없이 이번 장 내의 동일 코드들을 개발하거나 AngularJS, VUE 등과 같은 다른 프레임워크 또는 라이브러리를 사용할 수 있지만, 부트스트랩과 JQuery의 단순성은 웹 페이지 코드를 이해하고 작성하는 데 도움이 된다.

모든 샘플에 대해 동일한 HTML 구조 템플릿을 사용한다. 이 샘플은 헤더, 각 예제 코드의 링크를 제공하는 왼쪽 메뉴와 예제 코드를 작성할 주요 내용으로 구성된다. HTML 구조는 다음과 같다.

```html
<!doctype html>
<html lang="en">
  <head>
    <!-- Required meta tags -->
    <meta charset="utf-8">
    <meta name="viewport" content="width=device-width, initial-scale=1, shrink-to-fit=no">
    <!-- Bootstrap CSS -->
    <link rel="stylesheet" href="css/bootstrap.min.css">
    <link rel="stylesheet" href="css/custom.css">
    <title>OpenCV Computer vision on Web. Packt Publishing.</title>
  </head>
  <body>
    <nav class="navbar navbar-dark fixed-top flex-md-nowrap p-0 shadow">
      <a class="navbar-brand col-sm-3 col-md-2 mr-0" href="#">OpenCV.js</a>
      <h1 class="col-md-10">TITLE</h1>
    </nav>
    <div class="container-fluid">
      <div class="row">
        <nav class="col-md-2 d-none d-md-block bg-light sidebar">
          <div class="sidebar-sticky">
            <ul id="menu" class="nav flex-column">
              MENU ITEMS LOAD WITH JavaScript
            </ul>
          </div>
        </nav>
        <main role="main" class="col-md-10 ml-sm-auto col-lg-10 px-4">
          EXAMPLE CONTENT
        </main>
      </div>
    </div>
```

```html
    <!-- Optional JavaScript -->
    <!-- jQuery first, then Popper.js, then Bootstrap JS -->
    <script src="js/jquery-3.3.1.min.js"></script>
    <script src="js/popper.min.js"></script>
    <script src="js/bootstrap.min.js"></script>
    <script src="js/common.js"></script>
    <!-- OPENCV -->
    <script async="" src="js/opencv.js" type="text/JavaScript" onload="onOpenCvReady();" onerror="onOpenCvError();"></script>
    <script type="text/JavaScript">
      // 예제 스크립트
      function onOpenCvReady() {
        // OPENCV.JS를 사용하기 위해 로드한다
      }
      function onOpenCvError() {
        // OPENCV.JS를 로드하는 중 오류가 발생했을 때 사용할 콜백
      }
    </script>
  </body>
</html>
```

이 코드를 살펴보면 가장 중요한 부분은 EXAMPLE CONTENT 부분이며, 다음 코드에서 OpenCV.js와 상호 작용할 HTML 요소를 만든다.

```html
<!-- OPENCV -->
  <script async="" src="js/opencv.js" type="text/JavaScript" onload="onOpenCvReady();" onerror="onOpenCvError();"></script>
  <script type="text/JavaScript">
    // 예제 스크립트
    function onOpenCvReady() {
      // OPENCV.JS가 로드되고 작업할 준비를 마쳤다
    }
    function onOpenCvError() {
      // OPENCV.JS를 로드하는 중 오류가 발생했을 때 사용할 콜백
    }
  </script>
```

onOpenCvReady와 onOpenCvError 콜백 함수는 OpenCV.js가 로드돼 사용할 준비를 마쳤거나 로드 오류가 있는 경우에 호출된다.

이제 기본 HTML 구조를 만들었으므로 첫 번째 예제를 살펴본다. 첫 번째 예제에서는 다음 내용을 다룬다.

- OpenCV.js는 무겁고 클라이언트 브라우저에 로드하는 데 몇 초가 걸리므로, OpenCV.js가 로드될 때 '경고 상자'가 표시된다. 따라서 비동기적으로 로드하고, 로드되면 다른 필요한 코드와 사용자 인터페이스를 로드하기 시작한다.
- 클라이언트 이미지를 로드하기 위한 이미지 요소다.
- 알고리즘의 결과를 보여주는 canvas 요소다.
- 파일 이미지를 로드하는 버튼이다.

그리고 필요한 HTML 요소를 만든다. 경고$^{alert}$ 상자를 만들려면 단일 행과 열로 래핑된 div HTML 요소와 부트스트랩 alert 클래스를 사용한다. 이를 수행하기 위한 코드는 다음과 같다.

```html
...
<div class="row">
  <div class="col">
    <div id="status" class="alert alert-primary" role="alert">
      <img src="img/ajax-loader.gif" /> Loading OpenCV...</div>
  </div>
</div>
...
```

이제 img 요소를 사용한 입력 이미지와 canvas 요소를 사용한 캔버스 출력 결과를 갖는 행 블록$^{row\ block}$을 만든다.

```html
...
<div class="row">
```

```
  <div class="col">
    <img id="imageSrc" alt="No Image" class="small" src="img/white.png">
  </div>
  <div class="col">
    <canvas id="canvasOutput" class="small" height="300px"></canvas>
  </div>
</div>
...
```

작업을 완료하려면 다음 코드와 같이 file 유형의 input HTML 요소를 사용해 파일 버튼을 추가해야 한다.

```
<input type="file" id="fileInput" name="file" accept="image/*">
```

앞의 HTML 코드를 실행하면 다음 스크린샷 결과를 얻을 수 있다.

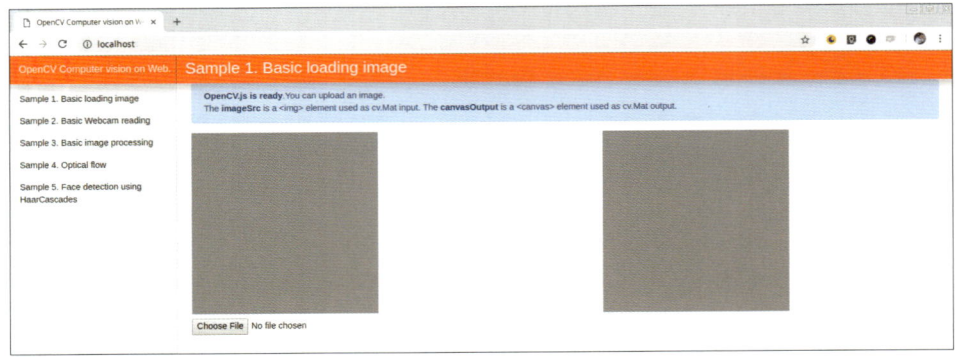

이미지 입력 및 캔버스 출력 섹션 미리 보기

이제 OpenCV.js 작업을 시작할 준비가 됐다. 이제 이미지를 로드하고 그레이스케일로 변환한 다음 canvas 요소를 통해 브라우저에 표시하는 방법을 설명한다. 가장 먼저해야 할 일은 OpenCV.js가 로드됐다는 사실을 사용자에게 알리는 것이며, 이어서 이미지 선택을 시작할 수 있다. 다음 코드에서는 onOpenCvReady 콜백 함수를 사용해 경고 상자 내용을 변경한다.

```
function onOpenCvReady() {
  document.getElementById('status').innerHTML = '<b>OpenCV.js is ready</b>.' +
    'You can upload an image.<br>' +
    'The <b>imageSrc</b> is a <img> element used as cv.Mat input. ' +
    'The <b>canvasOutput</b> is a <canvas> element used as cv.Mat output.';
}
```

OpenCV.js를 로드할 때 문제가 있으면 onOpenCvError 콜백 함수를 사용해 경고 상자에 오류를 표시할 수 있다.

```
function onOpenCvError() {
  let element = document.getElementById('status');
  element.setAttribute('class', 'err');
  element.innerHTML = 'Failed to load opencv.js';
}
```

이제 사용자가 파일 입력 버튼을 클릭해 이미지를 img HTML 요소에 로드할 때를 확인할 수 있다. 파일 입력 콜백을 만들려면 먼저 입력 파일 버튼을 변수에 저장한다.

```
let inputElement = document.getElementById('fileInput');
```

그리고 사용자가 버튼을 클릭하고 나면, addEventListener를 사용해 입력 파일 값을 변경하고 첫 번째 매개변수 change를 이용해 이벤트를 만든다.

```
inputElement.addEventListener('change', (e) => {
  imgElement.src = URL.createObjectURL(e.target.files[0]);
}, false);
```

사용자가 버튼을 클릭하면 이전에 imgElement 변수에 저장한 src 속성을 사용해 이미지 요소의 소스를 설정한다.

```
let imgElement = document.getElementById('imageSrc');
```

마무리 단계는 이미지를 그레이스케일로 변환하기 위해 img 요소(imgElement 변수)에 로드된 이미지를 처리해 캔버스 출력에 표시하는 것이다. 그런 다음 onload 속성에 function을 할당해 imgElement의 새 이벤트 리스너event listener를 만든다.

```
imgElement.onload = function() {
...
};
```

이 함수는 이미지 요소가 로드될 때 호출된다. 이 함수에서는 imread 함수를 사용해 파일을 읽는 동안에 OpenCV를 제공하는 방법으로 이미지를 읽는다.

```
let mat = cv.imread(imgElement);
```

나중에 cvtColor 함수를 사용해서 mat 변수 이미지를 변환한다. 이미지 변환 함수는 C++ 인터페이스와 매우 유사하다.

```
cv.cvtColor(mat, mat, cv.COLOR_BGR2GRAY);
```

마지막으로 imshow 함수를 C++ 인터페이스로 사용해 이미지를 캔버스에 표시하지만, 이 경우 이미지를 표시하려는 창의 이름을 사용하는 대신에 이미지를 표시하고자 하는 캔버스의 ID를 사용한다.

```
cv.imshow('canvasOutput', mat);
```

delete 함수를 사용해 mat 변수를 해제하는 대신 필요하지 않은 모든 메모리를 해제하는 것이 좋다.

```
mat.delete();
```

onload 함수의 전체 코드는 다음과 같다.

```
imgElement.onload = function() {
  let mat = cv.imread(imgElement);
  cv.cvtColor(mat, mat, cv.COLOR_BGR2GRAY);
  cv.imshow('canvasOutput', mat);
  mat.delete();
};
```

다음은 이미지를 로드한 후 웹 페이지의 최종 결과다.

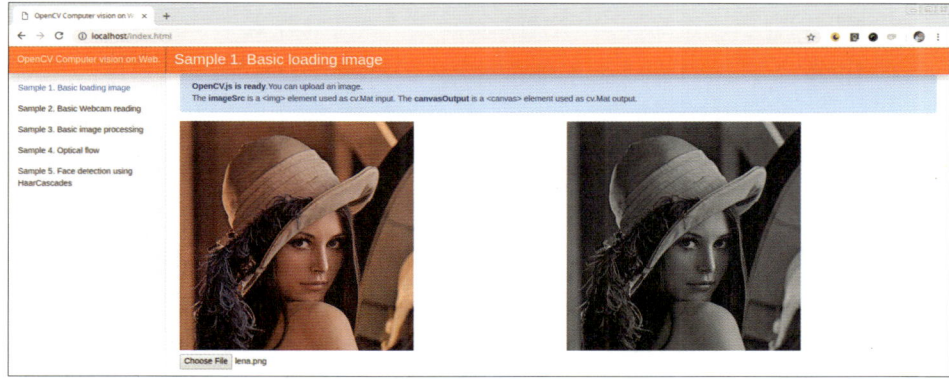

이미지 입력 및 캔버스 출력 요소를 사용한 후의 최종 출력

이제 OpenCV.js를 계속 살펴볼 준비를 마쳤다. 이미지 또는 프레임 처리를 좀 더 연구하기 전에 웹캠에서 비디오 스트리밍을 읽는 방법을 알아본다.

## 웹캠 스트림에 액세스하기

이전 절에서는 이미지를 읽는 방법을 배웠다. 지금부터는 웹캠 스트림에서 프레임 이미지를 읽는 방법을 살펴본다. 프레임 이미지를 읽으려면 다음 HTML 요소가 필요하다.

- OpenCV.js가 로드될 때 표시되는 '경고 상자'다. OpenCV.js는 무겁고 클라이언트 브라우저에 로드하는 데 몇 초가 걸리기 때문에 비동기적으로 로드할 예정이며, 로드되면 다른 필요한 코드와 사용자 인터페이스를 로드하기 시작한다.
- ID videoInput으로 클라이언트 비디오 스트림을 로드하는 video 요소가 필요하다.
- 알고리즘 결과를 보여주기 위한 Canvas 요소가 필요하다.
- ID가 cv_start인 비디오 프레임 처리를 시작하는 button이 필요하며, 처음에는 숨겨져 있다.

이전 코드에서 사용한 것과 동일한 경고 상자와 캔버스 요소를 유지하고, 다음 코드에서 볼 수 있듯이 링크를 사용하는 버튼과 비디오 HTML 요소를 추가한다.

```
<div class="row">
  <div class="col">
    <div id="status" class="alert alert-primary" role="alert"><img src="img/ajax-loader.gif" /> Loading OpenCV...</div>
  </div>
</div>
<a href="#" class="btn btn-primary" style="display: none;" id="cv_start">Start</a>
<div class="row">
  <div class="col">
    <video id="videoInput" width="320" height="240"></video>
  </div>
  <div class="col">
    <canvas id="canvasOutput" class="small" height="300px"></canvas>
```

```
    </div>
</div>
```

위의 코드를 사용한 웹 페이지는 다음과 같다.

이제 상호 작용과 컴퓨터 비전 처리 기능만 개발하면 된다. 먼저 비디오 스트림을 표시할 웹캠 스트림을 가져와야 한다. 이렇게 하려면 미디어 장치에 액세스하는 데 필요한 브라우저를 호출해야 한다. 이 경우에는 다음 코드의 비디오 스트림만 가져온다.

```
navigator.mediaDevices.getUserMedia({ video: true, audio: false })
```

사용자가 웹캠 미디어 장치에 액세스할 수 있는 코드는 사용자의 웹캠 사용을 허용할 때 프로미스promise 함수 then을 사용해 스트림을 얻거나 catch 함수로 오류를 처리할 수 있다. 함수 then에서 웹캠 스트림을 얻고 나면, 스트림을 비디오 소스로 설정해 비디오 재생을 시작할 수 있다. 다음 코드에서 이 동작을 확인할 수 있다.

```
navigator.mediaDevices.getUserMedia({ video: true, audio: false })
.then(function(stream) {
    video.srcObject = stream;
```

06장 OpenCV.js를 사용한 웹 컴퓨터 비전 소개 | 237

```
    video.play();
})
.catch(function(err) {
    console.log("An error occurred! " + err);
});
```

OpenCV.js가 로드되면 시작 버튼이 표시되고 클릭 이벤트에 연결된다.

```
$("#cv_start").show();
$("#cv_start").click(start_cv);
```

start_cv 함수는 필요한 컴퓨터 비전 변수를 초기화하고 process 함수를 시작한다. video HTML 프로퍼티를 사용하는 비디오 입력의 너비와 높이를 알기 위해 입력 mat과 출력 mat을 비디오 입력의 너비와 높이가 동일한 행렬로 초기화해야 한다. 그레이 이미지로 변환하기 위해 프레임을 처리하려면 출력 dst는 한 개 채널의 cv.CV_8UC1이 되고 cv.VideoCapture 함수를 사용해 C++에서와 같이 비디오 캡처를 초기화해야 한다. 그리고 이전에 설정한 HTML video 요소를 매개변수로 전달하고 캡처 요소로 사용한다. 다음 코드에서는 이와 관련된 설명을 볼 수 있다.[2]

```
let video = document.getElementById("videoInput"); // video는 비디오 태그의 ID다
let src;
let dst;
let cap;

function start_cv(){
    // 필요 변수 초기화
    src = new cv.Mat(video.height, video.width, cv.CV_8UC4);
    dst = new cv.Mat(video.height, video.width, cv.CV_8UC1);
    cap = new cv.VideoCapture(video);
    // 프로세스 시작
```

---

[2] 여기서 사용한 mat은 OpenCV에서 가장 기본이 되는 데이터 타입으로 행렬(Matrix) 구조체를 의미하며, 별도로 번역하기보다는 원문 그대로 mat으로 표기했다. – 옮긴이

```
    processVideo();
}
```

또한 video HTML 입력은 세 개 채널을 갖는 웹캠의 C++ 비디오 캡처와는 다른 네 개의 RGBA 채널을 가지므로 주의해야 한다.

다음으로 비디오 캡처에서 각 프레임을 가져와서 그레이스케일 이미지로 변환한 다음 캔버스 요소를 사용해 사용자에게 표시한다. 비디오 스트림에서 프레임을 읽으려면 read 함수를 호출하고 다음 코드처럼 C++ 인터페이스와 같이 이미지를 저장하려는 매개변수로 mat 객체를 넣어야 한다.

```
cap.read(src);
```

이제 이전 절에서와 같이 src를 그레이로 변환해 캔버스 출력에 표시한다.

```
cv.cvtColor(src, dst, cv.COLOR_RGBA2GRAY);
cv.imshow('canvasOutput', dst);
```

C++에서는 루프를 사용해 다음 프레임을 읽지만, 자바스크립트에서는 이 작업을 수행하면 나머지 자바스크립트 코드 동작이 차단된다. 다음 프레임을 처리하려면 다음의 방법을 사용한다. setTimeout 자바스크립트 함수를 사용해 몇 밀리초 동안 기다린 후에 처리 함수를 다시 호출하는 것이다. setTimeout 자바스크립트 함수는 지연$^{delay}$ 값을 두 번째 매개변수로 가진다. 사용자는 30FPS 출력을 원하기 때문에 처리 함수를 호출하기 전에 1,000밀리초를 초당 30프레임으로 나누는 지연 시간을 계산하고, 이렇게 계산된 지연 시간에서 처리 함수의 동작 시간을 뺀 시간을 기다려야 한다. 다음 코드에서 볼 수 있듯이 날짜 객체를 사용해 이 계산을 수행할 수 있다.

```
let begin = Date.now();
...
```

```
// 사용자 처리 태스크
...
// 지연 계산
let delay = 1000/FPS - (Date.now() - begin);
setTimeout(processVideo, delay);
```

다음 코드에서는 전체 처리 함수의 동작을 확인할 수 있다.

```
const FPS = 30;
function processVideo() {
  try {
    let begin = Date.now();
    // 처리 시작
    cap.read(src);
    cv.cvtColor(src, dst, cv.COLOR_RGBA2GRAY);
    cv.imshow('canvasOutput', dst);
    // 다음 처리를 위한 스케줄링 수행
    let delay = 1000/FPS - (Date.now() - begin);
    setTimeout(processVideo, delay);
  } catch (err) {
    console.log(err);
  }
};
```

그리고 최종 결과는 다음 그림과 같다.

다음 절에서는 OpenCV.js의 일부 이미지 처리 알고리즘을 좀 더 자세히 살펴본다.

## 이미지 처리와 기본 사용자 인터페이스

이제 이미지와 웹캠 스트림을 읽는 방법을 알게 됐으므로, 기본적인 이미지 처리 기능과 매개변수를 변경하기 위한 기본 컨트롤 방법을 설명한다. 이 절에서는 사용자가 로드한 이미지에 적용할 필터를 선택할 수 있는 웹 페이지를 만든다. 사용자가 적용할 필터는 임계값, 가우시안 블러, 캐니, 히스토그램 균일화다. 각 필터와 알고리즘은 서로 다른 입력 매개변수를 사용하며 각 매개변수를 제어하기 위해 사용자 인터페이스에 추가한다.

먼저 애플리케이션에 필요한 요소를 만든다. 사용자가 적용할 알고리즘/필터를 선택할 수 있으므로 선택 옵션을 가진 select HTML 요소를 추가한다.

```
<select class="form-control" id="filter">
  <option value="0">Choose a filter</option>
  <option value="1">Threshold</option>
  <option value="2">Gaussian Blur</option>
  <option value="3">Canny</option>
  <option value="4">Equalize Histogram</option>
</select>
```

각 옵션마다 요소를 포함한 다른 블록을 표시한다.

### 임계값 필터

임계값의 경우 기본값 100과 범위 0~200을 갖는 input 범위 요소를 표시한다. 이 범위 값을 수정하면 사용할 span 요소에서 선택 값을 표시한다. 임계값 HTML 템플릿의 최종 코드는 다음과 같다.

```
<div id="step3_o1" class="step_blocks hide">
  <span class="step">3</span>
  Threshold: <span id="value_sel">100</span>
  <input type="range" class="custom-range" min="0" max="255" value="100" id="value">
</div>
```

## 가우시안 필터

가우시안의 경우 가우시안 블러 커널을 선택할 수 있는 범위가 필요하다. 다른 입력 범위를 사용하지만 홀수 값만 선택하도록 제한한다. 이를 위해 기본값을 3으로 설정하고 1과 55 사이의 범위에서 2씩 커지도록 설정한다.

```
<div id="step3_o2" class="step_blocks hide">
  <span class="step">3</span>
  Kernel Filter size: <span id="value_o2_sel">3x3</span>
  <input type="range" class="custom-range" min="1" max="55" value="3" step="2" id="value_o2">
</div>
```

## 캐니 필터

캐니[canny] 필터의 경우 구성할 추가 매개변수가 필요하다. 캐니 필터에서는 두 개의 임계값과 조리개[aperture] 크기를 정의해야 한다. 두 가지를 모두 관리하기 위해 각각의 입력 범위 요소를 만든다.

```
<div id="step3_o3" class="step_blocks hide">
  <span class="step">3</span>
  Threshold 1: <span id="value_o3_1_sel">100</span>
  <input type="range" class="custom-range" min="0" max="255" value="100" id="value_o3_1">
```

```
  Threshold 2: <span id="value_o3_2_sel">150</span>
  <input type="range" class="custom-range" min="0" max="255" value="150" id="value_
o3_2">
  Aperture size: <span id="value_o3_sel">3</span>
  <input type="range" class="custom-range" min="3" max="7" value="3" step="2"
id="value_o3">
</div>
```

마지막으로 HTML 코드를 완성하기 위해 이전과 같이 입력 이미지와 canvas의 결과를 추가한다.

```
<div class="col">
  Input image<br>
  <img id="imageSrc" class="small" alt="no image">
</div>
<div class="col">
  Result image<br>
  <canvas id="canvasOutput" class="small" height="300px"></canvas>
</div>
```

이 코드의 HTML 결과는 다음과 같다.

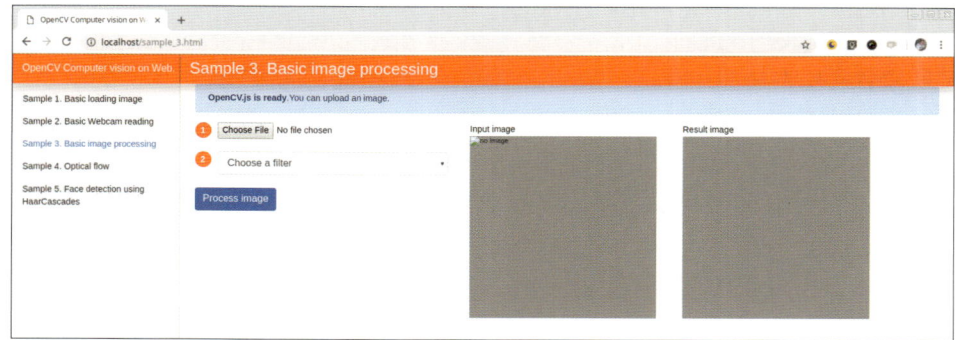

캐니 필터 옵션의 미리 보기

OpenCV.js로 사용자 상호 작용 및 이미지 처리 함수를 만들어보자.

먼저 이미지를 img 요소에 로드하려면 첫 번째 샘플과 동일한 대화형 기능을 추가해야 한다.

```
let inputElement = document.getElementById('fileInput');
  inputElement.addEventListener('change', (e) => {
  imgElement.src = URL.createObjectURL(e.target.files[0]);
}, false);
```

가장 중요한 것은 사용자가 상호 작용할 필터 매개변수 블록을 표시하는 것이다. HTML 코드를 확인하면 각 요소 블록에 대해 hide 클래스를 만들어 이러한 요소를 사용자에게는 표시하지 않는다. 그런 다음에 선택한 입력 요소가 있는 필터를 사용자가 선택할 때 필터 매개변수를 표시한다. onChange 콜백 이벤트를 사용해 이 동작을 수행할 수 있다. 먼저 CSS ".step_blocks" 선택기$^{selector}$와 JQuery의 hide 함수를 사용해 표시할 수 있는 모든 블록을 숨긴다. 선택한 옵션을 사용하려면 val 함수에 액세스하고, 해당 번호와 동일한 ID로 각 블록 이름을 지정하고 show JQuery 함수를 사용한다. 전체 코드는 다음과 같다.

```
$("#filter").change(function(){
  let filter= parseInt($("#filter").val());
  $(".step_blocks").hide();
  $("#step3_o"+filter).show();
});
```

이제 적용하려는 각 필터의 처리 알고리즘을 구현해야 한다. 전체 처리 자바스크립트 코드는 다음과 같다.

```
function process() {
  let mat = cv.imread(imgElement);
  let mat_result= new cv.Mat();
  let filter= parseInt($("#filter").val());
```

```
  switch(filter) {
    case 1:{
      let value= parseInt($("#value").val());
      cv.threshold(mat, mat_result, value, 255, cv.THRESH_BINARY);
      break;}
    case 2:{
      let value= parseInt($("#value_o2").val());
      let ksize = new cv.Size(value, value);
      // 더 다른 매개변수를 사용해볼 수 있다
      cv.GaussianBlur(mat, mat_result, ksize, 0, 0, cv.BORDER_DEFAULT);
      break;}
    case 3:{
      let value_t1= parseInt($("#value_o3_1").val());
      let value_t2= parseInt($("#value_o3_2").val());
      let value_kernel= parseInt($("#value_o3").val());
      cv.Canny(mat, mat_result, value_t1,value_t2, value_kernel);
      break;}
    case 4:{
      cv.cvtColor(mat, mat, cv.COLOR_BGR2GRAY);
      cv.equalizeHist(mat, mat_result);
      break;}
  }
  cv.imshow('canvasOutput', mat_result);
  mat.delete();
  mat_result.delete();
};
```

이제 코드를 이해해보자. 먼저 cv.imread를 사용해 img 요소에서 이미지를 읽고 출력 결과를 저장할 mat을 만든다. 어떤 필터가 선택됐는지 확인하기 위해 $("#filter"). val()을 사용해 select 요소의 ID를 사용하고 filter라는 변수에 저장한다.

switch 문을 사용해 다른 알고리즘이나 필터를 적용할 수 있다. 이전 장에서 다룬 C++와 동일한 인터페이스를 가진 다음의 필터들을 사용한다.

- cv.threshold
- cv.GaussianBlur

- `cv.Canny`
- `cv.equalizeHist`

각 사용자 인터페이스 값에 액세스하기 위해 JQuery 선택기를 사용한다. 예를 들어 임계값 입력 범위에 액세스하려면 `$("#value").val()`을 사용하고, 이를 정수형으로 파싱한다. 사용자는 다른 매개변수, 함수와 동일하게 사용한다.

다음 스크린샷에서는 각 필터의 최종 결과를 볼 수 있다.

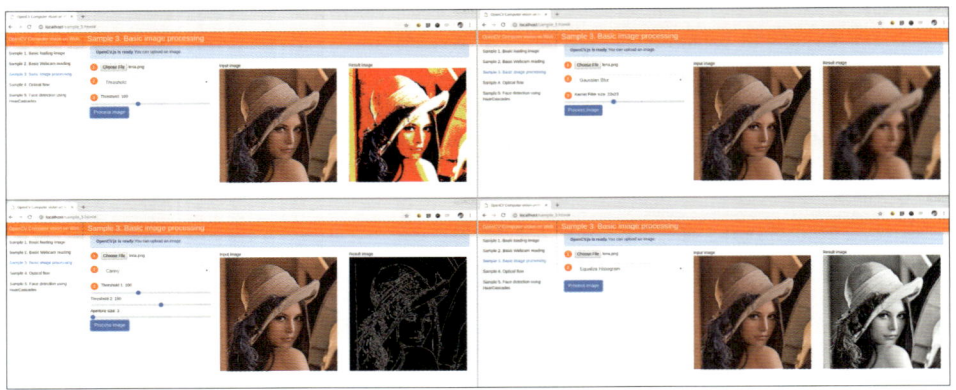

각 필터의 최종 출력

이 절에서는 기본 인터페이스를 만들고 다른 이미지 처리 알고리즘을 적용하는 방법을 배웠다. 다음 절에서는 광류$^{optical\ flow}$ 알고리즘을 사용해 비디오 추적 방법을 학습한다.

## 브라우저의 광류 지원

이 절에서는 여러 개의 지점$^{point}$에 걸쳐서 동작하는 광류를 개발한다. 추적하기에 좋은 점들을 선택하기 위해 OpenCV 함수를 사용한다.

이전 장에서는 프레임을 선택하고 결과를 표시하는 데 필요한 HTML 코드를 구성했다. 그리고 처리된 결과를 표시하기 위해 비디오 요소와 캔버스, 입력 프레임을 처리하기 위한 시작start 버튼이 필요하다. HTML 코드는 다음과 같다.

```
<div class="row">
  <div class="col">
    <div id="status" class="alert alert-primary" role="alert"><img src="img/ajax-loader.gif" /> Loading OpenCV...</div>
  </div>
</div>
<a href="#" class="btn btn-primary" style="display: none;" id="cv_start">Start</a>
<div class="row">
  <div class="col">
    <video id="videoInput" width="320" height="240"></video>
  </div>
  <div class="col">
    <canvas id="canvasOutput" class="small" height="300px"></canvas>
  </div>
</div>
```

광류 알고리즘은 객체 또는 카메라의 움직임으로 인한 두 개의 연속 이미지 간 움직임 패턴을 찾는다. 광류는 두 가지 주요 가정을 사용한다. 픽셀 강도pixel intensity는 동일한 객체 지점에 대해 동일하고 인접 픽셀은 동일한 움직임을 가진다는 가정이다. 이러한 가정 덕분에 알고리즘은 $dx$와 $dy$를 갖는 프레임 $t$와 동일한 강도intensity 패턴을 갖는 프레임 $t+dt$를 사용한다. 이 방법을 나타낸 주요 함수식은 다음과 같다.

$$I(x, y, t) = I(x + dx, y + dy, t + dt)$$

여기서 $I$는 이전 프레임에서 계산된 프레임 $t$의 강도 픽셀이다.

계산을 최적화하기 위해 광류 계산에 사용할 픽셀을 선택할 수 있다. 이 점(포인트)들을 직접 선택하거나, OpenCV의 메서드를 사용해 최적의 점들을 선택할 수 있다. 이를 지원하는 함수를 goodFeaturesToTrack이라고 한다.

지금 해야 할 첫 번째 단계는 필요한 변수를 초기화하고 추적할 가장 좋은 점을 선택하는 것이다. 이전 절에서 했던 것처럼 init_cv 함수에서 모든 초기화를 구현한다.

먼저 비디오 요소를 사용해 입출력 변수와 비디오 캡처를 초기화한다.

```
src = new cv.Mat(video.height, video.width, cv.CV_8UC4);
dst = new cv.Mat(video.height, video.width, cv.CV_8UC1);
cap = new cv.VideoCapture(video);
```

필요한 입출력 변수를 초기화하고 나서 교체할 창 크기, 피라미드 레벨 수, 종료 기준과 같은 광류에 필요한 변수를 초기화한다.

```
// 광류에 필요한 변수 초기화
winSize = new cv.Size(15, 15);
maxLevel = 2;
criteria = new cv.TermCriteria(cv.TERM_CRITERIA_EPS |
cv.TERM_CRITERIA_COUNT, 10, 0.03);
```

추적하려는 각 점에 임의의 색상을 할당하고, 각각 다른 색을 지정해 시각화하기 쉽도록 만든다.

```
for (let i = 0; i < maxCorners; i++) {
  color.push(new cv.Scalar(parseInt(Math.random()*255), parseInt(Math.random()*255),
  parseInt(Math.random()*255), 255));
}
```

이제 첫 번째 프레임을 캡처하고 추적할 좋은 점들을 찾아서 다음과 같이 mat p0에 저장한다.

```
// 첫 번째 프레임을 가져와서 코너를 찾는다
let oldFrame = new cv.Mat(video.height, video.width, cv.CV_8UC4);
cap.read(oldFrame);
```

```
oldGray = new cv.Mat();
cv.cvtColor(oldFrame, oldGray, cv.COLOR_RGB2GRAY);
p0 = new cv.Mat();
let none = new cv.Mat();
cv.goodFeaturesToTrack(oldGray, p0, maxCorners, qualityLevel, minDistance, none,
blockSize);
```

추적 경로를 나타내기 위해 알파 값을 갖는 이미지를 만든다.

```
// 사용자에게 보여주기 위한 마스크 이미지 만들기
let zeroEle = new cv.Scalar(0, 0, 0, 255);
mask = new cv.Mat(oldFrame.rows, oldFrame.cols, oldFrame.type(), zeroEle);
```

이제 모든 프레임을 처리하고 추적을 시작할 준비를 마쳤다. 이전 절에서처럼 processVideo 함수를 사용한다.

먼저 새 프레임을 가져와서 calcOpticalFlowPyrLK 함수의 루카스 카나데[Lukas Kanade] 알고리즘(광류 추정에 널리 사용되는 미분 방법)을 사용해 광류를 계산한다. 광류 계산을 위해 그레이스케일의 이전 프레임과 새 프레임을 사용하고, 새로운 점의 위치를 저장하는 새로운 mat과 이전 점들도 사용한다.

```
// 처리 시작
cap.read(frame);
cv.cvtColor(frame, frameGray, cv.COLOR_RGBA2GRAY);
// 광류 계산
cv.calcOpticalFlowPyrLK(oldGray, frameGray, p0, p1, st, err, winSize, maxLevel,
criteria);
```

이제 각 점의 상태를 갖는 st 변수를 사용할 수 있다. 상태 값이 0이면, 이 점은 처리할 수 없기 때문에 버려야 한다는 의미다. 상태가 1이면, 이 점을 추적하고 그릴 수 있다. 그리고 st 변수를 반복해서 살펴보고 이 점만 그린다.

```
// 좋은 점들을 선택한다
let goodNew = [];
let goodOld = [];
for (let i = 0; i < st.rows; i++) {
  if (st.data[i] === 1) {
    goodNew.push(new cv.Point(p1.data32F[i*2], p1.data32F[i*2+1]));
    goodOld.push(new cv.Point(p0.data32F[i*2], p0.data32F[i*2+1]));
  }
}

// 추적 트랙을 그린다
for (let i = 0; i < goodNew.length; i++) {
  cv.line(mask, goodNew[i], goodOld[i], color[i], 2);
  cv.circle(frame, goodNew[i], 5, color[i], -1);
}
cv.add(frame, mask, frame);
cv.imshow('canvasOutput', frame);
```

완료하려면 일부 점들을 더 이상 추적할 수 없기 때문에 추적 단계에서 이전 프레임과 이전 점들을 실제 상태로 업데이트해야 한다. 다음 코드는 이전 변수들을 업데이트하는 방법을 보여준다.

```
// 이제 이전 프레임과 이전 점들을 업데이트한다
frameGray.copyTo(oldGray);
p0.delete(); p0 = null;
p0 = new cv.Mat(goodNew.length, 1, cv.CV_32FC2);
for (let i = 0; i < goodNew.length; i++) {
  p0.data32F[i*2] = goodNew[i].x;
  p0.data32F[i*2+1] = goodNew[i].y;
}
```

다음은 웹 페이지에서 코드 실행 결과를 보여준다.

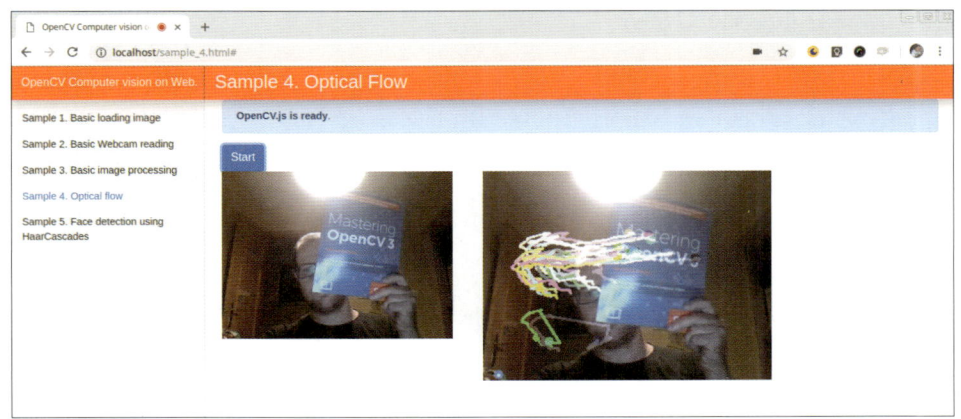

이 절에서는 OpenCV.js를 사용해 기본 광류 구현 방법을 배웠다. 다음 절에서는 캐스케이드 분류기를 사용해 얼굴을 검출하는 방법을 살펴본다.

## 브라우저에서 하르 캐스케이드 분류기를 사용한 얼굴 검출

OpenCV.js를 사용한 이 장의 마지막 내용으로 캐스케이드 분류기 알고리즘에서 하르 특징을 사용해 얼굴 검출기를 만드는 방법을 배운다. 하르와 캐스케이드 분류기를 사용한 얼굴 검출기의 자세한 정보는 3장, 'face 모듈을 사용한 얼굴 랜드마크와 포즈 분석'의 'OpenCV로 얼굴 랜드마크 검출' 절과 5장, 'DNN 모듈을 사용한 얼굴 검출 및 인식'의 '얼굴 검출' 절에서 제공하며, 두 가지 방법이 어떻게 작동하는지 자세히 알려준다.

이전 장과 마찬가지로 비디오 입력과 캔버스 출력으로 작업하고, 동일한 HTML 구조를 재사용해 개발을 시작할 수 있다.

```
<div class="row">
  <div class="col">
    <div id="status" class="alert alert-primary" role="alert"><img src="img/ajax-loader.
```

```
gif" /> Loading OpenCV...</div>
</div>
</div>
<a href="#" class="btn btn-primary" style="display: none;" id="cv_start">Start</a>
<div class="row">
  <div class="col">
    <video id="videoInput" width="320" height="240"></video>
  </div>
  <div class="col">
    <canvas id="canvasOutput" class="small" height="300px"></canvas>
  </div>
</div>
```

먼저 하르 캐스케이드 얼굴 검출기 작업을 수행해 필요한 모델 파일을 로드한다. HTML Request를 사용해 파일을 요청하는 유틸 함수를 사용하고, FS_createDataFile이라는 OpenCV.js 함수를 사용해 메모리에 저장한다. 이러한 작업으로 알고리즘을 시스템 파일에 로드한다.

```
function createFileFromUrl(path, url, callback) {
  let request = new XMLHttpRequest();
  request.open('GET', url, true);
  request.responseType = 'arraybuffer';
  request.onload = function(ev) {
    if (request.readyState === 4) {
      if (request.status === 200) {
        let data = new Uint8Array(request.response);
        cv.FS_createDataFile('/', path, data, true, false, false);
        callback();
      } else {
        self.printError('Failed to load ' + url + ' status: ' +
        request.status);
      }
    }
  };
  request.send();
};
```

OpenCV.js가 로드되면 이 함수를 호출해 모델을 로드하고, 완료되면 변수를 초기화한다.

```
function start_cv(){
  createFileFromUrl("haarcascade_frontalface_default.xml",
                    "haarcascade_frontalface_default.xml", ()=>{
    init_cv();
    // 첫 번째 작업을 스케줄링한다
    setTimeout(processVideo, 10);
  });
}
```

이 예제에서는 입출력 이미지, 검출된 얼굴이 저장된 비디오 캡처, 분류기를 초기화한다.

```
function init_cv(){
  src = new cv.Mat(video.height, video.width, cv.CV_8UC4);
  dst = new cv.Mat(video.height, video.width, cv.CV_8UC4);
  cap = new cv.VideoCapture(video);
  gray = new cv.Mat(video.height, video.width, cv.CV_8UC1);
  faces = new cv.RectVector();
  classifier = new cv.CascadeClassifier();
  // 사전 훈련 분류기를 로드한다
  classifier.load('haarcascade_frontalface_default.xml');
}
```

이제 각 프레임을 처리해 그 안에 나타나는 얼굴을 검출한다. 그리고 재사용할 processVideo 메서드에서 실제 프레임을 캡처하고 cvtColor 함수를 사용해 그레이스케일로 변환한 다음에 detectMultiScale2 함수를 사용해 프레임의 모든 얼굴을 검출한 후 얼굴 벡터에 저장한다. 마지막으로 검출된 각 얼굴에 대해 직사각형을 그린다.

```
// 프로세싱을 시작한다
cap.read(src);
```

```
src.copyTo(dst);
cv.cvtColor(src, gray, cv.COLOR_RGBA2GRAY);
// 얼굴을 검출한다
let numDetections = new cv.IntVector();
classifier.detectMultiScale2(gray, faces, numDetections, 1.1, 3, 0);
// 얼굴을 그린다
for (let i = 0; i < faces.size(); ++i) {
  let face = faces.get(i);
  let point1 = new cv.Point(face.x, face.y);
  let point2 = new cv.Point(face.x + face.width, face.y + face.height);
  cv.rectangle(dst, point1, point2, [255, 0, 0, 255]);
}
cv.imshow('canvasOutput', dst);
```

HTML 페이지에서 본 최종 결과는 다음과 같다.

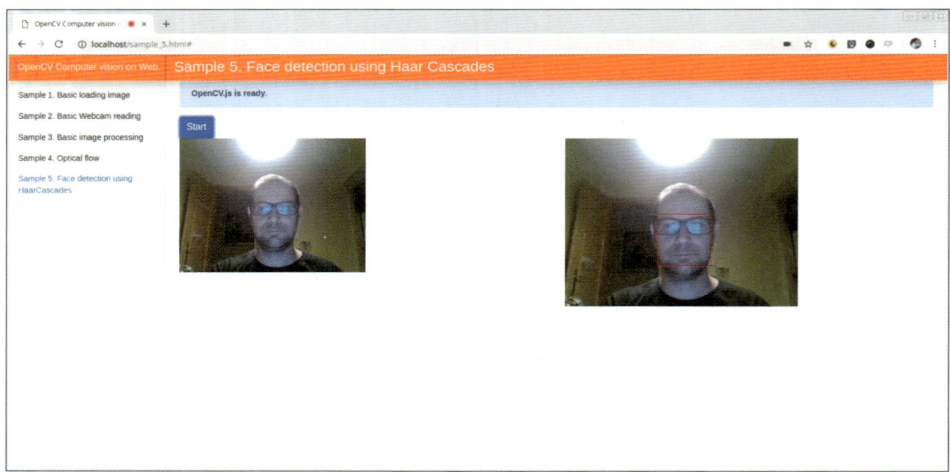

## 요약

6장에서는 웹 페이지에서 OpenCV.js를 사용하는 방법, 기본적으로 HTML 구조를 만드는 방법, 각 HTML 요소에 액세스해 상호 작용하는 방법을 배웠다. 대부분의 브라우저가 지원하는 최신 HTML5 표준을 사용해 기본 사용자 인터페이스를 만들고 video HTML 태그를 통해 이미지 및 비디오 스트리밍에 액세스하는 방법을 배웠다.

OpenCV.js를 로드하고 자바스크립트 프로그램에서 사용할 준비가 됐는지 확인했다. 또한 입력 이미지에 적용해 여러 필터를 사용한 웹 애플리케이션을 만들었다.

개발자는 증강현실 등과 같은 애플리케이션의 새로운 가능성을 제공할 광류 애플리케이션을 만들 수 있었다.

마지막으로는 웹캠을 사용해 실시간으로 얼굴을 검출하는 방법을 배웠으며, 이를 확장하면 얼굴과 제스처 인식, 감정 검출을 위한 새로운 애플리케이션을 만들 수 있다.

이제 웹에서 OpenCV를 사용할 수 있다. 새로운 응용 가능성을 즐겨보자!

7장에서는 ArUco 모듈을 사용해 모바일 디바이스에서 OpenCV를 사용해 멋진 증강현실 애플리케이션을 만드는 방법을 살펴본다.

# 07

# ArUco 모듈을 사용한 안드로이드 카메라 보정과 AR

구글의 안드로이드를 실행하는 휴대 기기는 다른 모든 모바일 운영체제를 실행하는 휴대 기기보다 많으며, 최근에는 고품질 카메라와 함께 놀라운 컴퓨팅 성능을 제공해 최고 수준의 컴퓨터 비전을 수행할 수 있다. 모바일 컴퓨터 비전을 위해 가장 많이 찾는 애플리케이션 중 하나는 증강현실(AR)이며, 실제 세계와 가상 세계를 혼합한 엔터테인먼트와 게임, 의학과 건강 관리, 일반 산업과 방위 산업 등의 애플리케이션을 제공할 수 있다. 모바일 AR의 세계는 매일 새로운 시연이 나타나면서 빠르게 발전하고 있으며, 이는 모바일 하드웨어 및 소프트웨어 개발을 위한 엔진으로 사용된다. 7장에서는 OpenCV의 ArUco contrib 모듈, 안드로이드의 Camera2 API, jMonkeyEngine 3D 게임 엔진을 사용해 안드로이드 에코 시스템에서 AR 애플리케이션을 기초부터 구현하는 방법을 배운다. 그러나 먼저 OpenCV의 calib3d 체스보드chessboard에 대한 강력한 대안을 제공하는 ArUco의 ChArUco 교정 보드를 사용해 안드로이드 디바이스의 카메라를 교정하는 것부터 시작한다.

7장에서 다룰 내용은 다음과 같다.

- 카메라 고유 매개변수와 보정$^{calibration}$ 프로세스의 간단한 이론 소개
- Camera2 API와 ArUco를 사용해 안드로이드에서 카메라 보정 구현하기
- jMonkeyEngine과 ArUco 마커를 사용해 시스루$^{see-through}$ AR 구현하기

# 기술 요구 사항

이 장에서 사용된 기술과 소프트웨어는 다음과 같다.

- ArUco contrib 모듈로 컴파일된 OpenCV v3 또는 v4의 안드로이드 SDK: https://github.com/Mainvooid/opencv-android-sdk-with-contrib
- 안드로이드 스튜디오 v3.2+
- 안드로이드 운영체제 v6.0 이상을 실행하는 안드로이드 기기

7장에 제시된 개념을 구현하기 위한 코드뿐만 아니라 구성 요소의 빌드 가이드도 코드 저장소에서 함께 제공된다.

예제를 실행하려면 인쇄된 보정 보드가 필요하다. ArUco cv::aruco::CharucoBoard::draw 함수를 사용해 보드 이미지를 프로그래밍 방식으로 만들고 나서 가정용 프린터를 사용해 인쇄할 수 있다. 보드는 판지 또는 플라스틱 시트와 같은 딱딱한 표면에 접착된 경우 가장 잘 작동한다. 보드를 인쇄한 후 눈금자 또는 캘리퍼를 사용해 보드 마커의 크기를 정확하게 측정함으로써 교정 결과가 실제 세계에서 좀 더 정확하게 적용되도록 만든다.

이 장의 코드는 깃허브(https://github.com/PacktPublishing/Mastering-OpenCV-4-Third-Edition/tree/master/Chapter_07)를 통해 액세스할 수 있다.

## 증강현실과 포즈 추정

증강현실(AR)은 톰 코델Tom Caudell이 1990년대 초에 만든 개념이다. 톰은 AR이 카메라의 렌더링된 실제 세상과 컴퓨터에서 생성된 그래픽을 부드럽게 혼합해 현실 세계에 존재하는 가상 객체의 환상을 만들어내도록 제안했다. 지난 수십 년 동안 AR은 실제 애플리케이션이 거의 없는 기술에서 시작해 방위, 제조, 의료, 엔테테인먼트 등 수십억 달러에 달하는 가치를 지닌 여러 산업 분야에 이르기까지 큰 발전을 이뤘다. 그렇지만 어느 장면의 3D 지오메트리 위에 그래픽을 등록하는 기술이라는 AR의 핵심 개념은 그대로 유지되고 있다(카메라 기반 AR에서). 따라서 AR은 궁극적으로 이미지에서 3D 지오메트리를 재구성하는 것과 지오메트리 추적 및 지오메트리에 등록된 3D 그래픽 렌더링에 관한 것들을 포함한다. 다른 유형의 증강현실은 카메라와 다른 센서를 사용한다. 가장 잘 알려진 예 중 하나는 〈포켓몬 고Pokemon Go〉 앱처럼 휴대전화에서 자이로스코프와 나침반으로 수행하는 AR이다.

과거 AR은 대부분 직사각형 모양의 인쇄된 마커이며 명확한 명암 대비(주로 검은색과 흰색)를 지원하는 기준 마커fiducial marker(위치 표시자)를 주로 사용한다(다음 절에서 해당 마커의 예를 살펴본다). 기준 마커를 사용하는 이유는 이미지에서 쉽게 찾을 수 있고, 명암 대비가 확실하고, 카메라에 관련한 마커의 평면을 계산할 수 있는 네 개 이상의 명확한 모서리가 있기 때문이다. 이 마커는 90년대의 최초 AR 애플리케이션 이후에 관행적으로 사용됐으며, 오늘날 많은 AR 기술 프로토타입에서도 여전히 널리 사용된다. 이 장에서는 이러한 마커를 사용하는 AR 검출을 사용하지만, 현재 AR 기술은 자연 마커(직사각형, 대부분 비정형), SfM, 매핑과 추적(동시 로컬화 및 매핑Simultaneous Localization And Mapping(SLAM)) 같은 다른 3D 지오메트리 재구성 방법으로 전환됐다.

최근 몇 년 동안 AR이 급격히 증가한 또 다른 이유로 모바일 컴퓨팅의 출현을 꼽을 수 있다. 과거에는 3D 그래픽을 렌더링하고 복잡한 컴퓨터 비전 알고리즘을 실행하려면 강력한 PC가 필요했지만, 오늘날에는 저가형 모바일 장치라도 두 작업을 쉽게 처리할 수 있다. 오늘날의 모바일 GPU와 CPU는 기준 기반fiducial-based AR보다 훨씬 까다로운 작업을 처리할 수 있을 만큼 강력하다. 구글과 애플 같은 주요 모바일 운영체제 개발자는 SfM과 SLAM을 기반으로 한 AR 툴킷을 이미 제공하고 있으며, 관성 센서를 사용한 기술은 실시간보다 빠른 속도로 동작한다. 또한 AR은 헤드웨어 디스플레이<sup>headware display</sup>, 자동차, 심지어 카메라가 장착된 비행 드론과 같은 다른 모바일 디바이스에도 통합될 수 있다.

## 카메라 보정

이미지에서 지오메트리를 복구하는 비전 작업에서는 핀홀 카메라 모델을 사용해 고급 디지털 카메라에서 이미지를 얻는 방법을 크게 단순화했다. 핀홀 모델은 기본적으로 실제 객체를 카메라 이미지의 픽셀로 변환한다. 다음 다이어그램은 이 과정을 보여준다.

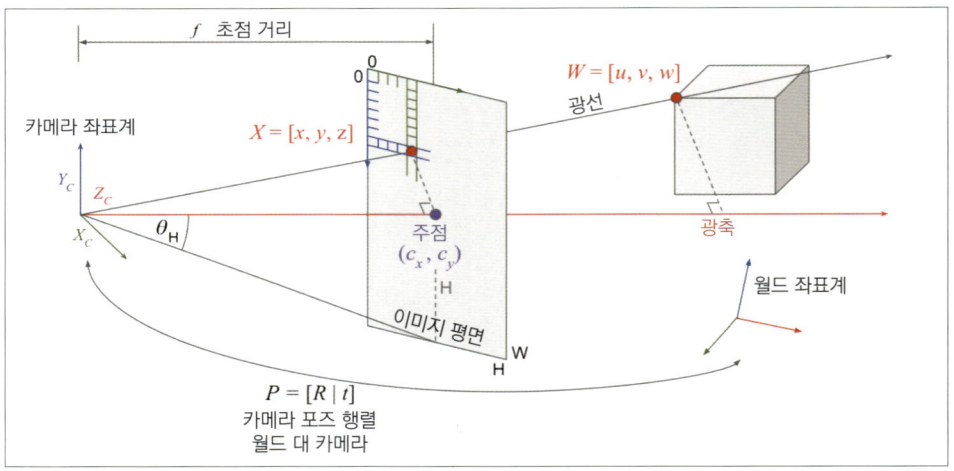

카메라 이미지는 로컬 2D 좌표계(픽셀)를 갖고, 3D 객체의 위치는 밀리미터, 미터, 인치와 같은 임의의 길이 단위로 표시된다. 이 두 좌표계를 조정하기 위해 핀홀 카메라 모델은 투시 투영<sup>perspective projection</sup>과 카메라 포즈라는 두 가지 변환<sup>transform</sup> 방법을 제공한다. 카메라 포즈 변환(앞의 다이어그램에서 $P$로 표시)은 객체의 좌표를 카메라의 로컬 좌표계와 정렬한다. 예를 들어, 객체가 10미터 거리에서 카메라의 광학 축 바로 앞에 있으면 좌표 0, 0, 10(미터 단위)이 된다. 포즈(강체 변환)는 회전 $R$과 평행 변환 구성 요소 $t$로 구성되며, 다음 식과 같이 카메라의 로컬 좌표계에 맞춰 새로운 3D 위치를 만든다.

$$X = \begin{pmatrix} x \\ y \\ z \end{pmatrix} = R \begin{pmatrix} u \\ v \\ w \end{pmatrix} + t = \begin{pmatrix} r_1 & r_2 & r_3 & t_x \\ r_4 & r_5 & r_6 & t_y \\ r_7 & r_8 & r_9 & t_y \end{pmatrix} \begin{pmatrix} u \\ v \\ w \\ 1 \end{pmatrix} = PW'$$

여기서 $W'$는 벡터 끝에 1을 추가해 얻은 3D 점 $W$의 동질 좌표homogenous coordinate다.

다음 단계는 정렬된 3D 포인트를 이미지 평면에 투영한다. 직관적으로 앞의 다이어그램에서 정렬된 3D 포인트와 2D 픽셀 포인트가 카메라 중심의 광선에 존재하는 것을 볼 수 있고, 이로 인해 오른쪽 삼각형이 겹친다(90도). 따라서 $z$ 좌표와 $f$ 계수를 알고 있으면, 이미지 평면의 점 $(x_I, y_I)$를 $z$로 나눠 계산할 수 있다. 이를 투시 분할perspective divide이라고 한다. 먼저 $z$로 나눠 점을 정규화된 좌표(카메라 투영 중심과의 거리)로 만든 후에 실제 카메라의 초점 거리와 이미지 평면의 픽셀 크기를 상관시킨 계수를 곱한다. 마지막으로 카메라의 투사 중심(주점)으로부터 오프셋을 추가해 픽셀 위치를 구한다.

$$x' = x/z$$
$$y' = y/z$$
$$x_I = f_x \cdot x' + c_x$$
$$y_I = f_y \cdot y' + c_y$$

실제로 비선형 계산과 관련된 렌즈의 왜곡(방사형, 배럴 왜곡)과 같이 초점 거리 외에도 이미지에서 객체의 위치를 결정하는 다른 요소가 많다. 이 투영 변환은 종종 카메라 고유 매개변수 행렬camera intrinsic parameters matrix이라고 하는 단일 행렬로 표현되며 일반적으로 $K$로 표시된다.

$$s \begin{pmatrix} x_I \\ y_I \\ 1 \end{pmatrix} = KPW' = \begin{pmatrix} f_x & 0 & c_x \\ 0 & f_y & c_y \\ 0 & 0 & 1 \end{pmatrix} \begin{pmatrix} r_1 & r_2 & r_3 & t_x \\ r_4 & r_5 & r_6 & t_y \\ r_7 & r_8 & r_9 & t_y \end{pmatrix} \begin{pmatrix} u \\ v \\ w \\ 1 \end{pmatrix}$$

카메라 보정 프로세스는 컴퓨터 비전에서 정밀한 작업을 수행하기 위한 기본 단계인 $K$ 계수(그리고 왜곡 매개변수)를 찾는 프로세스다. 카메라 보정은 일반적으로 상관된 3D와 2D 포인트를 측정할 때 최적화 문제를 사용해 수행된다. 충분한 대응 이미지 포인트 $(x_I, y_I)$와 3D 포인트 $(u, v, w)$가 주어지면, 다음과 같은 재투영 비용 펑터reprojection cost functor를 구성할 수 있다.

$$L = \sum_i \left\| p_i^I - \hat{K}PW_i' \right\|_{L_2}$$

여기서 재투영 비용 함수reprojection cost function는 투영과 포즈 행렬 $KPW_i$를 사용해 장면에 재투영할 때 원래 2D 이미지 포인트 $p_i$와 3D 이미지 간의 유클리드 거리를 최소화한다.

$K$ 행렬의 대략적인 값(예를 들어, 주점은 이미지의 정확한 중심이 될 수 있음)에서 시작해 과도하게 제한된 선형 시스템을 설정해 직접 선형direct linear 방식이나 PnP와 같은 알고리즘으로 값 $P$를 추정할 수 있다. 그리고 레벤버그-마쿼드Levenberg-Marquardt와 같은 경사 하강gradient descent 알고리즘을 사용해 수렴할 때까지 천천히 개선하고자 매개변수 $K$와 관련한 $L$의 경사 값을 사용함으로써 반복적으로 진행한다. 이 알고리즘의 세부 사항은 이 장의 범위를 벗어나지만 카메라 보정 기능을 지원하기 위해 OpenCV에서 제공된다.

### 평면 재구성을 위한 증강현실 마커

AR 기준 마커는 카메라와 관련된 평면을 쉽게 찾고자 사용된다. AR 마커는 일반적으로 명확하고 신속하게 검출할 수 있는 강한 모서리나 기타 기하학적 특징(예: 원)을 갖는다. 2D 랜드마크는 검출기에 미리 알려진 방식으로 배열되므로 2D-3D 포인트 대응을 쉽게 설정할 수 있다. 다음은 AR 기준 마커의 예다.

이 예제에는 여러 유형의 2D 랜드마크가 있다. 직사각형 마커에서 랜드마크는 직사각형 코너와 내부에 존재하는 직사각형이며, QR 코드(중간에 위치)에서는 세 개의 큰 상자 모양의 직사각형이 해당된다. 직사각형이 아닌 마커는 원의 중심을 2D 위치로 사용한다.

마커의 2D 점과 해당 쌍의 3D 좌표(밀리미터 단위)를 고려할 때 바로 이전 절에서 본 원리를 사용해 각 쌍에 대해 다음 방정식을 적용할 수 있다.

$$\begin{pmatrix} x_i \\ y_i \\ 1 \end{pmatrix} = \underbrace{\begin{bmatrix} R_{3\times 3} & t \end{bmatrix}}_{P} W'_i = \begin{pmatrix} r_1 & r_2 & r_3 & t_x \\ r_4 & r_5 & r_6 & t_y \\ r_7 & r_8 & r_9 & t_y \end{pmatrix} \begin{pmatrix} u_i \\ v_i \\ 0 \\ 1 \end{pmatrix} = \begin{pmatrix} r_1 & r_2 & t_x \\ r_4 & r_5 & t_y \\ r_7 & r_8 & t_z \end{pmatrix} \begin{pmatrix} u_i \\ v_i \\ 1 \end{pmatrix}$$

마커는 평평하고 일반성을 갖고 있으므로 지면상에 존재한다. 따라서 z 좌표는 0이고 $P$ 행렬의 세 번째 열을 생략할 수 있다. 그러면 사용자는 3×3 행렬을 가진다. 여전히 전체 회전$^{\text{rotation}}$ 행렬을 복구할 수 있다. 직교 정규$^{\text{orthonormal}}$이기 때문에 처음 두 열을 사용해 교차 곱 $R^3 = R^1 \times R^2$으로 세 번째 열을 찾을 수 있다. 나머지 3×3 행렬은 호모그래피$^{\text{homography}}$이며, 한 평면(이미지 평면)을 다른 평면(마커 평면)으로 변환할 수 있다. 다음과 같이 동차 선형 방정식 시스템을 구성해 행렬의 값을 추정할 수 있다.

$$\begin{pmatrix} x_i \\ y_i \\ 1 \end{pmatrix} - \begin{pmatrix} r_1 & r_2 & t_x \\ r_4 & r_5 & t_y \\ r_7 & r_8 & t_z \end{pmatrix} \begin{pmatrix} u_i \\ v_i \\ 1 \end{pmatrix} = \begin{pmatrix} 0 \\ 0 \\ 0 \end{pmatrix}$$

다음과 같은 동차 방정식 시스템을 사용할 수 있다.

$$\begin{pmatrix} x_1 & -u_1 & -v_1 & -1 & 0 & 0 & 0 & 0 & 0 & 0 & 0 & 0 \\ 0 & 0 & 0 & 0 & y_1 & -u_1 & -v_1 & -1 & 0 & 0 & 0 & 0 \\ 0 & 0 & 0 & 0 & 0 & 0 & 0 & 0 & 1 & -u_1 & -v_1 & -1 \\ \vdots & \vdots & \vdots & \vdots & \vdots & \vdots & \vdots & \vdots & \vdots & \vdots & \vdots & \vdots \\ x_n & -u_n & -v_n & -1 & 0 & 0 & 0 & 0 & 0 & 0 & 0 & 0 \\ 0 & 0 & 0 & 0 & y_n & -u_n & -v_n & -1 & 0 & 0 & 0 & 0 \\ 0 & 0 & 0 & 0 & 0 & 0 & 0 & 0 & 1 & -u_n & -v_n & -1 \end{pmatrix} \begin{pmatrix} 1 \\ r_1 \\ r_2 \\ t_x \\ 1 \\ r_4 \\ r_5 \\ t_y \\ 1 \\ r_8 \\ r_9 \\ t_z \end{pmatrix} = \begin{pmatrix} 0 \\ 0 \\ 0 \\ \vdots \\ 0 \\ 0 \\ 0 \end{pmatrix}$$

$A$ 행렬의 특이값 분해(SVD) $\boldsymbol{A} = \boldsymbol{U\Sigma V^t}$와 $V$의 마지막 열을 솔루션으로 사용해 방정식을 풀 수 있으며 $P$를 찾을 수 있다. 이는 이전의 평탄도flatness 가정으로 인해 평면 마커에서만 작동한다. 3D 객체를 사용해 보정하려고 유효한 직교 정규 회전을 복구하려면 더 많은 선형 시스템 계측을 해야 한다. 계측을 하려면 앞에서 언급한 PnP 알고리즘과 같은 다른 알고리즘을 사용할 수도 있다. 지금까지의 내용으로 증강현실 효과를 만드는 데 필요한 이론적 토대를 커버할 수 있다. 다음 절에서는 이러한 아이디어를 구현하기 위한 안드로이드 애플리케이션을 구축한다.

## 안드로이드 운영체제에서 카메라 액세스

전부는 아니지만 대부분의 경우 안드로이드를 실행하는 휴대전화 기기에는 비디오 지원 카메라가 장착돼 있으며 안드로이드 운영체제는 원시 데이터 스트림에 액세스할 수 있는 API를 제공한다. 안드로이드 버전 5(API 레벨 21)까지는 이전 카메라 API를 사용하는 것이 좋다. 그러나 최근 버전에서는 새로운 Camera2 API를 지원하기 위해 더 이상 이전 API가 사용되지 않는다. 구글은 안드로이드 개발자를 위해 Camera2 API

의 사용 방법을 알려주는 좋은 예제 안내서를 제공한다(https://github.com/googlesamples/android-Camera2Basic). 이 절에서는 몇 가지 중요한 요소만 설명하며, 전체 코드는 함께 제공되는 저장소에서 확인할 수 있다.

먼저 카메라를 사용하려면 사용자 권한이 필요하다. AndroidManifest.xml 파일에서 다음과 같이 플래그를 지정한다.

```
<uses-permission android:name="android.permission.CAMERA" />
<uses-permission android:name="android.permission.WRITE_EXTERNAL_STORAGE" />
<uses-permission android:name="android.permission.READ_EXTERNAL_STORAGE"/>
```

또한 중간 데이터 저장이나 이미지 디버깅을 위해 파일 스토리지 액세스를 요청한다. 다음 단계는 애플리케이션이 시작되자마자 화면 대화 상자를 사용해 사용자에게 권한을 요청하는 과정이다(아직 권한이 부여되지 않은 경우).

```
if (context.checkSelfPermission(Manifest.permission.CAMERA) !=
PackageManager.PERMISSION_GRANTED) {
  context.requestPermissions(new String[] { Manifest.permission.CAMERA },
      REQUEST_PERMISSION_CODE);
  return; // 사용자 승인 후 다음 번까지 브레이크됨
}
```

권한 요청을 반환받은 것을 처리하려면 몇 가지 추가 작업이 필요하다.

## 카메라 찾기 및 열기

다음으로 디바이스에서 사용 가능한 카메라 목록을 스캔해 적합한 후면 카메라를 찾는다. 카메라가 후면을 향한 경우에는 다음과 같이 특성 플래그가 카메라에서 사용된다.

```
CameraManager manager = (CameraManager)
context.getSystemService(Context.CAMERA_SERVICE);
```

```
try {
  String camList[] = manager.getCameraIdList();
  mCameraID = camList[0]; // 클래스 멤버로 저장 - mCameraID
  for (String cameraID : camList) {
    CameraCharacteristics characteristics =
      manager.getCameraCharacteristics(cameraID);
    if(characteristics.get(CameraCharacteristics.LENS_FACING) ==
      CameraCharacteristics.LENS_FACING_BACK) {
        mCameraID = cameraID;
        break;
    }
  }
  Log.i(LOGTAG, "Opening camera: " + mCameraID);
  CameraCharacteristics characteristics =
    manager.getCameraCharacteristics(mCameraID);
  manager.openCamera(mCameraID, mStateCallback, mBackgroundHandler);
} catch (...) {
  /* ... */
}
```

카메라가 열리면 사용 가능한 이미지 해상도 목록을 살펴보고 적절한 해상도 크기를 선택한다. 여기서 적절한 크기란 너무 크지 않아서 계산 시간이 오래 걸리지 않으며 화면 해상도에 해당하는 해상도를 말한다. 그리고 이 크기는 전체 화면을 지원해야 한다.

```
final int width = 1280; // 1280x720은 와이드 형식을 지원하는 크기다
int height = 720; // 그렇지만 정확히 사용자 화면이 어떤 해상도를 가져야 할지 확인해야 한다

CameraCharacteristics characteristics =
  manager.getCameraCharacteristics(mCameraID);
StreamConfigurationMap map =
  characteristics.get(CameraCharacteristics.SCALER_STREAM_CONFIGURATION_MAP);
int bestWidth = 0, bestHeight = 0;
final float aspect = (float)width / height;
for (Size psize : map.getOutputSizes(ImageFormat.YUV_420_888)) {
  final int w = psize.getWidth(), h = psize.getHeight();
  // 크기가 사용자가 사용하고자 하는 목표에 가깝고 비슷한 가로세로비를 갖고 있으면 사용할 수 있다
```

```
    if ( width >= w && height >= h &&
      bestWidth <= w && bestHeight <= h &&
      Math.abs(aspect - (float)w/h) < 0.2 )
    {
      bestWidth = w;
      bestHeight = h;
    }
}
```

이제 비디오 피드의 액세스를 요청할 준비가 됐다. 카메라에서 가져온 원시 데이터 액세스를 요청한다. 거의 모든 안드로이드 기기는 YUV420 스트림을 제공하므로 해당 형식을 요청한다. 그러나 다음과 같이 RGB 데이터를 얻으려면 변환 단계가 필요하다.

```
mImageReader = ImageReader.newInstance(mPreviewSize.getWidth(),
mPreviewSize.getHeight(), ImageFormat.YUV_420_888, 2);
// setOnImageAvailableListener는 각 프레임마다 호출된다
mImageReader.setOnImageAvailableListener(mHandler, mBackgroundHandler);

mPreviewRequestBuilder =
  mCameraDevice.createCaptureRequest(CameraDevice.TEMPLATE_PREVIEW);
mPreviewRequestBuilder.addTarget(mImageReader.getSurface());

mCameraDevice.createCaptureSession(Arrays.asList(mImageReader.getSurface())
,
  new CameraCaptureSession.StateCallback() {
    @Override
    public void onConfigured( CameraCaptureSession cameraCaptureSession) {
      mCaptureSession = cameraCaptureSession;
      // ... 오토포커스를 설정한다
      mHandler.onCameraSetup(mPreviewSize); // 필요한 설정 수행
    }
    @Override
    public void onConfigureFailed(CameraCaptureSession  cameraCaptureSession) {
      Log.e(LOGTAG, "createCameraPreviewSession failed");
    }
  }, mBackgroundHandler);
```

다음의 onImageAvailable 리스너[listener] 구현은 각 프레임마다 호출돼 픽셀을 액세스할 수 있다.

```
@Override
public void onImageAvailable(ImageReader imageReader) {
  android.media.Image image = imageReader.acquireLatestImage();
  // Y 요소(YUV에서)만을 사용해 그레이스케일 이미지를 얻는 것과 동일
  mPreviewByteBufferGray.rewind();
  ByteBuffer buffer = image.getPlanes()[0].getBuffer();
  buffer.rewind();
  buffer.get(mPreviewByteBufferGray.array());
  image.close(); // 이미지 처리를 릴리스한다
}
```

이제는 OpenCV에서 처리할 바이트 버퍼를 전달할 수 있다. 다음 절에서는 aruco 모듈을 이용한 카메라 보정 프로세스를 개발한다.

## ArUco를 사용한 카메라 보정

앞에서 설명한 대로 카메라 보정을 수행하려면 해당 2D-3D 포인트 페어링을 얻어야 한다. ArUco 마커 검출을 사용하면 이 작업을 간단히 할 수 있다. ArUco는 보정 보드, 직사각형 격자, AR 마커를 생성하는 도구를 제공한다. 여기서 마커의 수, 크기, 위치 등과 같은 모든 매개변수를 설정할 수 있다. ArUco API에서 제공하는 인쇄용 이미지를 사용해 가정용 또는 사무용 프린터로 보드를 인쇄할 수 있다.

```
Ptr<aruco::Dictionary> dict =
aruco::Dictionary::get(aruco::DICT_ARUCO_ORIGINAL);
Ptr<aruco::GridBoard> board = aruco::GridBoard::create(
  10 /* x축의 N개 마커 */,
  7 /* y축의 M개 마커 */,
  14.0f /* 마커 너비(mm) */,
```

```
    9.2f /* 마커 간격(mm) */,
    dict);
Mat boardImage;
board->draw({1000, 700}, boardImage, 25); // 1000x700픽셀의 이미지
cv::imwrite("ArucoBoard.png", boardImage);
```

위의 코드를 사용한 결과의 보드 이미지 예는 다음과 같다.

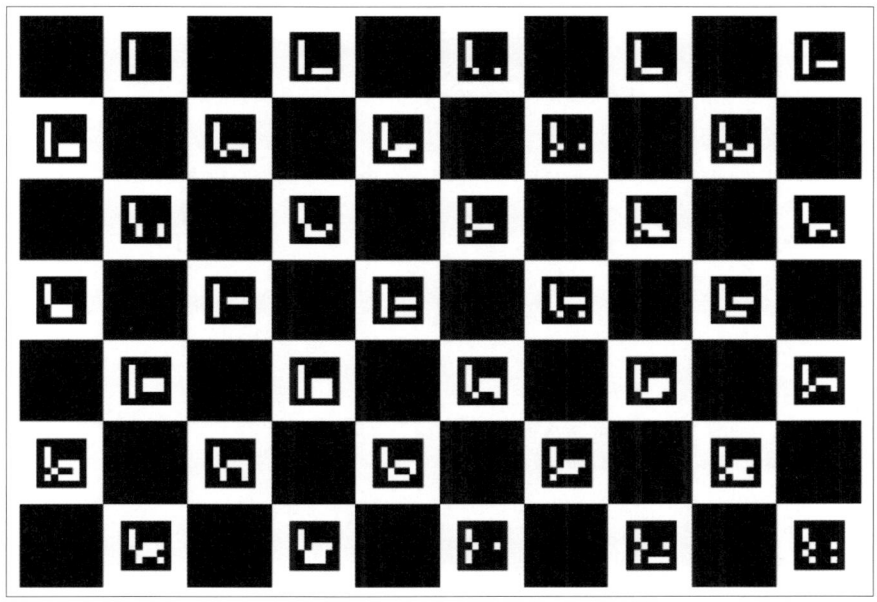

카메라나 보드를 움직여 보드를 여러 개의 뷰로 볼 수 있어야 한다. 보드를 움직일 때 종이를 평평하게 유지하거나 카메라를 움직일 때 테이블 위에서 평평하게 유지하려면, 단단한 판지 또는 플라스틱 조각에 보드를 붙여 넣는 것이 편리하다. CAPTURE, CALIBRATE, DONE 버튼만으로 이미지를 캡처하기 위해 간단한 안드로이드 UI를 구현할 수 있다.

**CAPTURE** 버튼을 누르면 앞에서 본 것처럼 그레이스케일 이미지 버퍼를 할당하고 ArUco 마커를 검출해 메모리에 저장할 수 있는 기본 C++ 함수를 호출한다.

```
extern "C"
JNIEXPORT jint JNICALL
Java_com_packt_masteringopencv4_opencvarucoar_CalibrationActivity_addCalibr
ation8UImage(
  JNIEnv *env,
  jclass type,
  jbyteArray data_, // java: byte[] , 8 uchar 타입의 그레이스케일 이미지 버퍼
  jint w,
  jint h)
{
  jbyte *data = env->GetByteArrayElements(data_, NULL);
  Mat grayImage(h, w, CV_8UC1, data);

  vector< int > ids;
  vector< vector< Point2f > > corners, rejected;

  // 마커 검출
  aruco::detectMarkers(grayImage, dict, corners, ids, params, rejected);
  __android_log_print(ANDROID_LOG_DEBUG, LOGTAG, "found %d markers", ids.size());

  allCorners.push_back(corners);
  allIds.push_back(ids);
  allImgs.push_back(grayImage.clone());
  imgSize = grayImage.size();

  __android_log_print(ANDROID_LOG_DEBUG, LOGTAG, "%d captures", allImgs.size());

  env->ReleaseByteArrayElements(data_, data, 0);
```

```
  return allImgs.size(); // 캡처된 이미지 수를 반환한다
}
```

다음은 위의 함수를 사용해 검출된 ArUco 마커 보드의 예다. 검출된 마커를 시각화하려면 cv::aruco::drawDetectedMarkers를 사용한다. 올바르게 검출된 마커의 점들을 보정에 사용한다.

충분한 이미지를 얻은 후(다양한 관점에서 약 열 개의 이미지를 얻는 것으로 충분), **CALIBRATE** 버튼을 누르면 aruco::calibrateCameraAruco 함수를 실행하는 다른 네이티브 함수를 호출하며, 다음과 같이 저장된 여러 점에 대응되는 배열을 사용한다.

```
extern "C"
JNIEXPORT void JNICALL
Java_com_packt_masteringopencv4_opencvarucoar_CalibrationActivity_doCalibration(
  JNIEnv *env,
  jclass type)
{
  vector< Mat > rvecs, tvecs;

  cameraMatrix = Mat::eye(3, 3, CV_64F);
  cameraMatrix.at< double >(0, 0) = 1.0;

  // 보정을 위한 데이터 준비: 모든 마커 포인트를 단일 배열에 배치
```

```cpp
    vector< vector< Point2f > > allCornersConcatenated;
    vector< int > allIdsConcatenated;
    vector< int > markerCounterPerFrame;
    markerCounterPerFrame.reserve(allCorners.size());
    for (unsigned int i = 0; i < allCorners.size(); i++) {
      markerCounterPerFrame.push_back((int)allCorners[i].size());
      for (unsigned int j = 0; j < allCorners[i].size(); j++) {
        allCornersConcatenated.push_back(allCorners[i][j]);
        allIdsConcatenated.push_back(allIds[i][j]);
      }
    }

    // aruco 마커를 사용해 카메라 보정
    double arucoRepErr;
    arucoRepErr = aruco::calibrateCameraAruco(allCornersConcatenated,
                                              allIdsConcatenated,
                                              markerCounterPerFrame,
                                              board, imgSize, cameraMatrix,
                                              distCoeffs, rvecs, tvecs,
                                              LIB_FIX_ASPECT_RATIO);

    __android_log_print(ANDROID_LOG_DEBUG, LOGTAG, "reprojection err: %.3f",
        arucoRepErr);
    stringstream ss;
    ss << cameraMatrix << endl << distCoeffs;
    __android_log_print(ANDROID_LOG_DEBUG, LOGTAG, "calibration: %s", ss.str().c_str());

    // 보정 데이터를 카메라에 저장
    cv::FileStorage fs("/sdcard/calibration.yml", FileStorage::WRITE);
    fs.write("cameraMatrix", cameraMatrix);
    fs.write("distCoeffs", distCoeffs);
    fs.release();

}
```

---

DONE 버튼은 애플리케이션을 AR 모드로 진행시켜 보정 값이 포즈 추정에 사용된다.

## jMonkeyEngine으로 증강현실 수행

카메라를 보정한 후에 AR 애플리케이션을 구현할 수 있다. jMonkeyEngine(JME) 3D 렌더링 스위트를 사용해 마커 위에 일반 3D 상자를 표시할 수 있는 매우 간단한 애플리케이션을 만든다. JME는 기능이 매우 풍부하며, 이를 사용해 본격적인 게임(예: 〈라이징 월드Rising World〉)을 구현한다. 추가 작업을 하면 AR 애플리케이션을 실제 AR 게임으로 확장할 수 있다. 7장을 살펴보면 JME 애플리케이션을 만들기 위한 코드를 광범위하게 볼 수 있으며, 전체 코드는 이 책의 코드 저장소에서 얻을 수 있다.

증강현실 애플리케이션 개발을 시작할 때는 오버레이된 3D 그래픽 뒤에 있는 카메라에서 뷰를 표시하도록 JME를 프로비저닝provision해야 한다. RGB 이미지 픽셀을 저장할 텍스처texture를 만들고 나서 텍스처를 표시하는 쿼드quad를 만든다. 쿼드는 깊이 값을 갖지 않는 단순한 2D 이미지이므로 직교orthographic 카메라(투시 없음)로 렌더링된다.

다음 코드는 카메라 뷰 텍스처를 갖고 전체 화면을 완전히 덮도록 늘린 단순하고 평평한 네 개의 정점vertex(꼭짓점) 3D 객체인 Quad를 만든다. 그런 다음 Texture2D 객체가 Quad와 결합되므로, 새로운 이미지를 사용해 대체할 수 있다. 마지막으로 직교 투영orthographic projection으로 Camera를 만들고 텍스처 Quad에 카메라를 결합한다.

```
// 배경 텍스처를 나타내는 쿼드
Quad videoBGQuad = new Quad(1, 1, true);
mBGQuad = new Geometry("quad", videoBGQuad);
final float newWidth = (float)screenWidth / (float)screenHeight;
final float sizeFactor = 0.825f;

// 쿼드를 화면 중앙에 놓기
mBGQuad.setLocalTranslation(-sizeFactor / 2.0f * newWidth, -sizeFactor /
2.0f, 0.f);

// 와이드 스크린을 덮을 수 있도록 쿼드의 너비를 조절
mBGQuad.setLocalScale(sizeFactor * newWidth, sizeFactor, 1);

// 안드로이드 카메라의 미리 보기 프레임 픽셀을 담을 텍스처를 새로 만듦
```

```
Material BGMat = new Material(assetManager,
"Common/MatDefs/Misc/Unshaded.j3md");
mCameraTexture = new Texture2D();
BGMat.setTexture("ColorMap", mCameraTexture);
mBGQuad.setMaterial(BGMat);

// 직교 투영하는 맞춤형 가상 카메라 만들기
Camera videoBGCam = cam.clone();
videoBGCam.setParallelProjection(true);
// 맞춤형 뷰포트(custom viewport)를 생성하고 쿼드와 결합
ViewPort videoBGVP = renderManager.createMainView("VideoBGView",
videoBGCam);
videoBGVP.attachScene(mBGQuad);
```

다음으로 그래픽 증강을 보여주기 위해 가상 투시 지원 Camera를 설정했다. 가상 카메라와 실제 카메라가 정렬되도록 앞에서 얻은 보정 매개변수를 사용한다. 보정을 하기 위한 초점 거리 매개변수를 사용해 새 Camera 객체의 절두체(뷰 사다리꼴)를 FOV[Field-Of-View](시야각) 각도(도)로 변환해 설정한다.

```
Camera fgCam = new Camera(settings.getWidth(), settings.getHeight());
fgCam.setLocation(new Vector3f(0f, 0f, 0f));
fgCam.lookAtDirection(Vector3f.UNIT_Z.negateLocal(), Vector3f.UNIT_Y);

// 내부 매개변수(intrinsic parameter)
final float f = getCalibrationFocalLength();

// 보정 매개변수를 사용해 투시 카메라 설정
final float fovy = (float)Math.toDegrees(2.0f *
(float)Math.atan2(mHeightPx, 2.0f * f));
final float aspect = (float) mWidthPx / (float) mHeightPx;
fgCam.setFrustumPerspective(fovy, aspect, fgCamNear, fgCamFar);
```

OpenCV 포즈 추정 알고리즘의 좌표계와 매칭하도록 카메라는 원점에 위치하며 $-z$ 방향을 향하고 $y$축을 가리킨다.

마지막으로 다음의 실행 데모는 배경 이미지 위에서 가상 큐브를 보여주고 AR 마커의 위를 정확하게 덮는다.

## 요약

7장에서는 카메라 보정과 카메라/객체 포즈 추정이라는 컴퓨터 비전의 두 가지 주요 주제를 소개했다. 그리고 aruco contrib 모듈을 사용해 OpenCV의 구현뿐만 아니라 실제로 이러한 개념을 달성하기 위한 이론적 배경도 살펴봤다. 마지막으로는 기본 함수에서 카메라 보정을 위해 ArUco 코드를 실행하고 AR 마커를 검출하는 안드로이드 애플리케이션을 만들었으며, ArUco 보정/검출을 사용하는 매우 간단한 증강현실 애플리케이션을 만들고자 jMonkeyEngine 3D 렌더링 엔진을 사용했다.

8장에서는 iOS 앱 환경에서 OpenCV를 사용해 파노라마 스티칭 애플리케이션을 만드는 방법을 살펴본다. 안드로이드와 iOS 모두에 대해 라이브러리는 사전 빌드된 바이너리와 릴리스를 제공하므로, 모바일 환경에서 OpenCV를 사용하는 것은 OpenCV의 가장 인기 있는 특징을 지원한다.

# 08

# 스티칭 모듈이 있는 iOS 파노라마

파노라마 이미지는 사진 촬영이 처음 시작된 무렵부터 이미 존재했다. 약 150년 전에는 파노라마 촬영 기술이라 불렀고, 테이프나 접착제를 사용해 개별 이미지를 조심스럽게 모아 파노라마를 재현했다. 컴퓨터 비전이 발전함에 따라 파노라마 스티칭은 거의 모든 디지털 카메라와 모바일 장치에서 지원하는 편리한 도구가 됐다. 오늘날 파노라마를 생성하는 것은 디바이스나 카메라를 갖고 뷰에서 스와이핑swiping(손가락으로 화면을 쓸어내리는 동작)하는 것만큼 간단하고, 스티칭 계산이 즉시 수행되며 최종 확장된 장면을 볼 수 있다. 8장에서는 OpenCV의 사전 컴파일된 iOS용 라이브러리를 사용해 아이폰에서 적당한 파노라마 이미지 스티칭 애플리케이션을 구현한다. 먼저 이미지 스티칭의 수학적 내용과 이론을 살펴보고, 이를 구현하기 위해 관련 OpenCV 기능을 선택한 다음에 기본 UI를 사용해 iOS 앱에 통합한다.

이 장에서 다룰 내용은 다음과 같다.

- 이미지 스티칭 개념과 파노라마 구축 방법 소개
- OpenCV의 이미지 스티칭 모듈과 해당 함수 소개
- 파노라마 캡처를 위한 스위프트 iOS 애플리케이션 UI 구축
- 오브젝티브-C++ Objective-C++ 로 작성된 OpenCV 구성 요소를 스위프트 애플리케이션과 통합

# 기술 요구 사항

이 장의 내용을 구현하려면 다음의 기술과 설치 과정이 필요하다.

- 맥 OS 하이 시에라 macOS High Sierra v10.13 이상을 실행할 수 있는 맥 OS X 시스템(예: 맥북 MacBook, 아이맥 iMac)
- 아이폰 6+(iOS v11+가 동작 가능해야 함)
- Xcode v9+
- CocoaPods v1.5+: https://cocoapods.org/
- OpenCV v4.0(CocoaPods를 통해 설치)

이 장에 제시된 개념을 구현하기 위한 코드와 앞의 구성 요소를 빌드하는 방법은 코드 저장소에서 얻을 수 있다.

이 장의 코드는 깃허브(https://github.com/PacktPublishing/Mastering-OpenCV-4-Third-Edition/tree/master/Chapter_08)를 통해 액세스할 수 있다.

## 파노라마 이미지 스티칭 방법

파노라마는 본질적으로 여러 이미지를 하나의 이미지로 함께 융합한 것이다. 다수의 이미지를 갖고 파노라마를 만들 때는 여러 단계가 필요하다. 다른 컴퓨터 비전 작업에 공통적인 일부 작업은 다음과 같다.

- 2D 특징 추출
- 특징에 따라 매칭하는 이미지 쌍
- 이미지를 공용 프레임으로 변환하거나 와핑warping하기
- 더 큰 이미지의 연속 효과를 얻기 위해 이미지 사이에 이음새 사용하기(블렌딩)

이러한 기본 작업 중 일부는 SfM, 3D 재구성, 시각적 오도메트리, 동시 로컬화 및 매핑(SLAM)에서도 일반적이다. 우리는 이미 2장, 'SfM 모듈을 사용한 모션 구조 탐색'과 7장, 'ArUco 모듈을 사용한 안드로이드 카메라 보정과 AR'에서 이들 중 일부를 논의했다. 다음은 파노라마 생성 과정을 대략적으로 나타낸 이미지다.

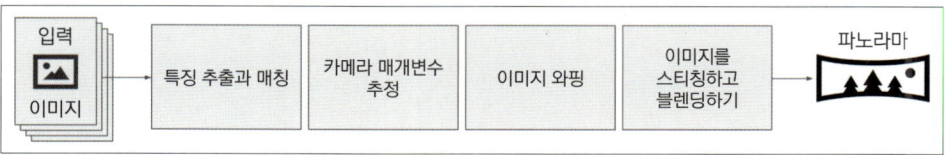

이 절에서는 특징 매칭, 카메라 포즈 추정, 이미지 왜곡도 간단히 검토한다. 실제로 파노라마 스티칭에는 입력 유형과 필요한 출력에 따라 여러 경로와 클래스가 있다. 예를 들어, 카메라에 어안 렌즈가 있는 경우(매우 넓은 시야각)에는 특별한 프로세스가 필요하다.

### 파노라마를 위한 특징 추출과 강력한 매칭

파노라마를 만들기 위해 겹치는 이미지를 사용한다. 겹치는 영역에서 두 이미지를

함께 등록(정렬)할 수 있는 일반적인 시각적 특징을 찾는다. SfM 또는 SLAM에서 프레임 단위로 특징을 찾고, 프레임 간 오버랩(overlap)이 매우 많은 실시간 비디오 시퀀스에서 특징들을 매칭한다. 그러나 파노라마에서는 프레임들에서 큰 모션 요소를 가진 프레임을 얻을 수 있고, 여기서는 프레임의 오버랩이 이미지의 10~20%에 불과할 수 있다. 먼저 SIFT(Scale Invariant Feature Transform), SURF(Speeded Up Strong Feature), ORB(Oriented BRIEF)의 이미지 특징이나 다른 종류의 특징을 추출하고 나서 파노라마의 이미지 간에 매칭시킨다. SIFT와 SURF 특징 관련 기술은 특허로 보호되며 상업적 목적으로 사용할 수 없다. ORB는 무료 대안으로 간주되지만 강력하지는 않다.

다음 이미지는 추출된 특징과 매칭 결과를 보여준다.

## 아핀 조건

강력하고 의미 있는 쌍 매칭을 위해 기하학적 조건을 사용한다. 조건 중 하나는 아핀 변환(affine transform)이며, 이 변환은 크기(스케일), 회전, 평행 이동을 허용한다. 2D에서 아핀 변환은 2×3 행렬로 모델링할 수 있다.

$$\hat{X} = \begin{pmatrix} \hat{x} \\ \hat{y} \end{pmatrix} = \begin{pmatrix} r_1 & r_2 & t_x \\ r_3 & r_4 & t_y \end{pmatrix} \begin{pmatrix} x \\ y \\ 1 \end{pmatrix} = MX$$

$$\hat{M} = \underset{M}{\operatorname{argmin}} \sum_i \left\| X_i^L - MX_i^R \right\|_{L_2}$$

제약 조건을 적용하기 위해 왼쪽 $X_i^L$ 및 오른쪽 $X_i^R$ 이미지의 매칭 점 간 거리(오류)를 최소화하는 아핀 변환($\hat{M}$) 함수를 사용한다.

### 랜덤 샘플 컨센서스

앞의 이미지에서 모든 점이 아핀 조건affine constraint을 지키는 것은 아니며, 대부분의 매칭 쌍이 잘못된 것으로 판단돼 삭제된다. 따라서 대부분의 경우 랜덤 샘플 컨센서스(RANSAC)와 같은 투표 기반 추정 방법을 사용한다. 여기서 랜덤 그룹을 선택해 M의 가설을 직접(균질 선형 시스템을 통해) 풀기 위해 선택한 다음 이 가설을 판단하기 위해 모든 지점 간에 투표를 진행한다.

다음은 RANSAC의 의사 알고리즘이다.

1. 이미지 $i$와 이미지 $j$의 점 사이에서 매칭하는 항목을 찾는다.
2. 최소한의 지원 값으로 이미지 $i$와 $j$ 간 변환의 가설을 초기화한다.
3. 수렴되지 않은 상태에서
   1. 작은 임의의 점-쌍 세트set of point-pair를 선택한다. 아핀 변환의 경우에는 세 쌍으로 충분하다.
   2. 예를 들어, 선형 방정식 세트를 사용해 쌍 세트pair set를 기반으로 하는 아핀 변환 $T$를 계산한다.
   3. 지원 값을 계산한다. 전체 $i, j$ 이미지의 각 점 $p$의 매칭을 수행한다(이미지 $j$에서 변환된 점과 이미지 $i$에서 매칭하는 점 사이의 거리(오류)가 작은 임계값 $\|p_i - Tp_j\| < t$에 해당되면 1을 지원 카운터에 추가한다).
   4. 지원 카운터가 현재 가설의 지원 값보다 큰 경우 $T$를 새로운 가설로 선택한다.
   5. 옵션: 지원 값이 충분히 큰 경우(또는 다른 위반 정책이 적용되는 경우)에는 중단한다. 그렇지 않으면 계속 반복한다.
4. 가장 잘 지원되는 최신 가설 변환 결과를 반환한다.

5. 또한 매칭하는 점이 최종 가설을 지원하는지 여부를 나타내는 이진 변수인 '지원 마스크support mask'를 반환한다.

알고리즘 결과에서는 가장 높은 지원 값을 갖는 변환 결과를 제공하며, 지원 마스크는 지원되지 않는 점을 버리는 데 사용된다. 여러 지원 점을 사용하는 이유는 다음과 같다. 예를 들어 지원 점의 개수가 50% 미만인 경우에는 이 매칭 점들을 불량으로 간주해 두 이미지를 매칭시키지 않는다.

RANSAC의 대안으로 RANSAC과 많이 다르지 않은 LMedS Least Median Squares 알고리즘이 있다. 이 알고리즘은 지원 점들을 세는 대신에 각 변환 가설에 대한 제곱 오차의 중앙값을 계산하고, 마지막으로 최소 중앙값 제곱 오차least median square error를 갖는 가설을 반환한다.

### 호모그래피 조건

아핀 변환은 스캔한 문서(예: 평판 스캐너를 사용해서 얻음)를 스티칭하는 데 유용하지만 사진 파노라마 스티칭에는 사용할 수 없다. 사진을 스티칭하려면 아핀 변환 대신에 8 자유도degree of freedom를 갖고 다음과 같이 3×3 행렬로 표현되며 한 평면에서 다른 평면으로 변환하는 방법인 호모그래피 변환을 문서 스티칭과 동일하게 적용할 수 있다.

$$\hat{X} = s \begin{pmatrix} \hat{x} \\ \hat{y} \\ 1 \end{pmatrix} = \begin{pmatrix} h_1 & h_2 & h_3 \\ h_4 & h_5 & h_6 \\ h_7 & h_8 & 1 \end{pmatrix} \begin{pmatrix} x \\ y \\ 1 \end{pmatrix} = HX$$

적절한 매칭 점들을 발견하면, 파노라마를 위해 이미지를 순서화하고자 이미지의 순서를 찾고 이미지가 서로 어떻게 관련됐는지를 이해한다. 대부분의 경우, 파노라마는 사진 작가(카메라)가 서 있고 축을 중심으로 회전하면서 왼쪽에서 오른쪽으로 회전하는 것을 가정한다. 따라서 카메라 포즈 사이의 회전 요소를 복구하는 것이 목표다. 입력으로 완전한 회전 데이터가 들어온다고 가정하면, 호모그래피는 회전을 복구하기 위해 $\hat{X} = HX = KRK^{-1}X$로 변환한다. 호모그래피가 원래 카메라 내장 행렬(보정), 행렬 $K$, $3 \times 3$ 회전 행렬 $R$로 구성되는 것으로 가정하고 $K$를 알고 있으면 $R$을 복구할 수 있다. 내장 행렬은 미리 카메라 보정으로 계산할 수 있고, 파노라마 생성 과정에서 추정할 수 있다.

## 번들 조정

모든 사진 쌍에서 '로컬'로 변환이 완료되면 '글로벌' 단계 솔루션 최적화를 할 수 있다. 이를 번들 조정bundle adjustment 프로세스라고 하며, 모든 재구성 매개변수(카메라 또는 이미지 변환)의 글로벌 최적화로 구성된다. 글로벌 번들 조정은 이미지 간에 매칭하는 모든 점이 같은 좌표계(예: 3D 공간)에 배치되고 둘 이상의 이미지에 걸쳐 있는 제약 조건이 있는 경우에 가장 잘 수행된다. 예를 들어, 파노라마에서 특징점이 둘 이상의 이미지에 존재하는 경우에는 세 개 이상의 뷰를 등록해야 하므로 '글로벌' 최적화에 유용하게 적용될 수 있다.

대부분의 번들 조정 방법은 재구성 오류를 최소화하는 것을 목표로 한다. 즉, 카메라 또는 이미지 변환과 같은 뷰의 대략적인 매개변수를 찾고, 원래 뷰에서 재투영된 2D 점들의 값은 최소 오차를 가진다. 다음과 같이 수학적으로 표현할 수 있다.

$$\{\hat{T}\}_{j=1}^{n_{\text{images}}} = \underset{\{T\}_{j=1}^{n_{\text{images}}}}{\arg\min} \sum_{i=1}^{n_{\text{points}}} v_{ij} \|X_i - \text{Proj}(T_j, X_i)\|^2$$

카메라 또는 이미지의 최고 변환 $T$는 원점 $X_i$와 재투영된 점 $Proj(T_j, X_i)$ 사이의 거리가 최소인 위치에서 얻는다. 이진 변수 $v_{ij}$는 점 $i$를 이미지 $j$에서 볼 수 있는지를 마킹하고 오류에 반영한다. 이러한 종류의 최적화 문제는 이전 $Proj$ 함수가 일반적으로 비선형이기 때문에 레벤버그-마쿼드와 같은 반복적인 비선형 최소 제곱 솔버iterative non-linear least squares solver로 해결할 수 있다.

## 파노라마 생성을 위한 와핑 이미지

사용자는 이미지의 호모그래피를 알고 있으므로 동일한 평면에 모든 이미지를 투영하기 위해 이미지를 역으로 변환해 적용할 수 있다. 그러나 예를 들어 모든 이미지가 첫 번째 이미지의 평면상에 투영되는 경우, 호모그래피를 사용한 직접 와핑 방법은 외관을 확장한다. 다음 이미지에서는 연결된 호모그래피(관점)의 와핑을 사용해 네 개의 이미지를 스티칭하는 것을 볼 수 있다. 즉, 첫 번째 이미지의 평면에 모든 이미지를 등록해 이례적으로 확장될 수 있음을 보여준다.

확장 문제를 이해하기 위해서는 파노라마가 실린더 내부의 이미지를 보는 것으로 생각하면 된다. 실린더 내부에서는 카메라가 중앙에서 회전하면서 이미지가 투사된다. 이 효과를 얻으려면, 먼저 실린더의 둥근 벽을 펴서 직사각형으로 평평하게 만들고 이미지를 실린더형 좌표로 와핑한다. 다음 다이어그램은 실린더 모양의 와핑 과정을 나타낸다.

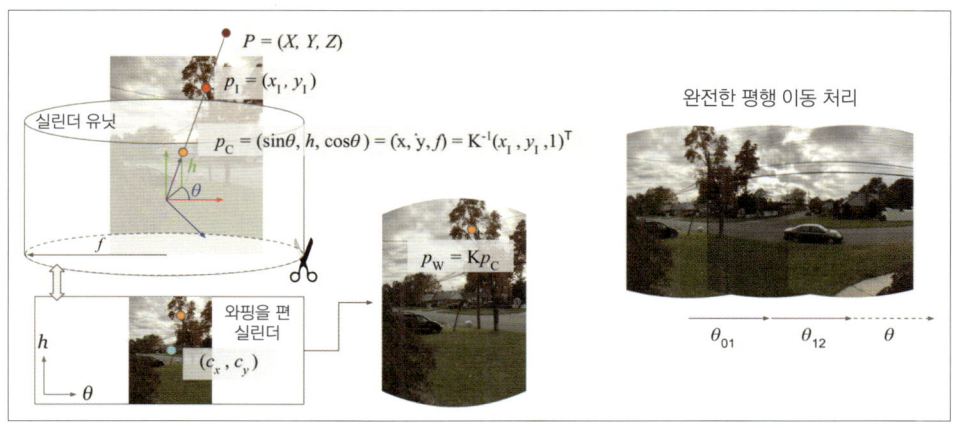

이미지를 실린더형 좌표로 감싸려면 먼저 내장 행렬을 역변환해 픽셀을 정규화된 좌표로 가져온다. 이제 픽셀이 실린더 표면의 한 지점이라 가정하고 높이 $h$와 각도 $\theta$로 매개변수를 지정한다. 높이 $h$는 $y$ 좌표에 해당하고, $x$와 $z$($y$와 관련해 서로 수직임)는 단위 원 내에 존재하므로 각각 $\sin\theta$와 $\cos\theta$에 해당한다. 와핑된 이미지를 원본 이미지와 동일한 픽셀 크기로 얻으려면 고유 행렬 $K$를 다시 적용한다. 그러나 초점 길이 매개변수 $f$를 변경해 파노라마의 출력 해상도에 영향을 줄 수 있다.

실린더형 와핑 모델에서 이미지 간 관계는 완전히 평행 이동이며, 실제로는 단일 매개변수 $\theta$에 의해 결정된다. 동일한 평면에서 이미지를 스티칭하려면 단순히 단일 자유도인 $\theta$를 찾아야 한다. 단일 자유도를 찾는 것은 두 개의 연속 이미지 사이에서 호모그래피가 사용할 여덟 개의 매개변수를 찾는 것과 비교하면 간단한 작업이다. 실린더형 방법의 한 가지 주요 단점으로는 휴대용 카메라와 전혀 다르게 카메라의 회전 축 동작이 위쪽 축과 완벽히 정렬되고 그 장소에서 정적이라는 점을 꼽을 수 있다. 여전히 실린더형 파노라마는 매우 만족스러운 결과를 만들 수 있다. 또 다른 와핑 옵션으로 구형 좌표를 사용할 수 있으며, $x$축과 $y$축 모두에서 이미지를 스티칭하는 데 더 많은 옵션을 사용할 수 있다.

## 프로젝트 개요

이 프로젝트는 다음과 같은 두 가지 사항을 포함한다.

- 파노라마 캡처를 지원하는 iOS 애플리케이션
- 이미지에서 파노라마를 만들고 애플리케이션에 통합하기 위한 OpenCV 오브젝티브-C++ 코드

iOS 코드는 주로 UI 구축, 카메라 액세스, 이미지 캡처와 관련된다. OpenCV 데이터 구조로 이미지를 가져오고 스티치 모듈에서 이미지 스티칭 기능을 실행하는 데 중점을 둔다.

## CocoaPods로 iOS OpenCV 프로젝트 설정

iOS에서 OpenCV 사용을 시작하려면, iOS 디바이스용으로 컴파일된 라이브러리를 가져와야 한다. 이는 CocoaPods를 사용해 쉽게 할 수 있다. CocoaPods는 pod라는 편리한 명령줄 패키지 관리자 유틸리티를 사용하는 iOS와 맥 OS를 위한 방대한 외부 패키지 저장소다.

먼저 'Single View App' 템플릿으로 iOS용 빈 Xcode 프로젝트를 만든다. 오브젝티브-C가 아닌 스위프트 프로젝트를 선택한다. 사용자가 사용할 오브젝티브-C++ 코드는 나중에 추가된다.

특정 디렉터리에서 프로젝트를 초기화한 후 해당 디렉터리 내의 터미널에서 pod init 명령을 실행한다. 그러면 디렉터리에 Podfile이라는 새 파일이 생성된다. 다음과 같이 파일을 편집한다.

```
# 다음 줄의 주석을 해제해 프로젝트의 글로벌 플랫폼을 정의한다
# platform :ios, '9.0'

target 'OpenCV Stitcher' do
  use_frameworks!
  # OpenCV 스티처용 포드
  pod 'OpenCV2', '4.0.0.beta'
end
```

기본적으로 pod 'OpenCV2', '4.0.0'을 target에 추가하면 CocoaPods가 프로젝트에서 OpenCV 프레임워크를 다운로드하고 압축을 풀 수 있다. 그런 다음 동일한 디렉터리의 터미널에서 pod install을 실행하면 모든 포드(이 경우 OpenCV v4)를 포함하도록 프로젝트와 워크스페이스workspace가 설정된다. 프로젝트 작업을 시작하기 위해 Xcode 프로젝트에서 평소와 같이 .xcodeproject 파일 대신 $(PROJECT_NAME).xcworkspace 파일을 연다.

## 파노라마 캡처를 위한 iOS UI

이미지 컬렉션을 파노라마로 변환하는 OpenCV 코드를 살펴보기 전에 겹치는 이미지 시퀀스를 쉽게 캡처할 수 있도록 UI를 빌드한다. 이미 저장된 이미지뿐만 아니라 카메라에도 액세스할 수 있어야 한다. Info.plist 파일을 열고 다음 세 행을 추가한다.

UI 빌드를 위해 오른쪽에는 카메라 미리 보기용 View 객체가 있고 왼쪽에는 겹쳐진 ImageView가 있는 뷰를 만든다. ImageView는 카메라 미리 보기 뷰의 일부 영역을 포함해 사용자가 마지막 부분과 충분히 겹치는 이미지를 캡처하도록 지원한다. 또한 이전에 캡처한 이미지를 표시하기 위해 몇 가지 ImageView 인스턴스를 추가하고, 아래에는 애플리케이션 동작을 제어하기 위한 Capture 버튼과 Stitch 버튼을 추가한다.

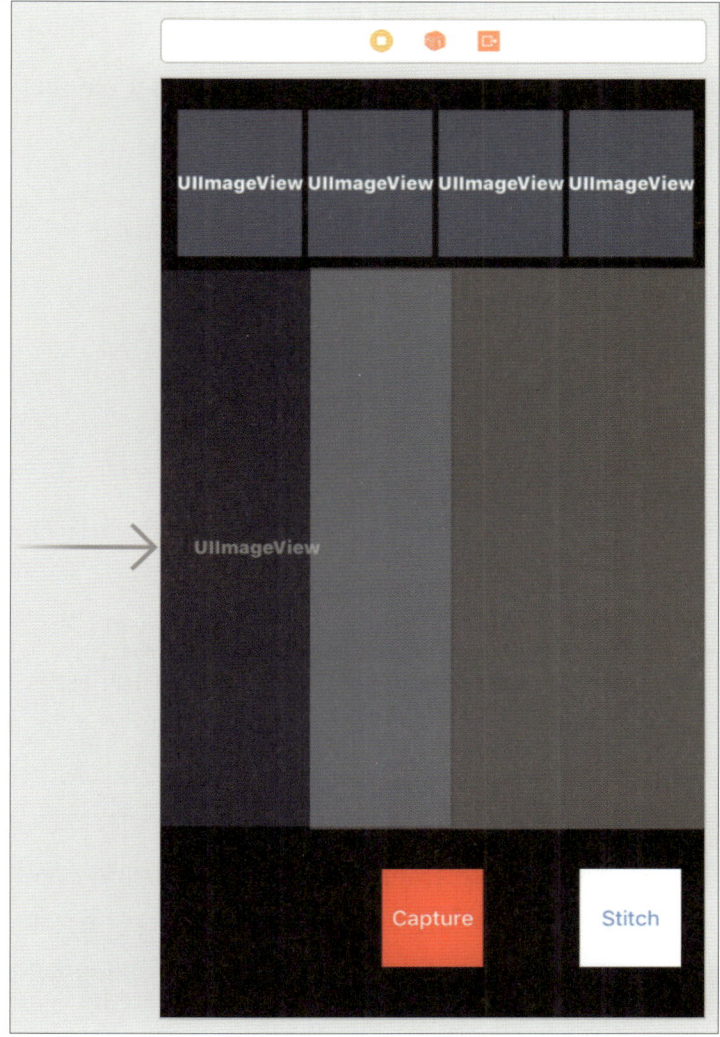

카메라 미리 보기를 미리 보기 뷰에 연결하려면 다음 동작을 수행해야 한다.

1. 캡처 세션을 시작한다(AVCaptureSession).
2. 디바이스를 선택한다(AVCaptureDevice).
3. 장치 입력으로 캡처 세션을 설정한다(AVCaptureDeviceInput).

4. 사진 캡처를 위한 출력을 추가한다(AVCapturePhotoOutput).

이들 대부분은 ViewController 클래스의 멤버로 초기화될 때 바로 설정한다. 다음 코드는 캡처 세션, 디바이스, 출력 설정 방법을 보여준다.

```
class ViewController: UIViewController, AVCapturePhotoCaptureDelegate {

  private lazy var captureSession: AVCaptureSession = {
    let s = AVCaptureSession()
    s.sessionPreset = .photo
    return s
  }()

  private let backCamera: AVCaptureDevice? =
    AVCaptureDevice.default(.builtInWideAngleCamera, for: .video, position: .back)

  private lazy var photoOutput: AVCapturePhotoOutput = {
    let o = AVCapturePhotoOutput()
    o.setPreparedPhotoSettingsArray([AVCapturePhotoSettings(format:
      [AVVideoCodecKey: AVVideoCodecType.jpeg])], completionHandler: nil)
    return o
  }()
  var capturePreviewLayer: AVCaptureVideoPreviewLayer?
```

나머지 초기화 작업은 viewDidLoad 함수에서 수행한다(예: 캡처 입력을 세션에 추가하고 화면에 카메라 피드를 표시하기 위한 미리 보기 레이어를 생성하는 작업). 다음 코드에서는 나머지 초기화 프로세스, 캡처 세션에 입출력 추가, 미리 보기 레이어 설정 방법을 보여준다.

```
override func viewDidLoad() {
  super.viewDidLoad()

  let captureDeviceInput = try AVCaptureDeviceInput(device: backCamera!)
  captureSession.addInput(captureDeviceInput)
  captureSession.addOutput(photoOutput)

  capturePreviewLayer = AVCaptureVideoPreviewLayer(session: captureSession)
```

```
  capturePreviewLayer?.videoGravity = AVLayerVideoGravity.resizeAspect
  capturePreviewLayer?.connection?.videoOrientation =

  AVCaptureVideoOrientation.portrait
  // 미리 보기로 지정된 뷰에 미리 보기 레이어를 추가한다
  let previewViewLayer = self.view.viewWithTag(1)!.layer
  capturePreviewLayer?.frame = previewViewLayer.bounds
  previewViewLayer.insertSublayer(capturePreviewLayer!, at: 0)
  previewViewLayer.masksToBounds = true
  captureSession.startRunning()
}
```

미리 보기를 설정하고 클릭 한 번으로 사진 캡처를 처리할 수 있다. 다음 코드는 버튼 클릭(TouchUpInside)이 delegate를 통해 photoOutput 함수를 트리거하고, 새 이미지를 목록에 추가한 후 사진 갤러리의 메모리에 저장하는 방법을 보여준다.

```
@IBAction func captureButton_TouchUpInside(_ sender: UIButton) {
  photoOutput.capturePhoto(with: AVCapturePhotoSettings(), delegate: self)
}

var capturedImages = [UIImage]()

func photoOutput(_ output: AVCapturePhotoOutput, didFinishProcessingPhoto
  photo: AVCapturePhoto, error: Error?) {
  let cgImage = photo.cgImageRepresentation()!.takeRetainedValue()
  let image = UIImage(cgImage: cgImage)
  prevImageView.image = image // ImageView를 오버랩하기 위해 마지막 사진을 저장
  capturedImages += [image] // 캡처된 사진 배열에 저장
  // 폰의 사진 갤러리에 저장
  PHPhotoLibrary.shared().performChanges({
    PHAssetChangeRequest.creationRequestForAsset(from: image)
  }, completionHandler: nil)
}
```

사용자는 지금까지 설명한 방법을 통해 여러 이미지를 연속적으로 캡처하면서 이미지 하나를 다음 이미지처럼 정렬할 수 있다. 다음은 실제로 폰에서 실행되는 UI의 예다.

다음 절에서는 이미지를 오브젝티브-C++ 컨텍스트에 저장하고 파노라마 스티칭을 위해 OpenCV C++ API로 작업할 수 있는 방법을 살펴본다.

## 오브젝티브-C++ 래퍼의 OpenCV 스티칭

iOS에서 작업하기 위해 OpenCV는 오브젝티브-C++에서 호출할 수 있는 일반적인 C++ 인터페이스를 제공한다. 그러나 최근 몇 년 동안 애플은 iOS 애플리케이션 개발자가 (이전에는 오브젝티브-C로 개발했지만) 애플리케이션을 만들 때 스위프트 언어를 사용하도록 권장해왔다. 다행히도 스위프트와 오브젝티브-C(또는 오브젝티브-C++) 사이의 '브리지bridge'를 쉽게 만들 수 있으므로 스위프트에서 오브젝티브-C 함수를 호출할 수 있다. Xcode는 많은 프로세스를 자동화하고 필요한 글루 코드glue code를 제공한다.

OpenCV를 시작하려면 다음 스크린샷과 같이 Xcode에서 새 파일(Command-N)을 만들고 **Cocoa Touch Class**를 선택한다.

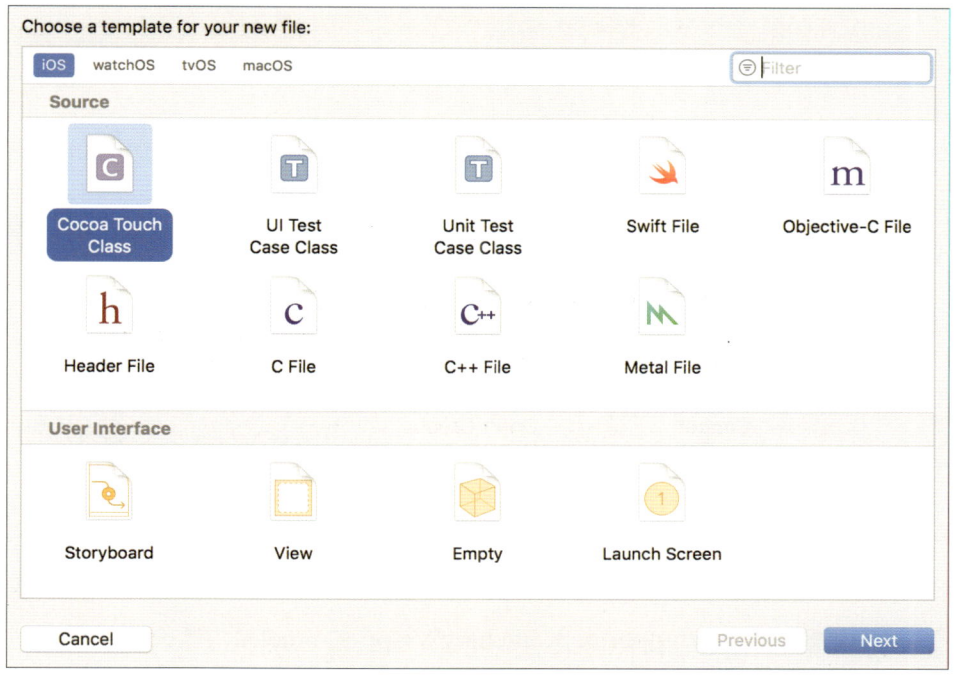

다음 스크린샷과 같이 의미 있는 파일 이름(예: StitchingWrapper)을 선택하고, 오브젝티브-C를 사용 언어로 선택한다.

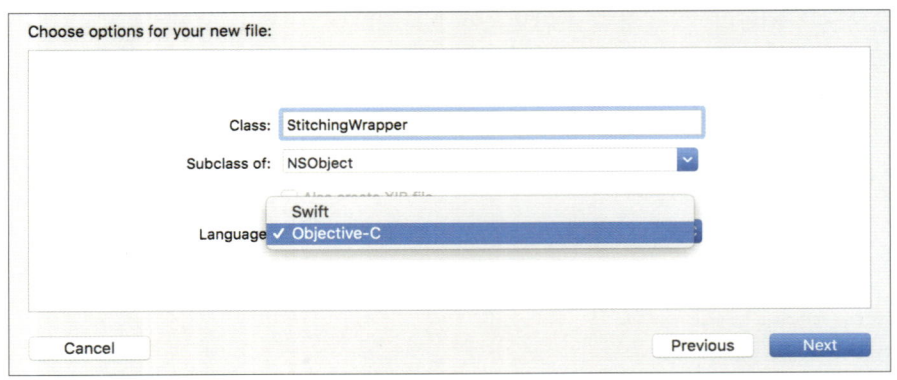

다음 스크린샷에서 보여주는 대로 Xcode를 사용해 오브젝티브-C 코드의 브리징 헤더bridging header를 만들지를 확인한다.

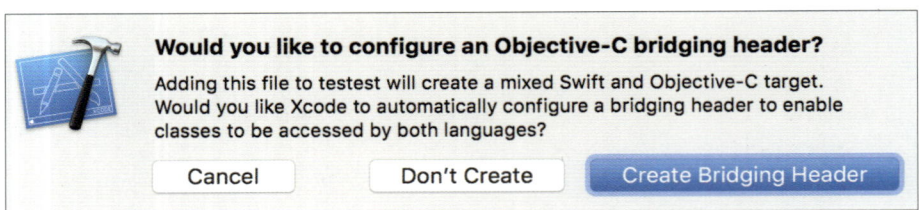

이 과정을 통해 StitchingWrapper.h, StitchingWrapper.m, OpenCV Stitcher-Bridging-Header.h 파일을 만든다. 일반 오브젝티브-C에서 오브젝티브-C++를 활성화하려면 StitchingWrapper.m을 StitchingWrapper.mm으로 수동으로 바꿔야 한다. 이러한 작업을 마치고 나면 이제 오브젝티브-C++ 코드에서 OpenCV를 사용할 준비가 끝난다.

StitchingWrapper.h에서는 이전 UI 스위프트 코드에서 캡처한 이미지 목록으로 NSMutableArray*를 사용하는 새로운 함수를 정의한다.

```
@interface StitchingWrapper : NSObject
+ (UIImage* _Nullable)stitch:(NSMutableArray*) images;
@end
```

그리고 뷰컨트롤러(ViewController)의 스위프트 코드에서 Stitch 버튼 클릭을 처리하는 함수를 구현할 수 있다. UIImages의 capturedImages 스위프트 배열에서 NSMutableArray를 만든다.

```swift
@IBAction func stitch_TouchUpInside(_ sender: Any) {
  let image = StitchingWrapper.stitch(NSMutableArray(array: capturedImages, copyItems: true))
  if image != nil {
    PHPhotoLibrary.shared().performChanges({ // 갤러리에 스티칭 결과를 저장한다
      PHAssetChangeRequest.creationRequestForAsset(from: image!)
    }, completionHandler: nil)
  }
}
```

오브젝티브-C++ 코드로 돌아가면, 먼저 UIImage* 입력에서 OpenCV cv::Mat 객체를 가져와야 한다.

```
+ (UIImage* _Nullable)stitch:(NSMutableArray*) images {
  using namespace cv;
  std::vector<Mat> imgs;
  for (UIImage* img in images) {
    Mat mat;
    UIImageToMat(img, mat);
    if ([img imageOrientation] == UIImageOrientationRight) {
      rotate(mat, mat, cv::ROTATE_90_CLOCKWISE);
    }
    cvtColor(mat, mat, cv::COLOR_BGRA2BGR);
    imgs.push_back(mat);
  }
}
```

마지막으로 이미지 배열을 스티칭하는 함수를 호출한다.

```
Mat pano;
Stitcher::Mode mode = Stitcher::PANORAMA;
Ptr<Stitcher> stitcher = Stitcher::create(mode, false);
try {
  Stitcher::Status status = stitcher->stitch(imgs, pano);
  if (status != Stitcher::OK) {
    NSLog(@"Can't stitch images, error code = %d", status);
    return NULL;
  }
} catch (const cv::Exception& e) {
  NSLog(@"Error %s", e.what());
  return NULL;
}
```

이 코드로 만든 출력 파노라마의 예(실린더형 와핑 사용)는 다음과 같다.

윤곽선들이 혼합된(블렌딩된) 상태에서 네 개의 이미지 간에 약간의 조명$^{illumination}$ 변화가 보일 수 있으며, cv::detail::ExposureCompensator 기반 API를 사용해 OpenCV 이미지 스티칭 API 기반의 다양한 조명 처리를 할 수 있다.

## 요약

8장에서는 파노라마를 생성하는 방법을 배웠으며, OpenCV의 스티칭 모듈에서 구현된 파노라마 제작의 기본 이론과 실제를 살펴봤다. 그리고 나서 사용자가 겹치는 뷰를 사용해 파노라마 스티칭을 위한 이미지를 캡처하는 데 도움이 될 iOS 애플리케이션을 만드는 데 주력했다. 마지막으로 스위프트 애플리케이션에서 OpenCV 코드를 호출해 캡처 이미지에서 스티칭 기능을 실행하고 파노라마 이미지를 완성하는 방법을 확인했다.

9장에서는 당면한 문제의 OpenCV 알고리즘을 어떻게 선택할지에 중점을 둔다. OpenCV의 컴퓨터 비전 문제 및 솔루션 제공 방법에 대해 추론하는 방법과 정보에 기반한 선택을 위해 경쟁 알고리즘과 비교하는 방법을 살펴본다.

## 더 읽을 거리

**리차드 스젤리스키의 컴퓨터 비전 관련 책들:** http://szeliski.org/Book/

**이미지 스티칭의 OpenCV 튜토리얼:** https://docs.opencv.org/trunk/d8/d19/tutorial_stitcher.html

**호모그래피 와핑의 OpenCV 튜토리얼:** https://docs.opencv.org/3.4.1/d9/dab/tutorial_homography.html#tutorial_homography_Demo5

# 09

# 작업에 가장 적합한 OpenCV 알고리즘 찾기

모든 컴퓨터 비전 문제는 다양한 방법으로 해결할 수 있다. 해결 방법은 데이터, 리소스 또는 목표에 따라 성공을 판단하는 것이 상대적이며 장단점을 모두 가진다. 컴퓨터 비전 엔지니어는 OpenCV로 주어진 작업을 해결하기 위해 많은 알고리즘 선택 옵션을 가질 수 있다. 정보에 기반한 올바른 선택이 전체 솔루션의 성공에 큰 영향을 미치고 엄격한 구현을 막아주므로 매우 중요하다. 9장에서는 OpenCV의 옵션을 고를 때 따라야 할 몇 가지 방법을 설명한다. OpenCV가 다루는 컴퓨터 비전 영역, 경쟁 알고리즘이 하나 이상 존재하는 경우 경쟁 알고리즘들 중에서 선택하는 방법, 알고리즘이 성공적인지 측정하는 방법, 파이프라인을 사용해 성공을 측정하는 방법을 살펴본다.

이 장에서 다룰 내용은 다음과 같다.

- OpenCV로 해결 가능한가? OpenCV에서 사용 가능한 컴퓨터 비전 알고리즘이 있는지 확인하기
- 어떤 알고리즘을 선택해야 할까? OpenCV에서 사용 가능한 솔루션 파악하기
- 어떤 알고리즘이 가장 좋은지 어떻게 알 수 있는가? 알고리즘의 성공을 측정하기 위한 메트릭 설정하기
- 동일한 데이터로 다른 알고리즘을 테스트하기 위해 파이프라인 사용하기

## 기술 요구 사항

이 장에서 사용된 기술과 설치해야 할 항목은 다음과 같다.

- 파이썬 바인딩을 지원하는 OpenCV v3 또는 v4
- 주피터 노트북 서버

이 장에 제시된 개념을 구현하기 위한 코드와 위에 나열된 구성 요소의 빌드 방법이 코드 저장소에서 함께 제공된다.

이 장의 코드는 깃허브(https://github.com/PacktPublishing/Mastering-OpenCV-4-Third-Edition/tree/master/Chapter_09)를 통해 액세스할 수 있다.

## OpenCV에 포함돼 있는가?

컴퓨터 비전 문제를 처음 해결할 때 엔지니어는 먼저 다음과 같은 질문을 해야 한다. 솔루션을 처음부터 새로 만들거나 알려진 방법으로 구현해야 할까? 아니면 기존 솔루션을 사용하고 사용자의 요구 사항에 맞추도록 해야 할까?

이 질문을 하더라도, OpenCV에서 이미 구현한 방법은 계속 함께 사용해야 한다. 다행히도 OpenCV는 전형적인 컴퓨터 비전 작업과 특정한 컴퓨터 비전 작업을 모두 처

리할 수 있다. 하지만 OpenCV의 모든 구현이 사용자의 주어진 문제에 쉽게 적용될 수 있는 것은 아니다. 예를 들어 OpenCV는 일부 객체 인식 및 분류 기능을 제공하지만, 콘퍼런스와 논문에서 볼 수 있는 최첨단 컴퓨터 비전 기술만큼 빠르지는 않다. 지난 몇 년 동안, 그리고 OpenCV v4.0에서는 딥 컨볼루션 신경망을 OpenCV API(핵심 dnn 모듈을 통해)에 통합해 엔지니어가 모든 최신 작업을 사용할 수 있도록 제공한다.

이 절에서는 OpenCV v4.0에서 현재 제공되는 알고리즘을 나열하고, 그랜드 컴퓨터 비전 주제에 적용되는 범위를 주관적으로 평가할 수 있도록 노력했다. 또한 OpenCV가 GPU 구현 범위를 제공하는지 여부와 주요 주제가 코어 모듈 또는 contrib 모듈에서 지원되는지 여부도 알아본다. contrib 모듈은 다양한 특성을 가지며, 일부 모듈은 매우 성숙해 여러 문서와 튜토리얼(예: 추적 관련 내용)을 제공하는 반면에 다른 모듈(예: xobjectdetect)은 문서 품질이 좋지 않은 블랙박스 수준으로 구현돼 있다. 코어 모듈 구현과 관련된 내용은 적합한 문서와 예제를 찾을 수 있고 견고한 수준을 가진다.

다음 표는 OpenCV에서 제공하는 서비스 수준과 함께 컴퓨터 비전의 주제 목록을 보여준다.

| 주제 | 범위 | OpenCV 제공 항목 | 코어? | GPU? |
| --- | --- | --- | --- | --- |
| 이미지 프로세싱 | 매우 높음 | 선형/비선형 필터링, 변형, 색 공간, 히스토그램, 모양 분석, 윤곽선 검출 | Yes | 좋음 |
| 특징 검출 | 매우 높음 | 코너 검출, 특징점(키 포인트) 추출, 기술자 계산 | Yes + contrib | 나쁨 |
| 세그멘테이션 | 보통 | 워터셰드(watershed), 윤곽과 연결된 성분 분석, 이항화 및 임계값, 그랩컷(GrabCut), 전경 분할, 슈퍼픽셀 | Yes + contrib | 나쁨 |
| 이미지 정렬, 스티칭, 흔들림 방지 | 높음 | 파노라믹 스티칭 파이프라인, 비디오 안정화 파이프라인, 템플릿 매칭, 변환 추정, 와핑, 매끄러운 스티칭 | Yes + contrib | 나쁨 |
| 움직임 기반 구조 (structure from motion) | 낮음 | 카메라 포즈 추정, 필수/기본 행렬 추정, 외부 SfM 라이브러리를 사용한 통합 | Yes + contrib | 미지원 |

(이어짐)

| 주제 | 범위 | OpenCV 제공 항목 | 코어? | GPU? |
|---|---|---|---|---|
| 모션 추정, 광류, 추적 | 높음 | 광류 알고리즘, 칼만 필터, 객체 추적 프레임워크, 멀티타깃 추적 | 대부분의 contrib | 나쁨 |
| 스테레오와 3D 재구성 | 높음 | 스테레오 매칭 프레임워크, 삼각 측량, 구조된 광선 스캐닝 | Yes + contrib | 좋음 |
| 카메라 보정 | 매우 높음 | 다양한 패턴으로부터의 보정, 스테레오 리그(rig) 보정 | Yes + contrib | 미지원 |
| 객체 검출 | 보통 | 캐스케이드 분류기, QR 코드 검출기, 얼굴 랜드마크 검출기, 3D 객체 인식, 텍스트 검출 | Yes + contrib | 나쁨 |
| 객체 인식, 분류 | 낮음 | 고유/피셔 얼굴 인식, 텍스트 분류(bag of words) | 대부분의 contrib | 미지원 |
| 계산 사진학 | 보통 | 노이즈 제거, HDR, 슈퍼 해상도 | Yes + contrib | 미지원 |

OpenCV는 이미지 처리, 카메라 보정, 특징 추출 등과 같은 기존의 컴퓨터 비전 알고리즘을 사용해 엄청난 작업을 수행하지만 SfM과 객체 분류 같은 중요 주제의 적용 범위는 아직 크지 않다. OpenCV는 세그멘테이션과 같은 다른 주제에 대해서는 적절히 지원하고 있지만 주요 주제가 컨볼루션 네트워크 쪽으로 이동했으며, dnn 모듈을 제공하고 있지만 아직 최신 기술까지는 이르지 못하고 있다.

OpenCV는 카메라 검출뿐만 아니라 특징 검출, 추출, 매칭과 같은 일부 주제를 제공하며 수천 개의 애플리케이션에서 지금도 사용되는 가장 포괄적이고 무료로 사용 가능한 라이브러리다. 그러나 컴퓨터 비전 프로젝트에서 엔지니어는 OpenCV 라이브러리가 무겁고 구축/배포의 오버헤드(모바일 애플리케이션에서는 심각한 문제)를 크게 증가시키므로 프로토타이핑 단계 후에는 OpenCV를 분리하는 것을 고려한다. OpenCV는 광범위한 기능과 테스트 유용성을 제공한다. 그리고 동일한 작업에 대해 여러 알고리즘 중에서 필요한 것을(예: 2D 특징 계산) 선택할 수 있으므로 프로토타입 제작에 많은 도움을 주고 있다. OpenCV는 프로토타이핑 외에도 실행 환경, 코드의 안정성과 유지 관리 가능성, 권한 및 라이선싱 등과 같은 여러 가지 다른 고려 사항을 더욱 중요하게 다룬다. 지금 단계에서는 OpenCV를 사용할 때 언급된 고려 사항을 비롯한 여러 가지 제품 요구 사항을 모두 만족해야 한다.

## OpenCV의 알고리즘 옵션

OpenCV에는 동일한 주제를 다루는 많은 알고리즘이 있다. 새로운 처리 파이프라인을 구현할 때 파이프라인의 단계에서 둘 이상의 선택을 해야 할 경우가 있다. 예를 들어 2장, 'SfM 모듈을 사용한 모션 구조 탐색'에서는 카메라 움직임을 추정하고자 이미지 사이의 랜드마크를 찾거나 희소 3D 구조를 찾기 위해 AKAZE 기능을 사용하기로 임의로 결정했다. OpenCV의 features2D 모듈에는 더 많은 종류의 2D 특징 값이 있다. 좀 더 합리적으로 사용하려면 사용자 요구별로 성능에 기반해 사용할 특징 알고리즘 유형을 선택해야 하며, 적어도 사용할 다른 옵션에 대해서는 알고 있어야 한다.

이 절에서는 다시 한 번 동일한 작업의 편리한 옵션 확인 방법을 찾았다. OpenCV에서 여러 알고리즘을 구현하고 특정 컴퓨터 비전 작업을 정리한 테이블을 만들었다. 또한 알고리즘의 공통적인 추상 API가 제공되는지 여부를 표시했으므로 코드 내에서 쉽게 바꿔 사용할 수 있다. OpenCV는 모든 알고리즘이 아닌 대부분의 경우에 `cv::Algorithm` 기본 클래스 추상화를 제공하지만, 이 추상화 방법은 매우 높은 수준이고 다형성과 상호 교환성에 거의 영향을 미치지 않는다. 머신러닝 알고리즘(ml 모듈과 `cv::StatsModel` 공통 API)은 실제로 중복된 기능 구현이 존재하고(예: 허프 검출기군) 저수준 이미지 처리 알고리즘이며, 적절한 컴퓨터 비전 알고리즘은 아니므로 제외됐다. 또한 객체 검출, 배경 세그먼트화, 2D 특징 등과 같은 몇 가지 핵심 주제를 가리는 GPU CUDA 구현은 대부분 CPU 구현의 복제본이므로 제외됐다.

다음 표는 OpenCV에서 여러 가지 구현을 지원하는 주제들을 보여준다.

| 주제 | 구현 | 기본 API? |
|---|---|---|
| 광류 | video 모듈: SparsePyrLKOpticalFlow, FarnebackOpticalFlow, DISOpticalFlow, VariationalRefinement<br>optflow contrib 모듈: DualTVL1OpticalFlow, OpticalFlowPCAFlow | Yes |
| 객체 추적 | track contrib 모듈: TrackerBoosting, TrackerCSRT, TrackerGOTURN, TrackerKCF, TrackerMedianFlow, TrackerMIL, TrackerMOSSE, TrackerTLD<br>외부 모듈: DetectionBasedTracker | Yes[1] |
| 객체 검출 | objdetect 모듈: CascadeClassifier, HOGDescriptor, QRCodeDetector,<br>linemod contrib 모듈: Detector<br>aruco contrib 모듈: aruco::detectMarkers | No[2] |
| 2D 특징 | OpenCV에서 가장 확립된 공통 API<br>features2D 모듈: AgastFeatureDetector, AKAZE, BRISK, FastFeatureDetector, GFTTDetector, KAZE, MSER, ORB, SimpleBlobDetector<br>xfeatures2D contrib 모듈: BoostDesc, BriefDescriptorExtractor, DAISY, FREAK, HarrisLaplaceFeatureDetector, LATCH, LUCID, MSDDetector, SIFT, StarDetector, SURF, VGG | Yes |
| 특징 매칭 | BFMatcher, FlannBasedMatcher | Yes |
| 배경 추출 | video 모듈: BackgroundSubtractorKNN, BackgroundSubtractorMOG2<br>bgsegm contrib 모듈: BackgroundSubtractorCNT, BackgroundSubtractorGMG, BackgroundSubtractorGSOC, BackgroundSubtractorLSBP, BackgroundSubtractorMOG | Yes |

(이어짐)

---

1　track contrib 모듈의 클래스에만 해당된다.
2　일부 클래스는 이름이 동일한 함수를 공유하며, 상속된 추상 클래스는 없다.

| 주제 | 구현 | 기본 API? |
|---|---|---|
| 카메라 보정 | calib3d 모듈: calibrateCamera, calibrateCameraRO, stereoCalibrate<br>aruco contrib 모듈: calibrateCameraArcuo, calibrateCameraCharuco<br>ccalib contrib 모듈: omnidir::calibrate, omnidir::stereoCalibrate | No |
| 스테레오 재구성 | calib3d 모듈: StereoBM, StereoSGBM<br>stereo contrib 모듈: StereoBinaryBM, StereoBinarySGBM<br>ccalib contrib 모듈: omnidir::stereoReconstruct | 일부[3] |
| 포즈 추정 | solveP3P, solvePnP, solvePnPRansac | No |

몇 가지 알고리즘 옵션만으로 문제를 해결하고자 할 때는 한 가지만 너무 빨리 선택하지 말아야 하며, 위의 표를 사용해 다른 옵션이 존재하는지 충분히 확인한 후에 찾아야 한다. 다음 절에서는 옵션 풀 중에서 선택하는 방법을 설명한다.

## 어떤 알고리즘이 가장 좋을까?

컴퓨터 비전은 많은 지식이 들어있는 하나의 세계이며 수십 년에 걸쳐 연구를 수행한 결과다. 다른 많은 분야와 달리 컴퓨터 비전은 계층적이거나 수직적이지 않으므로 주어진 문제의 새로운 솔루션이 항상 더 나은 것은 아니며 이전 작업을 기반으로 하지 않을 수도 있다. 응용 분야이기 때문에 컴퓨터 비전 알고리즘은 다음과 같은 측면에 주의를 기울여 만들고 비수직적 개발이 가능하다.

---

3  각 모듈은 자체 기본 API가 있지만 모듈 간에 공유되지는 않는다.

- **계산 리소스**: CPU, GPU, 임베디드 시스템, 메모리 풋프린트, 네트워크 연결
- **데이터**: 이미지 크기, 이미지 수, 이미지 스트림 수(카메라), 데이터 유형, 연속성, 조명 조건, 장면 유형 등
- **성능 요구 사항**: 실시간 출력 또는 다른 타이밍 제약(예: 사람의 인식), 정확성 및 정밀도
- **메타 알고리즘**: 알고리즘 단순성(상호 참조: '오컴의 면도날 Occam's Razor' 정리), 구현 시스템과 외부 도구, 공식적인 증거 제공

각 알고리즘은 여러 고려 사항 중 하나만을 충족시키기 위해 만들었으므로, 일부 또는 모든 알고리즘을 제대로 테스트하지 않으면 다른 알고리즘보다 성능이 우수하다는 것을 절대 알 수 없다. 물론 주어진 문제의 모든 알고리즘을 테스트하는 것은 마지막 절에서 봤듯이 실제로 구현할 수 있고 OpenCV가 많은 구현을 했더라도 약간은 비현실적이다. 반면에 컴퓨터 비전 엔지니어는 알고리즘을 선택했을 때 최적의 구현을 하지 못할 가능성을 생각하지 않으면 해고된다. 본질적으로 이것은 '공짜 점심은 없다 no free lunch' 정리에서 확인할 수 있다. 사용 가능한 데이터 세트들의 전체 공간에서 단일 알고리즘이 가장 좋은 알고리즘일 수는 없다.

따라서 해당 세트 중에서 최상의 옵션을 사용하기 전에 여러 가지 알고리즘 옵션을 테스트하는 것이 좋다. 그러나 사용자는 가장 좋은 것을 어떻게 찾을 수 있을까? '가장 좋은'이란 표현은 각각이 다른 것보다 좋거나 나쁘다는 것을 암시하며, 결과적으로 객관적인 척도 또는 측정이 모두 순서대로 점수가 매겨지고 순위를 가진다는 사실을 나타낸다. 분명히, 각 문제마다 고유하게 발생하는 모든 문제에서 모든 알고리즘의 단일 메트릭(측정 방법)은 없다. 많은 경우에 성공을 위한 척도는 인간 또는 우리가 신뢰할 수 있는 다른 알고리즘 사용에서 알고 있는 사실 값과의 편차, 오차 측정이다. 최적화에서 이는 손실 함수 loss function 또는 비용 함수 cost function로 알려져 있으며, 가장 낮은 점수를 갖는 최상의 옵션을 찾기 위해 최소화(때로는 최대화)한다. 또 다른 주요 메트릭 클래스는 출력 성능(예: 오류)과 런타임 타이밍, 메모리 풋프린트, 용량, 처리량 등에 대해

낮은 관심을 갖고 있다.

다음은 컴퓨터 비전에서 볼 수 있는 일부 메트릭 목록이다.

| 태스크(작업) | 메트릭 예제 |
|---|---|
| 재구성, 등록, 특징 매칭 | MAE(Mean Absolute Error)<br>MSE(Mean Squared Error)<br>RMSE(Root Mean Squared Error)<br>SSD(Sum of Squared Distances) |
| 객체 분류, 인식 | 정확도, 정밀도, 재호출 수, F1 스코어(f1-score), FPR(False-Positive Rate) |
| 세그멘테이션, 객체 검출 | IoU(Intersection-over-Union) |
| 특징 검출 | 반복성, 정밀한 재호출 |

주어진 태스크에 가장 적합한 알고리즘을 찾는 이유는 테스트 시나리오에서 모든 옵션을 설정하고 선택한 메트릭의 성능을 측정하거나 표준 실험 또는 데이터 세트에서 다른 사람의 측정값을 얻기 위해서다. 그리고 메트릭 조합에서 파생되는 순위 중에 가장 높은 순위 옵션을 선택해야 한다(단일 메트릭에서는 쉬운 작업이다). 이제 순위 작업을 하고 나서 정보를 토대로 최상의 알고리즘을 선택한다.

## 알고리즘의 비교 성능 테스트 예

예를 들어 파노라마 또는 항공 사진 스티칭과 같은 겹치는 이미지를 정렬해야 하는 시나리오가 있다고 하자. 성능을 측정해야 하는 중요한 이유는 근사 방법을 사용해 복구하려는 실제 상태를 정확하게 측정한 실제 측정값이 필요하기 때문이다. 연구진은 알고리즘을 테스트/비교할 수 있는 데이터 세트에서 실제 측정값을 얻을 수 있다. 실제로 이와 관련된 많은 데이터 집합이 존재하며, 컴퓨터 비전 연구자들은 항상 이 데이터들을 사용한다. 컴퓨터 비전 데이터 세트용으로 좋은 자료 중 하나는 YACVID[Yet Another Computer Vision Index To Datasets](https://riemenschneider.hayko.at/vision/dataset/)이다. 여기서는 지난 8년 동안 데이터를 제공해왔으며 수백 개의 데이터 세트 링크를 갖고 있다. https://github.com/jbhuang0604/awesome-computer-vision#datasets에서도 많은 데이터를 얻을 수 있다.

그러나 우리는 컴퓨터 비전 자료 중에서 잘 사용될 수 있는 실제 측정값을 얻게 해주는 다른 방법을 선택할 것이다. 파라메트릭parametric 제어 내의 특수한 상황을 만들고 알고리즘의 다양한 측면을 테스트하기 위해 변경 가능한 벤치마크를 만들 것이다. 이 예에서는 단일 이미지를 가져와서 두 개의 겹치는 이미지로 세그멘테이션하고, 그중 하나에 일부 변형을 적용한다. 알고리즘으로 이미지를 융합하면 원래의 융합 이미지를 다시 만들려고 해도 완벽하게 되지는 않는다. 시스템의 일부 조각을 선택할 때 선택한 내용(예: 2D 특징의 유형, 특징 매칭 알고리즘, 변환 복구 알고리즘)은 측정/비교할 최종 결과에 영향을 미친다. 사용자가 인위적으로 만든 실제 측정값 데이터로 작업하면 실험 조건/수준에 대해 많은 통제를 할 수 있다.

다음 이미지에서 양방향으로 겹치는 부분을 분리해 살펴보자.

이미지: https://pixabay.com/en/forest-forests-tucholski-poland-1973952/

왼쪽 이미지는 그대로 유지하면서 오른쪽 이미지에서 인공 변형을 수행해 알고리즘이 얼마나 잘 실행을 되돌릴 수 있는지 확인한다. 일을 단순하게 처리하기 위해 다음과 같이 기준이 되는 이미지를 양쪽으로 회전시킨다.

회전이 없는 경우를 위해 중간인 경우를 추가하는데, 오른쪽에 있는 이미지는 약간만 회전된다. 이 데이터들은 실제로 어떤 변환이 일어났는지, 그리고 원래의 입력이 무엇인지를 정확히 알기 위한 실제 측정값 데이터를 구성한다.

여기서 목표는 이미지 정렬에서 다른 2D 특징 기술자 유형의 성공을 측정하는 것이다. 성공을 판별하기 위한 한 가지 기준은 최종 재스티칭된 이미지 픽셀의 평균 제곱 오차(MSE)를 확인하는 것이다. 변환 복구가 잘 수행되지 않으면 픽셀이 완벽하게 정렬되지 않으므로 MSE가 높아진다. MSE가 0에 가까워지면 스티칭이 잘 완료되는 것을 알 수 있다. 또한 실용적인 이유로 어떤 특징이 가장 효율적인지 알고 싶을 때는 실행 시간을 측정한다. 이를 위한 알고리즘은 매우 간단하다.

1. 원본 이미지를 왼쪽 이미지와 오른쪽 이미지로 세그멘테이션한다.
2. 각 특징 유형(SURF, SIFT, ORB, AKAZE, BRISK)에 대해 다음 동작을 수행한다.
    1. 왼쪽 이미지에서 특징점과 특징을 찾는다.
    2. 각 회전 각도 [−90, −67, ⋯, 67, 90]에 대해 다음 동작을 수행한다.
        1. 오른쪽 이미지를 회전 각도로 회전시킨다.
        2. 오른쪽으로 회전된 이미지에서 특징점과 특징을 찾는다.
        3. 회전된 오른쪽 이미지와 왼쪽 이미지 사이의 특징점들을 매칭시킨다.
        4. 엄격한 2D 변환을 추정한다.
        5. 추정치에 따라 변환한다.
        6. 분리되지 않은 원본 이미지로 최종 결과의 MSE를 측정한다.
        7. 특징 추출, 계산, 매칭에 필요한 전체 시간을 측정하고 정렬을 수행한다.

빠른 최적화를 위해 회전된 이미지는 캐시하고 각 특징 유형의 이미지는 계산하지 않는다. 나머지 알고리즘은 그대로 유지한다. 또한 타이밍 측면에서 공정성을 유지하기 위해 각 특징 유형(예: 2,500개의 특징점)에 대해 비슷한 수의 특징점을 추출해야 하며, 특징점 추출 기능의 임계값을 설정해 수행한다.

정렬 실행 파이프라인은 특징 유형을 인식하지는 못하지만 매칭 특징점을 갖고 정확히 동일하게 작동한다. 이는 많은 옵션을 테스트하는 데 매우 중요하다. OpenCV의 `cv::Feature2D`와 `cv::DescriptorMatcher` 공통 기본 API를 사용하면 모든 특징과 매처를 사용해 정렬 실행 파이프라인을 구현하므로 사용할 수 있다. 그러나 'OpenCV에 포함돼 있는가?' 절 내의 표를 살펴볼 때, OpenCV의 모든 비전 문제에 적용하지 못할 수도 있으므로 비교가 가능하도록 자체 측정 코드를 추가해야 할 수 있다.

코드에서 이 루틴을 구현한 파이썬 코드를 찾을 수 있으며 다음과 같은 결과를 제공한다. 회전 불변성을 테스트하기 위해 각도를 변경하고 재구성 MSE를 측정했다.

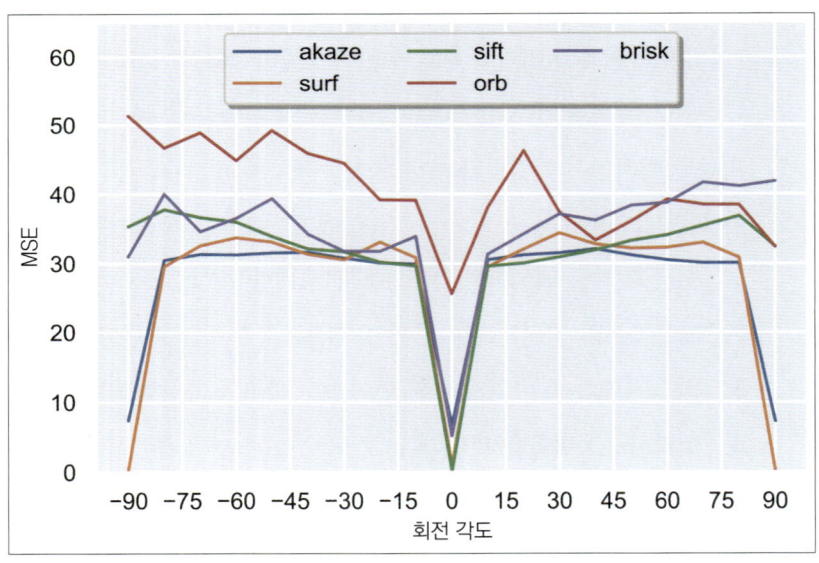

동일한 실험으로, 다음과 같은 특징 유형의 모든 실험에서 평균 MSE와 평균 실행 시간을 기록한다.

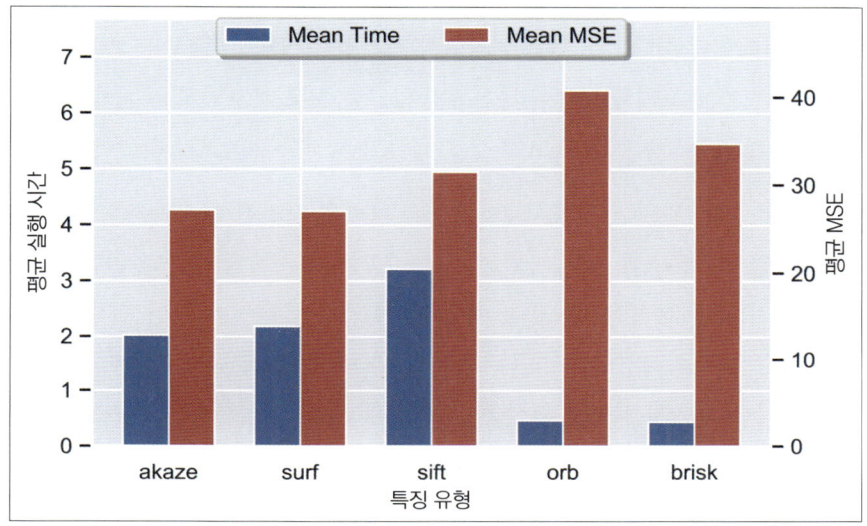

결과 분석에서는 일부 특징이 다른 회전각을 가질 때와 전반적일 때 MSE 기준으로 더 잘 수행되는 것을 명확히 볼 수 있으며, 또한 타이밍에 큰 차이가 있는 것을 확인할 수 있다. AKAZE와 SURF는 회전 각도 영역에서 정렬 성공에 대해 최고 성능을 가진 것으로 보이며, 높은 회전 각도(~60°)에서는 AKAZE가 유리하다. 그러나 매우 작은 각도 변화(0°에 가까운 회전 각도)에서는 SIFT가 거의 0에 가까운 MSE로 실제 완벽한 재구성을 갖고, 그렇지 않은 경우에는 30° 이하로 회전하는 다른 것들도 마찬가지로 좋다. ORB는 도메인 전체에서 매우 나쁘고, BRISK는 나쁘지는 않지만 이전 특징 유형을 거의 이길 수 없다.

타이밍을 고려할 때 ORB와 BRISK(기본적으로 동일한 알고리즘이다.)가 확실한 승자이지만 재구성 정확도 측면에서는 다른 방법보다 훨씬 뒤떨어진다. AKAZE와 SURF는 막상막하의 타이밍 성능을 가진 선두 주자들이다.

이제 애플리케이션 개발자는 프로젝트 요구 사항에 따라 특징 유형의 순위를 정해야 한다. 테스트 데이터를 사용하면 쉽게 결정할 수 있다. 속도가 우선이라면 BRISK가 가장 빠르고 ORB보다 성능이 우수하므로 BRISK를 선택한다. 정확성을 원한다면 AKAZE를 선택해야 한다. AKAZE는 최고의 정확성을 발휘하고 SURF보다 빠르기 때문이다. 그렇지만 알고리즘 사용이 자유롭지 않고 특허로 보호되기 때문에 SURF 자체를 사용하는 것은 어려우므로 AKAZE를 자유롭고 적절한 대안으로 찾아야 한다.

지금까지는 두 가지 간단한 측정(MSE와 시간)과 하나의 다양한 매개변수(회전)만 고려한 매우 기초적인 테스트였다. 실제 상황에서는 시스템 요구 사항에 따라 변환 동작에 더 많은 복잡한 요소들을 넣을 수 있다. 예를 들어 엄격한 회전이 아닌 전체 원근 변환perspective transformation을 사용할 수 있다. 또한 결과의 좀 더 심층적인 통계 분석을 원할 수도 있다. 이 테스트에서는 각 회전 조건에 대해 한 번의 정렬 프로세스를 수행했다. 이는 일부 알고리즘이 연속 실행(예: 정적 데이터를 메모리에 로드하기)에서 장점을 얻을 수 있지만 타이밍을 정확하게 측정하는 데 적합하지 않다. 여러 번 실행할 때는 실행의 차이에 대해 추론하고 표준편차 또는 오류를 계산해 의사 결정 프로세스에 추가 정보를 제공한다. 마지막으로 충분한 데이터가 제공되면 t-검정t-test 또는 ANOVA(분산 분석analysis of variance)와 같은 통계적 추론 프로세스와 가설 검정을 수행해 조건(예: AKAZE와 SURF)의 미세한 차이가 통계적으로 유의한지 여부를 확인할 수 있다. 하지만 노이즈가 너무 많아서 구분하지 못할 수도 있다.

## 요약

작업에 가장 적합한 컴퓨터 비전 알고리즘을 정확히 선택하는 것은 어려우므로 많은 엔지니어가 가장 정확한 것만을 고르지는 않는다. 다양한 선택을 갖는 설문 조사 작업으로 벤치마크 성능 결과를 제공할 수 있지만, 엔지니어가 많이 볼 수 있는 특정 시스템의 요구 사항을 모델링하지 않으며 새로운 테스트 구현이 필요하다. 알고리즘 옵션

테스트의 주요 문제점은 측정 코드에 있으며, 엔지니어에게 추가된 작업이고 항상 간단하게 처리할 수는 없다. OpenCV는 여러 비전 도메인의 알고리즘을 지원하는 기본 API를 제공하지만 적용 범위가 완전하지 않다. 하지만 OpenCV는 컴퓨터 비전 문제를 광범위하게 다루므로 이러한 테스트를 수행하기 위한 최고의 프레임워크 중 하나다.

알고리즘을 선택할 때 정보를 기반으로 결정을 내리는 것은 비전 엔지니어링에서 매우 중요하며 속도, 정확도, 단순성, 메모리 풋프린트, 가용성과 같은 많은 요소를 최적화할 수 있다. 각 비전 시스템 프로젝트는 이러한 각 요소가 갖는 가중치에 영향을 미치는 특정 요구 사항들을 사용해 최종 결정을 내린다. 비교적 간단한 OpenCV 코드를 사용해 데이터를 수집하고, 차트를 작성하고, 장난감 문제<sup>toy problem</sup>(현실의 문제를 간단하게 만든 것)에 대해 현명한 결정을 내리는 방법을 살펴봤다.

10장에서는 OpenCV 오픈소스 프로젝트의 역사와 OpenCV를 제안된 솔루션으로 사용할 때 빠져들기 쉬운 일반적인 함정을 살펴본다.

# 10
# OpenCV의 일반적인 함정 피하기

OpenCV가 등장하고 나서 15년이 지났으므로, OpenCV에는 너무 오래됐거나 최적화되지 않았으며 과거의 유물이라 할 만한 구현이 다수 포함돼 있다. 또한 고급 OpenCV 엔지니어는 OpenCV API를 사용할 때 기본적인 실수를 피하는 방법을 알고 프로젝트에서 알고리즘적인 성공을 거둘 수 있어야 한다.

이 장에서는 OpenCV의 역사적인 개발 과정을 살펴보고, 컴퓨터 비전의 개발과 함께 프레임워크와 알고리즘이 점진적으로 어떻게 제공되고 있는지를 검토해볼 것이다. 이렇게 해서 얻은 지식을 바탕으로 OpenCV 내에 새로운 대안이 존재하는지 여부를 어떻게 파악할지 알아보고, OpenCV를 사용해 컴퓨터 비전 시스템을 만드는 동안에 어떻게 일반적인 문제와 최적화되지 않은 상황을 인식하고 피할지를 논의한다.

이 장에서 다룰 주제는 다음과 같다.

- OpenCV의 역사와 최신 컴퓨터 비전 연구 내용
- OpenCV에서 사용 가능한 알고리즘의 날짜와 오래된 알고리즘인지 여부 확인하기
- OpenCV에서 컴퓨터 비전 시스템을 구축할 때 마주치는 함정과 그 해결 방법

## OpenCV v1에서 v4까지의 역사

OpenCV는 2000년대 초 인텔의 컴퓨터 비전 엔지니어였던 그레이 브래드스키[Gray Bradsky]의 아이디어로 시작됐다. 브래드스키와 러시아 출신 위주로 구성됐던 엔지니어 팀은 2002년에 오픈소스 소프트웨어(OSS) v0.9를 만들기 전에 인텔에서 내부적으로 OpenCV의 첫 번째 버전을 개발했다. 그 후 브래드스키 대신에 윌로우 개러지[Willow Garage]가 이전 OpenCV 창립 멤버들과 같이 주도했다. 그중에는 빅터 에르히모프[Viktor Eurkhimov], 세르게이 몰리노프[Sergey Molinov], 알렉산더 쉬쉬코프[Alexander Shishkov], 바딤 피사레브스키[Vadim Pisarevsky]가 있었고(2016년에 인텔이 인수한 ItSeez 사의 초기 멤버들), 이들은 오픈소스 프로젝트용 초기 라이브러리 개발을 지원하기 시작했다.

버전 0.9에는 주로 C API가 있었고 이미 이미지 데이터 조작 기능과 픽셀 액세스, 이미지 처리, 필터링, 색 공간 변환, 기하학적 분석과 모양 분석(예: 모폴로지 기능, 허프 변환, 윤곽 찾기), 모션 분석, 기본 머신러닝(K-평균, HMM), 카메라 포즈 추정, 기본 선형 대수(SVD, 고유 분해) 등의 기능이 있었다. 이러한 기능 중 상당수는 오늘날 OpenCV의 최신 버전까지 지속적으로 유지되고 있다. 버전 1.0은 2006년에 출시됐으며, 이 버전의 라이브러리는 OSS 컴퓨터 비전에서 지배적인 위상을 차지하고 있다. 2008년 말에 브래들리와 아드리안 캐흘러[Adrian Kaehler]는 전 세계적으로 큰 성공을 거둔 OpenCV v1.1pre1을 기반으로 한 베스트셀러인 『Learning OpenCV』를 출판했고, 이 책은 수년간 OpenCV C API의 결정적인 가이드가 됐다.

OpenCV가 완전성을 가지므로 OpenCV v1은 특징 제공 측면에서 v0.9에서 약간 벗

어나기는 하지만, 학술적 및 산업적 응용 분야 모두에서 매우 인기 있는 비전 작업의 프레임워크가 됐다. 그렇지만 v1.0(2006년 말)이 출시된 후, OpenCV 프로젝트는 창립 팀이 다른 프로젝트에 참여하고 오픈소스 커뮤니티가 몇 년이 지난 후에도 설립되지 않았기 때문에 수년 동안 '동면 상태'에 빠졌었다. 이 프로젝트는 2008년 말에 기능을 약간 추가해 v1.1pre1을 릴리스했다. 그러나 가장 잘 알려진 비전 라이브러리로서 OpenCV의 기반은 매우 성공적인 C++ API를 도입한 버전 2.x와 함께 나왔다. 버전 2.x는 OpenCV의 안정적인 브랜치branch이며 6년(2009~2015년) 동안 지속됐고, 거의 10년 뒤인 2018년 초(마지막 버전 2.4.13.6은 2018년 2월에 릴리스됨)에도 그 브랜치가 유지됐다. 2012년 중반에 출시된 버전 2.4는 매우 안정적이면서 성공적인 API를 갖췄고, 3년간 지속됐으며, 매우 광범위한 특징을 제공했다.

버전 2.x에서는 CMake 빌드 시스템을 도입했는데, 이 플랫폼은 MySQL 프로젝트에서 그 당시에도 사용됐고 완전한 크로스 플랫폼이라는 목표에 부합했다. 새로운 C++ API 외에도 v2.x는 모듈 개념(2011년경에는 v2.2)을 가져왔고, 프로젝트 어셈블리가 필요하기 때문에 v1.x의 cv, cvaux, ml 등을 모듈 방식으로 변환했다. 머신러닝 기능, 내장 얼굴 인식 캐스케이드 모델, 3D 재구성 기능, 가장 중요한 파이썬 바인딩 적용 범위뿐만 아니라 2D 기능도 확장됐다. 또한 초기 파이썬을 지원하도록 투자해 OpenCV를 당시와 현재까지도 사용할 수 있는 최고의 비전 프로토타이핑 도구로 만들었다. 2012년 중반에 출시된 버전 2.4는 2018년까지 개발이 이어졌고 API 변경 지원이 중단될 우려가 있어 v2.5는 출시되지 않았으며 v3.0(2013년 중반 무렵)으로 이름이 변경됐다. 버전 2.4.x는 안드로이드와 iOS 지원, CUDA와 OpenCL 구현, CPU 최적화(예: SSE와 기타 SIMD 아키텍처)와 엄청나게 많은 새로운 알고리즘 같은 중요 기능을 계속 제공했다.

2015년 말 베타 버전으로 처음 릴리스된 버전 3.0은 커뮤니티에서 큰 인기를 얻지 못했다. 이 버전은 일부 API의 업데이트를 제공하지 않고 드롭인drop-in 교체가 불가능했기 때문에 커뮤니티는 더 안정적인 API를 원했다. 또한 헤더 구조가 변경(opencv2/⟨module⟩/⟨module⟩.hpp에서 opencv2/⟨module⟩.hpp로 변경)돼서 사용자가 전환하기가 더

욱 어려워졌다. 버전 2.4.11+(2015년 2월)는 버전 간 API 간격을 메우기 위한 추가 기능이 포함됐고 개발자가 v3.0으로 전환할 수 있도록 설명서가 제공됐다(https://docs.opencv.org/3.4/db/dfa/tutorial_transition_guide.html). 버전 2.x는 많은 패키지 관리 시스템(예: 우분투의 apt)을 사용해 OpenCV의 안정 버전으로 여전히 서비스를 제공하고, 버전 3.x는 매우 빠른 속도로 발전하고 있다.

수년간의 양립$^{cohabitation}$과 계획 과정을 거친 후에 버전 2.4.x는 버전 3.x로 전환됐으며, 개정된 API(많은 추상화와 기본 클래스 도입)의 개발을 가속화하고 새로운 투명화 API$^{Transparent\ API}$(T-API)를 사용해 향상된 GPU 지원이 시작됐다. T-API를 사용하면 GPU 코드를 일반 CPU 코드와 상호 교환해 사용할 수 있다. 커뮤니티에 기여하는 코드의 별도 저장소인 opencv-contribute를 통해 구축 안정성과 타이밍을 개선했고, v2.4.x의 모듈이 주 코드에서 제거됐다. 또 다른 큰 변화로는 OpenCV의 머신러닝 지원이 v2.4부터 크게 개선되고 개정된 점을 꼽을 수 있다. 버전 3.x도 OpenCV HAL$^{Hardware\ Acceleration\ Layer}$을 통해 인텔 x86(예: ARM, NEON)을 능가하는 CPU 아키텍처의 안드로이드 지원 및 최적화를 추진했고, 이후 코어 모듈에 통합됐다. OpenCV의 딥 신경망은 v3.1(2015년 12월)에 contrib 모듈로 처음 출현했다. 그리고 거의 2년 후인 v3.3(2017년 8월)에서 코어 모듈인 opencv-dnn으로 업그레이드됐다. 3.x 버전은 인텔, NVIDIA, AMD, 구글의 지원을 받아 GPU/CPU 아키텍처와의 최적화와 호환성에 엄청난 향상을 가져왔고, 최적화된 컴퓨터 비전 라이브러리로서 OpenCV의 특징 항목이 됐다.

버전 4.0은 OpenCV의 성숙 상태를 오늘날과 같은 주요 오픈소스 프로젝트로 나타낸다. 이전 C API(v0.9의 많은 기능)는 더 이상 필요하지 않게 됐고 대신 C++11이 의무화됐으며, 이로 인해 라이브러리에서 cv::String과 cv::Ptr 하이브리드는 제거됐다. 버전 4.0은 CPU와 GPU의 추가 최적화를 계속해서 진행하고 있지만, 가장 흥미로운 추가 사항은 G-API 모듈이다. G-API는 구글의 텐서플로 딥러닝 라이브러리와 페이스북의 파이토치$^{PyTorch}$가 큰 성공을 거둔 데 이어 CPU와 GPU의 이종$^{heterogeneous}$ 실행으로 컴퓨터 비전을 위한 컴퓨팅 그래프 구축을 지원할 수 있으며 OpenCV에 크게 기여했다. OpenCV는 오랜 기간 딥러닝, 머신러닝, 파이썬, 다른 언어, 실행 그래프, 교차 호환성, 최적화된 알고리즘을 광범위하게 제공받았고 매우 강력한 커뮤니티 지원으로 미래 지향적인 프로젝트로 자리매김했으며, 15년 후에도 대표적인 오픈 컴퓨터 비전 라이브러리로 지속될 수 있다.

이 책의 시리즈는 오픈소스 컴퓨터 비전의 주요 라이브러리를 포함한 OpenCV의 개발 역사와 얽혀 있다. 2012년에 발간된 초판은 v2.4.x 브랜치를 기반으로 만들어졌다. 초판은 2009~2016년의 OpenCV 분야에서 지배적으로 존재했다. 2017년 발간된 두 번째 판은 커뮤니티 내에서 지배적인 OpenCV v3.1+(2016년 중반부터 시작)를 다뤘다. 지금 읽고 있는 세 번째 판은 2018년 10월 말에 발매된 OpenCV v4.0.0을 다룬다.

## 컴퓨터 비전에서 OpenCV와 데이터 혁신

OpenCV는 컴퓨터 비전 분야에서 데이터 혁명이 일어나기 전부터 존재했다. 1990년 대 후반에는 컴퓨터 비전 연구자들이 대량의 데이터에 접근하기가 쉽지 않았다. 빠른 인터넷 접속은 흔하지 않았고, 대학이나 큰 연구 기관조차도 강하게 네트워크화되지 않았다. 개인 및 대규모 기관 컴퓨터의 제한된 스토리지 용량은 연구자들과 학생들이 비전 처리에 필요한 컴퓨팅 성능(메모리와 CPU)을 갖는 것은 고사하고 대량의 데이터로 작업하는 것조차 허락하지 않았다. 따라서 대규모 컴퓨터 비전 문제의 연구는 전 세계적으로 선택된 실험실로 제한됐고, MIT의 컴퓨터 과학 및 인공지능 연구소(CSAIL), 옥스퍼드 대학교의 로보틱스 연구 그룹, 카네기 멜론(CMU)의 로보틱스 연구소, 캘리포니아 공과대학교(CalTech)의 컴퓨터 비전 그룹 등이 그에 속했다. 이 실험실들은 또한 지역 과학자들의 연구를 위해 많은 양의 데이터를 정리할 수 있는 자원들을 스스로 갖고 있었으며, 그들의 계산 클러스터는 그 규모의 데이터로 처리할 수 있을 만큼 강력했다.

그러나 2000년대 초반에는 이런 과정에 변화가 생겼다. 빠른 인터넷 연결이 연구와 데이터 교환의 허브가 됐고, 이와 동시에 컴퓨팅 및 스토리지 성능이 매년 기하급수적으로 향상됐다. 이러한 대규모 컴퓨터 비전 작업의 '민주화'는 MNIST(1998년), CMU

PIE(2000년), CalTech 101(2003년), MIT LabelMe(2005년) 등과 같은 컴퓨터 비전 작업을 위한 주요 데이터 세트들을 제공했다. 또한 이러한 데이터 세트의 출시는 대규모 이미지의 분류, 탐지, 인식에 관한 알고리즘 연구에 박차를 가했다. 컴퓨터 비전에서 가장 중요한 작업 중 일부는 이러한 데이터 세트를 직간접적으로 사용했는데, 예를 들어 레쿤$^{LeCun}$의 필적 인식(circa, 1990), 비올라와 존스의 캐스케이드 부스팅 얼굴 검출기(2001), 로위$^{Lowe}$의 SIFT(199, 2004), 달알$^{Dalal}$의 HoG 사람 분류기(2005) 등이 해당된다.

2000년대 후반에는 데이터 제공이 급격하게 증가했고, CalTech 256(2006), ImageNet(2009), CIFAR-10(2009), PASCAL VOC(2010) 등의 대규모 데이터 세트가 많이 발표됐으며, 이 모든 것이 오늘날 연구에 여전히 중요한 역할을 하고 있다. 2010년에서 2012년경 딥 신경망의 출현과 함께 크리제프스키$^{Krizhevsky}$와 힌튼$^{Hinton}$의 AlexNet(2012년)이 ILSVRC$^{ImageNet\ largescale\ visual\ recognition}$에서 우승한 이후로 대규모 데이터 세트가 유행하기 시작했고, 컴퓨터 비전 세계는 변화했다. ImageNet 자체는 엄청난 크기(1,400만 장 이상의 사진)로 성장했으며, 마이크로소프트의 COCO(2015년, 250만 장), OpenImages V4(2017년, 900만 장 미만), MIT의 ADE20K(2017년, 대략 50만 장의 객체 세그멘테이션 인스턴스)와 같은 다른 대규모 데이터 세트들도 나왔다. 이러한 최근의 경향은 연구자들을 더 큰 규모의 데이터 세트를 사용해 생각하게 만들었고, 그러한 데이터를 다루는 오늘날의 머신러닝은 10년 전의 수십 가지 매개변수에 비해 훨씬 많은 수천만 개의 매개변수(딥 신경망에서)를 종종 갖게 될 것이다.

OpenCV가 초기에 명성을 얻은 이유는 강화된 분류기의 캐스케이드 방식으로 이뤄진 비올라와 존스의 얼굴 감지 방법이 내장됐기 때문이며, 많은 사람이 자신들의 연구나 실습에서 OpenCV를 선택해야 하는 이유가 됐다. 그러나 OpenCV는 처음에는 데이터 기반 컴퓨터 비전을 목표로 하지 않았다. 머신러닝 알고리즘은 v1.0에서 캐스케이드 부스팅, 숨겨진 마르코프 모델, 비지도 방법(K-평균 군집화$^{K-means\ clustering}$ 및 기대 최대화$^{expectation\ maximization}$ 등)만 지원했다. 대부분의 관심은 이미지 처리, 기하학적 형태$^{geometric\ shape}$, 형태학적 분석$^{morphological\ analysis}$ 등에만 있었다. 버전 2.x와 3.x는 OpenCV에 많은 표준 머신러닝 기능을 추가했다. 그중에는 의사 결정 나무, 랜덤 포레스트randomized forest(랜덤 숲)와 경사 부스팅 트리, SVM(지원 벡터 머신), 로지스틱 회귀분석, 나이브 베이즈 분류Naive Bayes classification 등이 있다. 현재 상태로 볼 때 OpenCV는 데이터 기반 머신러닝 라이브러리가 아니며, 최근 버전에서는 이 점이 더 명확해진다. opencv_dnn 코어 모듈을 통해 개발자는 외부 도구로 학습한 모델(예: 텐서플로)을 사용해 OpenCV 환경에서 실행할 수 있으며, 여기서 OpenCV는 이미지 사전 처리와 후처리를 제공한다. 그럼에도 불구하고, OpenCV는 데이터 기반 파이프라인에서 중요하고 의미 있는 역할을 한다.

## OpenCV의 히스토릭 알고리즘

OpenCV 프로젝트 작업을 시작할 때는 과거를 알고 있어야 한다. OpenCV는 오픈소스 프로젝트로 15년 넘게 존재해왔으며, 라이브러리를 개선하고 관련성을 유지하려는 전담 관리 팀의 노력에도 불구하고 일부 구현은 다른 구현보다 더 오래됐다. 일부 API는 이전 버전과의 호환성을 위해 남겨뒀지만, 다른 알고리즘은 특정 알고리즘 환경을 대상으로 새로운 알고리즘이 추가됐다.

자신의 작업에 가장 적합한 알고리즘을 선택하려는 엔지니어에게는 특정 알고리즘이 추가된 시점과 출처(예: 연구 논문)를 확인할 수 있는 도구가 있어야 한다. 일부 기본 알고리즘과 구형 알고리즘은 성능이 우수하고 대부분의 경우 다양한 메트릭 간에 분명한 절충점이 있으므로 새로운 것이 반드시 더 좋지는 않다. 예를 들어, 이미지 이진화(색 또는 그레이스케일을 갖는 이미지를 흑백으로 변환)를 수행하려면 데이터 기반 딥 신경망이 가장 높은 정확도에 도달할 수 있다. 그러나 적응적adaptive 이진 임계값의 오츠Otsu 방법(1979)은 엄청나게 빠른 동작을 지원하고 많은 상황에서도 상당히 잘 수행된다. 그러므로 여기서 말하고자 하는 핵심은 알고리즘의 세부 사항뿐만 아니라 요구 사항을 알아야 한다는 것이다.

## OpenCV에 알고리즘이 추가된 시기를 확인하는 방법

OpenCV 알고리즘을 더 배우기 위해 해야 할 가장 간단한 것 중 하나는 소스 트리 추가 시기를 확인하는 것이다. 운 좋게도 오픈소스 프로젝트인 OpenCV는 대부분의 코드 기록을 유지하고 있으며, 변경 사항은 다양한 릴리스 버전으로 기록된다. 다음과 같이 OpenCV 기록 정보에 액세스하는 데 유용한 몇 가지 리소스가 있다.

- **OpenCV 소스 저장소**: https://github.com/opencv/opencv
- **OpenCV 변경 로그**: https://github.com/opencv/opencv/wiki/ChangeLog
- **OpenCV 애틱**[attic](종료 프로젝트): https://github.com/opencv/opencv_attic
- **OpenCV 문서**: https://docs.opencv.org/master/index.html

예를 들어 객체(또는 카메라) 포즈 추정에 가장 유용한 함수 중 하나인 cv::solvePnP(...) 함수의 알고리즘을 살펴보자.

이 기능은 3D 재구성 파이프라인에서 많이 사용된다. opencv/modules/calib3d/src/solvepnp.cpp 파일에서 solvePnP를 찾을 수 있다. 깃허브의 검색 기능을 사용해 2011년 4월 4일에 solvepnp.cpp를 초기 커밋(https://github.com/opencv/opencv/commit/04461a53f1a484499ce81bcd4e25a714488cf600)한 기록을 추적할 수 있다.

여기서 원래의 solvePnP 함수가 처음에는 calibrate3d.cpp에 있었다는 것을 알 수 있고 해당 함수도 다시 추적할 수 있다. 그러나 2010년 5월에는 초기 커밋에서부터 새로운 OpenCV 저장소까지 해당 파일의 기록이 많지 않다는 사실을 바로 알 수 있다. 애틱 저장소에서 검색해도 원래 저장소에 있는 것 이상의 내용은 표시되지 않는다. solvePnP의 가장 오래된 버전은 2010년 5월 11일(https://github.com/opencv/opencv_attic/blob/8173f5ababf09218cc4838e5ac7a70328696a48d/opencv/modules/calib3d/src/calibration.cpp)에 릴리스됐으며 다음 코드와 같다.

```
void cv::solvePnP( const Mat& opoints, const Mat& ipoints,
                   const Mat& cameraMatrix, const Mat& distCoeffs,
```

```
                    Mat& rvec, Mat& tvec, bool useExtrinsicGuess )
{
  CV_Assert(opoints.isContinuous() && opoints.depth() == CV_32F &&
           ((opoints.rows == 1 && opoints.channels() == 3) ||
            opoints.cols*opoints.channels() == 3) &&
            ipoints.isContinuous() && ipoints.depth() == CV_32F &&
           ((ipoints.rows == 1 && ipoints.channels() == 2) ||
            ipoints.cols*ipoints.channels() == 2));
  rvec.create(3, 1, CV_64F);
  tvec.create(3, 1, CV_64F);
  CvMat _objectPoints = opoints, _imagePoints = ipoints;
  CvMat _cameraMatrix = cameraMatrix, _distCoeffs = distCoeffs;
  CvMat _rvec = rvec, _tvec = tvec;
  cvFindExtrinsicCameraParams2(&_objectPoints, &_imagePoints, &_cameraMatrix,
                    &_distCoeffs, &_rvec, &_tvec, useExtrinsicGuess );
}
```

이전 C API의 cvFindExtrinsicCameraParams2를 둘러싼 간단한 래퍼임을 분명히 알 수 있다. 이 C API 함수의 코드는 calibration.cpp(https://github.com/opencv/opencv/blob/master/modules/calib3d/src/calibration.cpp)에 있고, 2010년 5월 이후로는 변경되지 않았다는 사실을 알 수 있다. 최신 버전의 solvePnP(2018년 11월에 최신 커밋됨)는 훨씬 더 많은 기능을 추가했고, RANSAC을 지원하는 기능과 EPnP, P3P, AP3P, DLS, UPnP와 같은 몇 가지 특수 PnP 알고리즘이 포함된다. SOLVEPNP_ITERATIVE 플래그가 함수에서 사용되면 기존 C API(cvFindExtrinsicCameraParams2) 메서드를 유지한다. 기존 C 함수는 검사할 때 평면 객체의 경우 호모그래피를 찾거나 DLT 방법을 사용해 반복 추정을 수행함으로써 포즈 추정 문제를 해결한다.

평소와 같이 이전 C 메서드가 다른 메서드보다 열등하다고 가정하는 것은 실수다. 그러나 새로운 방법은 실제로 DLT 방법(1970년대로 거슬러 올라갔을 때의 방법) 이후 수십 년 동안 제안된 방법이다. 예를 들어 UPnP 방법은 페나트–산세츠$^{Penate-Sanchez}$가 2013년에 제안했다. 다시 말하지만, 1970년대에서 2010년대까지 40년 동안 발전했음에도 현재의 특정 데이터와 비교 연구를 해서 면밀히 검토하지 않으면 요구 사항(속도, 정확성, 메모리 등)과 관련해 어떤 알고리즘이 가장 잘 수행되는지 결론을 내릴 수 없다. 페나트-산세츠 논문에서 UPnP는 실제 데이터와 시뮬레이션된 데이터로 수행한 경험적 연구에 기초해 속도와 정확도 측면에서 DLT보다 훨씬 더 우수한 성능을 가진다는 것을 보여준다. 알고리즘 옵션을 비교하는 방법에 관한 팁은 9장, '작업에 가장 적합한 OpenCV 알고리즘 찾기'를 참조한다.

OpenCV 코드의 심층적인 관찰은 컴퓨터 비전 엔지니어에게 일상적인 작업이어야 한다. 새로운 방법에 초점을 맞춰 잠재적인 최적화 방법을 밝히고 어떤 선택을 할지 안내할 뿐만 아니라 알고리즘 자체에 대해 많은 내용을 알려줄 수도 있다.

## 일반적인 함정과 제안된 솔루션

OpenCV는 기능이 매우 풍부하며 시각적 이해 문제를 해결하기 위한 여러 가지 솔루션과 경로를 제공한다. 이와 같은 강력한 힘을 갖지만 프로젝트 요구 사항에 가장 적합한 처리 파이프라인을 선택하고 만드는 데는 어려움이 따른다. 여러 옵션이 있다는 것은 많은 부분이 교체 가능하고 모든 가능한 옵션을 테스트할 수 없기 때문에 최상의 성능을 발휘하는 솔루션을 찾기가 불가능하다는 것이다. 이 문제의 지수적 복잡성은 입력 데이터에 의해 복잡해진다. 입력 데이터에서 더 많은 알 수 없는 분산 값을 가지므로 알고리즘 선택이 더욱 불안정해진다. 다시 말해, OpenCV나 다른 컴퓨터 비전 라이브러리를 사용하는 것은 여전히 경험적인 문제가 된다. 솔루션의 다양한 경로의 성공으로부터 얻은 사전 직관은 컴퓨터 비전 엔지니어가 수년간의 경험을 통해 얻은 것이며, 대부분 지름길이 없다.

그러나 다른 사람의 경험으로부터 배울 수 있는 옵션이 있다. 이 책을 구입했다면 이 옵션을 얻고자 하는 것이다. 이 절에서는 수년간 컴퓨터 비전 엔지니어로 일하면서 겪었던 문제들을 준비했다. 개발자 자신의 작업에서 이미 사용했던 것처럼, 이러한 문제의 해결책을 제안하려고 한다. 이 해결책 목록은 컴퓨터 비전 엔지니어링으로 인해 발생하는 문제에 중점을 둔다. 그러나 모든 엔지니어는 여기서 다루지 않는 범용 소프트웨어 및 시스템 엔지니어링의 일반적인 문제도 알고 있어야 한다. 실제로 어떤 시스템 구현이든 문제점, 버그 또는 비최적화 부분을 가지며, 제시된 목록을 따른 후에도 할 일이 훨씬 더 많다는 사실을 알게 될 것이다.

모든 엔지니어링 분야의 주요 함정은 어설션$^{assertion}$ 대신 가정$^{assumption}$을 사용하는 경우에 발생한다. 어느 엔지니어든 간에 무언가를 측정할 수 있는 옵션이 있다면 근사치, 하한값 및 상한값 설정, 또는 서로 관련성이 높은 다른 현상들을 측정해야 한다. OpenCV에서 측정할 때 메트릭을 사용하는 몇 가지 예는 9장, '작업에 가장 적합한 OpenCV 알고리즘 찾기'를 참조한다. 최선의 결정은 하드 데이터와 가시성을 바탕으로 정보에 기반한 결정이다. 그렇지만 이는 종종 엔지니어가 사용하지 못할 경우도 있다. 일부 프로젝트는 엔지니어가 많은 데이터나 직관 없이 솔루션을 처음부터 신속하게 구축해야 하므로 빠른 시작이 필요하다. 그러한 경우 다음 항목들을 통해 많은 실수를 줄일 수 있다.

- **알고리즘 옵션을 비교하지 않음**: 흔히 개발자들이 만드는 함정 중 하나는 처음 접하는 것, 과거에 해본 것, 효과가 있어 보이는 것, 또는 멋진 튜토리얼(누군가의 경험)을 바탕으로 알고리즘을 분류적으로 선택하는 것이다. 이것을 앵커링$^{anchoring}$ 또는 초점주의 인지 편향$^{focalism\ cognitive\ bias}$이라고 하는데, 의사 결정 이론에서 잘 알려진 문제다. 마지막 장에서 나온 단어들을 다시 인용하면, 알고리즘의 선택은 정확성, 속도, 자원, 그리고 다른 측면에서 전체 파이프라인과 프로젝트의 결과에 엄청난 영향을 미칠 수 있다. 알고리즘을 선택할 때 알 수 없는 정보를 사용해 결정을 내리는 것은 좋은 생각이 아니다.
  - **해결책**: OpenCV는 공통 기본 API(예: Feature2D, DescriptorMatcher, Sparse OpticalFlow 등) 또는 공통 함수 시그니처(solvePnP, solvePnPRansac 등)를 통해 다양한 옵션을 원활하게 테스트할 수 있는 많은 방법을 갖고 있다. 파이썬과 같은 고수준(고급) 프로그래밍 언어는 알고리즘의 상호 교환에 훨씬 더 융통성을 가진다. C++에서 객체들이 다형성을 갖게 하는 방법은 가상 함

수 virtual function를 오버라이드하는 것이다. 파이프라인을 설정한 후 일부 알고리즘(예: 특징 유형 또는 매처 유형, 임계값 기술) 또는 해당 매개변수(예: 임계값, 알고리즘 플래그)를 상호 교환하고 최종 결과의 영향 측정 방법을 확인할 수 있다. 매개변수를 엄격히 바꾸는 것을 흔히 초매개변수 튜닝 hyperparameter tuning이라고 하는데, 이것은 머신러닝에서 사용하는 표준적 관행이다.

- **자체 개발한 솔루션 또는 알고리즘을 단위 테스트하지 않음**: 개발자들의 작업이 버그가 없으며 모든 에지 케이스 edge case를 다루고 있다고 믿는 것은 종종 개발자의 잘못이다. 컴퓨터 비전 알고리즘에서는 입력 공간이 많이 알려져 있지 않고 매우 고차원이기 때문에 주의를 기울이기 위해 오류 발생을 고려해야 한다. 단위 테스트는 기능이 예기치 않은 입력을 받거나 잘못된 데이터 또는 에지 케이스(예: 빈 empty 이미지)에서 문제가 생기지 않도록 하는 훌륭한 도구이며, 약간의 성능 저하를 가져온다.
  - **해결책**: 코드의 의미 있는 기능에 대해 단위 테스트를 설정하고 중요한 부분은 반드시 수행해야 한다. 예를 들어, 영상 데이터를 읽거나 쓰는 모든 기능은 디바이스 테스트에서 수행한다. 단위 테스트는 일반적으로 다른 인수로 여러 번 기능을 호출하는 간단한 코드 조각이며, 입력을 처리하는 함수의 능력(또는 불능)을 테스트한다. C++로 작업할 때 많은 테스트 프레임워크를 선택할 수 있다. 그러한 프레임워크로 Boost C++ 패키지 중 일부인 Boost.Test(https://www.boost.org/doc/libs/1_66_0/libs/test/doc/html/index.html)를 사용할 수 있다. 다음과 같은 예를 살펴보자.

```
#define BOOST_TEST_MODULE binarization test
#include <boost/test/unit_test.hpp>
BOOST_AUTO_TEST_CASE( binarization_test )
{
  // 빈 입력 시 빈 출력을 반환해야 함
  BOOST_TEST(binarization_function(cv::Mat()).empty());
  // 3채널 컬러 입력에서는 1채널 출력을 반환해야 함
  cv::Mat input = cv::imread("test_image.png");
```

```
BOOST_TEST(binarization_function(input).channels() == 1);
}
```

이 파일을 컴파일한 후 테스트를 수행하고, 모든 테스트가 통과되면 0 상태로 종료되고 실패하면 1로 종료되는 실행 파일을 작성한다. 일반적으로 이 방법을 CMake의 CTest(https://cmake.org/cmake/help/latest/manual/ctest.1.html) 기능과 함께 사용한다(CMakeLists.txt 파일의 ADD_TEST를 통해). 코드의 많은 부분을 테스트하도록 만드는 데 용이하며, 명령대로 실행하면 된다.

- **데이터 범위를 확인하지 않음**: 컴퓨터 비전 프로그래밍에서 일반적인 문제는 데이터의 범위를 가정할 때 발생한다. 예를 들어 부동 소수점 픽셀(float, CV_32F)의 경우 [0, 1] 범위, 또는 바이트 픽셀(unsigned char, CV_8U)의 경우 [0, 255] 범위를 가정한다. 메모리 블록은 어떤 값이든 가질 수 있으므로 이러한 가정이 어떤 상황에서도 유지된다고 보장할 수는 없다. 이러한 오류로 인해 발생하는 문제는 표현 범위보다 큰 값을 쓰려고 할 때 발생하는 값 포화 value saturation가 대부분이다. 예를 들어, [0, 255]를 가질 수 있는 바이트에 325를 쓰면 255로 포화돼 많은 정밀도를 잃게 된다. 다른 잠재적인 문제는 예상 데이터와 실제 데이터 간의 차이다. 예를 들어 [0, 2048] 범위(예: 밀리미터 단위로 2미터를 계산)의 깊이 이미지를 예상했는데 실제 범위가 [0, 1]인 경우에 해당되며, 이는 정규화가 됐음을 의미한다. 이때의 오류로 인해 알고리즘의 성능이 저하되거나 완전히 고장날 수 있다([0, 1] 범위를 다시 2048로 나눈다고 상상해보자).
    - **해결책**: 입력 데이터 범위를 확인하고 원하는 값인지 확인한다. 범위가 허용 범위를 벗어나면 out_of_range 예외 처리를 발생시킨다(예외 처리에 대한 표준 라이브러리 클래스를 좀 더 자세히 알고 싶다면 https://en.cppreference.com/w/cpp/error/out_of_range를 참조한다). CV_ASSERT를 사용해 범위를 확인할 때, 실패할 경우 cv::error 예외 처리가 트리거된다.
- **데이터 유형, 채널, 변환, 반올림 오류**: OpenCV의 cv::Mat 데이터 구조에서 가장 까다로운 문제 중 하나는 변수의 데이터 유형 정보를 전달하지 않는다는 점이

다. cv::Mat은 모든 유형의 데이터(float, uchar, int, short 등)를 모든 크기로 보유할 수 있으며, 수신 함수receiving function는 검사나 규칙 없이 배열 내부의 데이터 유형을 알 수 없다. 배열은 임의 개수의 채널을 가질 수 있으므로 채널 수에 따라 더욱 복잡해진다(예를 들면, cv::Mat은 CV_8UC1 또는 CV_8UC3을 사용). 알려진 데이터 유형을 사용하지 않는 경우에는 OpenCV 함수에서 예상치 못한 데이터의 런타임 예외 상황이 발생해 전체 애플리케이션의 동작이 깨진다. cv::Mat의 동일 입력에서 여러 데이터 유형을 처리하는 데 문제가 있으면 다른 변환 문제도 발생할 수 있다. 예를 들어, 들어오는 배열이 CV_32F(input.type() == CV_32F를 확인)를 가진다면 input.convertTo(out, CV_8U)를 사용해 uchar 문자 유형으로 '정규화normalize'할 수 있다. 그러나 float 데이터가 [0, 1] 범위에 있으면 [0, 255] 이미지에서 출력 변환에 모두 0과 1을 가지므로 문제가 될 수 있다.

  ○ **해결책**: cv::Mat보다 cv::Mat_<> 유형(예: cv::Mat_<float>)으로 데이터 유형을 전달하고 변수 이름 지정의 명확한 규칙(예: cv::Mat image_8uc1)을 사용한다. 예상되는 유형이 사용자가 얻고자 하는 유형인지 확인하거나 예기치 않은 입력 유형을 함수에서 작업하고자 하는 유형으로 바꾸도록 정규화 체계를 만든다. try .. catch 블록을 사용하는 것도 데이터 유형의 불확실성이 염려될 때 좋은 방법이다.

• **색 공간 기원 문제**: RGB vs. HSV, L*a*b*(지각적) vs. YUV(기술적): 색 공간은 색 정보를 픽셀 배열(이미지)의 숫자 값으로 인코딩하는 방법이다. 그러나 이 인코딩 방식에는 여러 가지 문제가 있다. 가장 큰 문제는 모든 색 공간이 배열에 저장된 일련의 숫자가 되고 OpenCV가 cv::Mat의 색 공간 정보를 어떤 것인지 추적하지 않는다는 점이다(예를 들어, 배열은 3바이트 RGB 또는 3바이트 HSV를 갖지만 변수 사용자는 이 차이점을 알 수 없다). 숫자 값을 갖는 데이터에 대해 다양한 형태의 숫자 계산을 할 수 있으므로 추적하지 않는 것은 위험하다. 일부 색 공간에서 특정 조작을 하려면 색 공간이 무엇인지를 먼저 인식해야 한다. 예를 들어, 매우 유용한 HSV(색상Hue, 채도Saturation, 명도Value) 색 공간에서 H(색상)는

실제로 uchar 문자 유형에 맞추기 위해 일반적으로 [0,180]으로 압축된 값을 가지며, 이는 각도 [0,360]의 측정을 의미한다. 따라서 H 채널에 200의 값을 입력하면 색상 공간 정의를 위반하고 예기치 않은 문제가 발생하므로 의미가 없다. 선형 작업에서도 마찬가지다. 예를 들어 이미지를 50% 어둡게 하려면 RGB에서는 모든 채널을 2로 나눈다. 그러나 HSV(또는 L*a*b*, Luv 등)에서는 V(명도) 또는 L(휘도) 채널에서만 나눗셈을 수행해야 한다.

YUV420 또는 RGB555(16비트 색 공간)와 같은 비바이트$^{non-byte}$ 이미지로 작업할 때 문제가 훨씬 더 심각해진다. 이 이미지는 바이트 레벨이 아닌 비트 레벨에 픽셀 값을 저장해 동일한 바이트에 하나 이상의 픽셀 또는 하나의 채널에 대한 데이터가 혼합돼 들어간다. 예를 들어, RGB555 픽셀은 2바이트(16비트)에 저장되는데, 즉 1비트는 사용하지 않고, 5비트는 적색, 5비트는 녹색, 5비트는 청색을 저장한다. 이 경우 모든 종류의 숫자 연산(예: 산술)은 실패하고 복구 불가한 데이터 손상이 발생할 수 있다.

- **해결책**: 처리하려는 데이터의 색 공간을 항상 알고 있어야 한다. `cv::imread`를 사용해 파일에서 이미지를 읽을 때 BGR 순서(표준 OpenCV 픽셀 데이터 저장 장치)로 읽은 것으로 가정할 수 있다. 사용 가능한 색 공간 정보가 없으면 휴리스틱에 의존하거나 입력을 테스트한다. 일반적으로 비트-패킹$^{bit-packing}$된 색 공간보다 두 개 채널이 있는 이미지를 주의해야 한다. 채널이 네 개인 이미지는 일반적으로 ARGB 또는 RGBA이며, 알파 채널이 추가됐고 다시 불확실성을 포함하고 있다. 채널을 화면에 표시해 지각적$^{perceptual}$ 색 공간을 시각적으로 테스트할 수 있다. 비트-패킹 문제 중 최악의 경우는 이미지 파일, 외부 라이브러리/소스의 메모리 블록을 갖고 작업하는 경우에 발생한다. OpenCV 내에서 대부분의 작업은 단일 채널 그레이스케일 또는 BGR 데이터에서 수행되지만, 파일로 저장하거나 다른 라이브러리에서 사용하기 위해 이미지 메모리 블록을 준비하는 경우에는 어떤 색 공간을 사용하는지 파악하는 것이 중요하다. `cv::imwrite`는 다른 포맷이 아닌 BGR 데이터의 사용을 예상한다.

- **정확도 vs. 속도 vs. 리소스(CPU, 메모리)의 트레이드오프 및 최적화**: 컴퓨터 비전에서 겪게 되는 대부분의 문제는 계산과 리소스 효율성 간에 균형을 맞출 때 발생한다. 일부 알고리즘은 빠른 룩업lookup 효율을 갖고 메모리에 중요 데이터를 캐시하므로 빠르게 동작한다. 다른 알고리즘은 입력 또는 출력의 대략적인 근사치를 사용하므로 정확도는 떨어질 수 있지만 빠를 수 있다. 대부분의 경우 데이터 가져오기fetching 특성을 가지면 또 다른 특성이 희생된다. 따라서 이러한 절충점을 주의하지 않는 경우나 반대로 너무 많이 주의하는 경우 모두 문제가 될 수 있다. 그리고 엔지니어가 공통적으로 주의해야 할 사항으로 최적화 문제가 있다. 최적화를 너무 과도하게 하거나, 최적화를 너무 하지 않거나, 미리 최적화를 수행했거나, 불필요한 최적화를 하는 등의 경우가 존재한다. 알고리즘을 최적화할 때, 실제로 비효율성을 유발하는 원인이 보통 공통되면(코드 라인 또는 메서드) 모든 최적화 부분을 동일하게 처리할 수 있다. 알고리즘 트레이드오프나 최적화를 한다면, 대부분 결과보다는 연구 개발 시간이 주요 문제점으로 떠오른다. 엔지니어는 최적화에 너무 많은 시간을 소비하거나 최적화에 충분한 시간을 쓰지 않을 수 있다.
  - **해결책**: 알고리즘을 결정하기 전이나 결정하는 동안에 알고리즘의 내용을 파악해야 한다. 알고리즘을 선택하는 경우, 알고리즘을 테스트하거나 OpenCV 설명서 페이지를 검토해 알고리즘의 복잡성(런타임과 리소스)을 제대로 이해했는지 확인해야 한다. 예를 들어 영상 특징을 매칭할 때 특징을 사전 로딩하거나 캐싱할 수 있다면, 마구잡이식brute-force 매처 BFMatcher는 근사 FLANN 기반 매처인 FlannBasedMatcher보다 몇 배 느리다는 것을 알아야 한다.

# 요약

OpenCV는 만 15년이 넘는 성숙한 컴퓨터 비전 라이브러리이며, 이 라이브러리와 함께한 오랜 시간 동안에는 컴퓨터 비전 세계와 OpenCV 커뮤니티에서 많은 혁명이 일어났다.

10장에서는 OpenCV를 어떻게 하면 더 잘 사용할 수 있는지를 실용적인 관점에서 알아보기 위해 OpenCV의 과거를 살펴봤다. 알고리즘의 핵심을 알기 위해 그동안 발전해온 OpenCV 코드 검토 중심의 모범 사례에 초점을 맞추면 더 나은 선택이 가능하다. 또한 OpenCV로 컴퓨터 비전 애플리케이션을 개발하고 많은 기능과 특징을 사용하고자 할 때 발생 가능한 몇 가지 일반적인 위험 항목을 해결하는 방법도 제안했다.

## 더 읽을 거리

자세한 내용은 다음 링크를 참조한다.

- **OpenCV 변경 로그**: https://github.com/opencv/opencv/wiki/ChangeLog
- **OpenCV 회의 노트**: https://github.com/opencv/opencv/wiki/Meeting_notes
- **OpenCV 릴리스**: https://github.com/opencv/opencv/releases
- **OpenCV 애틱(종료 프로젝트) 릴리스**: https://github.com/opencv/opencv_attic/releases
- **그레이 브래드스키 인터뷰(2011년)**: https://www.youtube.com/watch?v=bbnftjY-_lE

# 찾아보기

## ㄱ

가설 검정   312
가시적 객체   89
가우시안 필터   242
가위 기능   145
간격   44
값 포화   327
강체 변환   85, 93, 261
개방형 MVS   79
개별 히스토그램 균일화   180
객체 검출   302
객체의 기하학   100
객체 인식   302
거짓 포지티브 결과   111
검출 모드   210
견고한 특징 매칭   81
경계 직사각형   129
경사 부스팅 트리   321
경사 하강 알고리즘   262
계산 리소스   306
계산 사진학   302
고밀도 레이어   148
고수준 프로그래밍 언어   325
고유 벡터   195, 200
고유 얼굴   160, 192, 195, 199
고유-하위 공간   202
고유 행렬   285
고윳값   86, 199
고전적인 얼굴 인식 알고리즘   192
고정 가로세로비   40
고정된 조리개   111

공유 라이브러리   52
공통 함수 시그니처   325
광류   246, 302
광학 문자 인식   120
광학 중심   85
구조적인 직사각형 요소   128
그림자   46
근사 FLANN 기반 매처   330
글루 코드   293
기본 사용자 인터페이스   241
기본 행렬   86
기술자   90
기준 기반 AR   259
기준 마커   259
기하학적 변환   181, 186
기하학적 형태   320
깊이 정보   87

## ㄴ

나이브 베이즈 분류   321
내부 매개변수 행렬   83
네오코그니트론 연구   141
네이티브 컴파일   51
노이즈 섬   49
눈 검색 영역   176
눈 검출   175
능동적 외양 모델   108

## ㄷ

다중 뷰 기하학   81, 103

단위 테스트  326
단일 값 분해  86
닫기 연산자  44
대비  163
대화식 GUI  206
데비안  60
데이터 가져오기 특성  330
데이터 범위  327
데이터 세트 확장  144
동시 로컬화 및 매핑  259
동질 좌표  261
동차 시스템  86
동차 좌표  83
드롭아웃  143
드롭아웃 레이어  148
딥러닝 모듈  173
딥 신경망  174

## ㄹ

라즈베리 파이  28
라즈베리 파이 카메라 모듈  64
라즈베리 파이 카메라 모듈 드라이버  65
라즈베리 파이 캠  64
라즈베리 파이 플러스  28
랜덤 샘플 컨센서스  281
랜덤 왜곡  145
랜덤 포레스트  320
레벤버그-마쿼드  262
로지스틱 회귀분석  321
로컬 패치  108
루카스 카나데 알고리즘  249

## ㅁ

마우스 커서 숨기기  67
매처 함수  92
매칭 그래프  96
멀티스케일 이미지 알고리즘  125

메모리 풋프린트  313
메타 알고리즘  306
메트릭 조합  307
면내 회전  204
면외 회전  204
모션 구조  79
모션 추정  302
모폴로지 연산  45, 125
문자 분류  141
밀도가 높은 재구성  87
밀집 레이어  148
밀집 재구성  100

## ㅂ

바이트 픽셀  327
반올림 오류  327
밝기  163
번들 조정  283
번호판 검출  123, 125
번호판 인식  123, 139
베어 검출기  111
벡터 반복자  129
변환  84
변환 행렬  133
보간 방법  133
보정  116
부스트 캐스케이드 분류기 알고리즘  110
부트스트랩  228
분류  124, 135, 302
분산 분석  312
뷰포인트  85
브리지  293
브리징 헤더  294
블롭  158
비디오 스트리밍  72
비디오 인코더 하드웨어  72
비모수 함수  89
비선형 최소 제곱 솔버  283

비용 함수  306
비지도  141
비지도 방법  320
비트 단위 연산자  91
비트-패킹  329
빠른 룩업 효율  330

## ㅅ

사전 훈련된 모델  106
산란  120
삼각 측량  81, 87
상반 테스트  95
상반 필터  92
새로운 라즈베리 파이 구성  56
색 페인팅  34
석면  81
선택기  244
세그먼트 분류  125
세그먼트화  122, 125
세그멘테이션  124, 126, 301
세그멘테이션 프로세스  133
소프트맥스 레이어  148
손실 레이어  143
손실 함수  306
수신 함수  328
수직 모서리  127
수직 윤곽선  126
수평 미분  127
수평 변환  88
숨겨진 마르코프 모델  320
스무딩  180, 185
스와이핑  277
스케일링  90
스케치 마스크  35
스케치 이미지  48
스큐  145
스테레오  302
스테레오 깊이 재구성  87

스테레오 알고리즘  88
스테레오 재구성  81, 86
스티칭  301
스티칭 모듈  277
스페인의 번호판  122
시각적 오도메트리  79
시각화  98
시각화 결과  97
시드  130
시작 모드  209
시차  81, 88
신뢰도 메트릭  202
신뢰도 측정기  216
신뢰 수준  217

## ㅇ

아이덴티티  216
아핀  90
아핀 변환  133
아핀 와핑  181
아핀 조건  280
아핀 행렬  181
안드로이드 운영체제  264
안드로이드 카메라 보정  257
앵커링  325
양방향 필터  185
어노테이션  107
얼굴 검증  202
얼굴 검출  161, 164, 169
얼굴 검출 기능  75
얼굴 랜드마크  105
얼굴 랜드마크 검출  110
얼굴 마크 검출기  106
얼굴 방향 예측  115
얼굴 수집  187
얼굴 수집과 훈련  162
얼굴 인식  162, 201
얼굴 전처리  162, 174

얼굴 증강 105
에포크 단계 153
에피폴라 구속 조건 86
에피폴라(등극선) 기하학 82
에피폴라 선 85
에피폴라 제약 조건 93
에피폴라 평면 85
역반사 120
역회전 101
예측된 포즈 계산 115
오류 펑터 87
오브젝티브-C++ 래퍼 292
오클루전 107
오프라인 훈련 135
와핑하기 279
완전히 연결 142
외계인 모드 38
외부 매개변수 행렬 84
움직임 기반 구조 301
원근 변환 312
원근 투영 84
웹어셈블리 224
웹캠 스트림 236
웹 컴퓨터 비전 223
유효성 크기 132
유효한 쌍 86
윤곽선 마스크 35, 44
윤곽선 필터 36
윤곽 알고리즘 125
의사 결정 나무 320
이미지 관찰 109
이미지 세그멘테이션 119
이미지 스티칭 278
이미지 정렬 301
이미지 처리 필터 76
이미지 특징 매칭 89
이미지 프로세싱 301
이블 모드 27, 36
이진 특성 매처 91

인식 161
인식 모드 216
일반 스케치 모드 76
일반적인 함정 315, 324
임계값 필터 241
임베디드 디바이스 51
임베디드 디바이스에서 OpenCV 설치 60
임베디드 시스템 사용자 정의 75

## ㅈ

자동 번호판 인식 프로그램 160
자동 카툰화 34
작은 양방향 필터 34
잘못된 로컬 검출 108
장비 설정 54
재구성 결과의 시각화 80
재구성 인수 분해 82
재투영 비용 펑터 262
재투영 비용 함수 262
적외선 프로젝터 121
전력 소모 70
전력 측정 70
전체 화면 67
전체 회전 263
절두체 274
점 클라우드 102
점 투영 101
정규화 328
정점 273
제1원리 89
제한된 로컬 모델 108
조명 변화 296
조명 조건 107
주점 83
준지도 141
중간값 필터 32
중간점 방법 87
증강 기술 160

증강현실  255, 259, 275
증강현실 마커  262
지각적 색 공간  329
지도  141
지도학습  135
지연 값  239
지오메트리  260
지원 마스크  282
직교 카메라  273
직교 정규  263
직교 투영  273
직접 와핑 방법  284

## ㅊ

초매개변수 튜닝  326
초점 거리  83, 88
초점 거리 매개변수  274
초점주의 인지 편향  325
초평면  135
추적  302
측정 오차  114

## ㅋ

카메라 고유 매개변수 행렬  261
카메라 내장 매개변수  117
카메라 보정  38, 260, 268, 302
카메라 이미지 축소  168
카메라 열기  265
카메라 절제  81
카메라 찾기  265
카메라 포즈  84, 101, 260
카메라 피드  207
카메라 해상도 변경  70
카툰 모드  76
카툰 생성  34
카툰화  27, 67
카툰화 데스크톱 프로그램  29

카툰화 동작 속도 비교  69
카페  143
카페 모델  173
캐니 필터  242
캐스케이드된 회귀분석법  110
캐스케이드 부스팅  320
캐스케이드 분류기  112, 165
컨볼루션  142
컨볼루션 레이어  148
컨볼루션 신경망  141
컨볼루션 신경망 생성  143
컨트리뷰션 모듈  79
크레이지 호스 메모리얼 데이터 세트  81
크로스 컴파일  52
큰 양방향 필터  34
클라우드 밀집화  101
클라이언트 브라우저 코드  223

## ㅌ

타원형 마스크  180, 186
테스트 세트  188
테스트 세트 조건  221
테스트 이미지  188
테스트 프레임워크  326
텍스처  273
텐서보드  152
텐서플로  143
텐서플로 모델 생성  148
토치  143
통계적 추론 프로세스  312
투시 분할  261
투시 투영  260
투영  90
특수 이미지 세트  195
특이값 분해  264
특징 검출  301
특징 반복성  91
특징 추적  95

특징 추출   119, 124, 279

## ㅍ

파노라마   278
파노라마 생성   284
파노라마 스티칭   92
파노라마 이미지 스티칭   279
파노라마 캡처   278, 287
파라메트릭 제어   308
파이 캠   72
파이토치   318
파이프라인   299
패턴 인식   119
패턴 인식 시스템   125
패턴 인식 알고리즘   119, 123, 135
페어링   86
페인트 모드   76
페인팅 필터   34
페퍼 노이즈   48
평균 얼굴   198
평균 제곱 오차   309
평면 재구성   262
평행 변환 구성 요소   261
평행 이동   90
포즈 분석   105
포즈 추정   259
포즈 투영   117
표준 데이터 구조   95
표준 비올라-존스   110
표준 평균 유클리드 거리 메트릭   114
풀링   142
풀링 레이어   148
프로비저닝   273
플래튼   142
플러드 필 알고리즘   130
피라미드 스케일 팩터   111
피부 검출 방법   38
피부 검출 알고리즘   38, 75

피부색 변경   27
피부색 체인저   42
피셔 얼굴   192, 199
피셔 얼굴 알고리즘   195
픽셀 강도   247
픽셀 강도 비교   165
픽셀 보간 방법   127
핀홀 카메라 모델   82
필수 행렬   86

## ㅎ

하르 캐스케이드 분류기   251
하이라이트/반사   46
하이브리드 방식   110
하이퍼 스레딩   69
항공 사진 매핑   79
해밍 거리 메트릭   91
해상도   210
형태학적 분석   320
호모그래피   263, 285
호모그래피 조건   282
혼합 비율   195
확산   120
확장 및 침식 모폴로지 필터   45
회귀 방법   108
회전   84, 90
회전 왜곡   145
효율성   71
훈련   187
훈련 단계   188
훈련 모드   215
훈련 세트   188
훈련 세트 조건   221
흑백 스케치   32
흔들림 방지   301
희소 3D 포인트 클라우드 밀도   103
희소 재구성   100
희소 점 클라우드   89

희소 추적 92
희소 포인트 클라우드 79
히스토그램 균일화 134, 168, 179, 183
히스토릭 알고리즘 321

## A

AAM 108
Active Appearance Model 108
addEventListener 233
affin 90
affine constraint 281
affine matrix 181
affine warping 181
AKAZE 309, 311
AKAZE 키 포인트 90
AKAZE 특징 기술자 91
AKAZE 특징 추출기 90
analysis of variance 312
anchoring 325
ANOVA 312
ANPR 120
ANPR 애플리케이션 119
ANPR 알고리즘 122
AR 257
ARM NEON SIMD 61
ArUco 268
aruco::calibrateCameraAruco 271
ArUco contrib 모듈 257
ArUco cv::aruco::CharucoBoard::draw 258
ArUco 마커 검출 268
ArUco 모듈 257
Asm.js 224
Augmentor 144
Automatic Vehicle Identification 120
averageFace 199
AVI 120

## B

BFMatcher 330
BGL 96
BGRA 168
bilateral filter 185
bilateralFilter() 35
bit-packing 329
bit-wise operator 91
Blender 3D 99
blob 158
blobFromImage 함수 158
boost::connected_components() 97
Boost Graph Library 96
Bootstrap 228
bounding rectangle 129
bridge 293
bridging header 294
brightness 163
BRISK 309, 311
build_js 228
bundle adjustment 283

## C

Caffe 143
calcOpticalFlowPyrLK 249
calib3d 모듈 116
calib3d 체스보드 257
calibrating 116
CalTech 101 320
CalTech 256 320
Camera2 API 257
camera calibration 38
camera feed 207
camera intrinsic parameters matrix 261
camera.open 31
camera resectioning 81
Canny 필터 32
canvas 요소 231

Car Plate Recognition 120
cartoonifyImage() 29, 33
CascadeClassifier::detectMultiScale() 170
CharSegment 클래스 141
ChArUco 교정 보드 257
CIFAR-10 320
CLM 108
cloud densifying 102
CMU PIE 319
CNN 109
CocoaPods 286
confidence metric 202
Constrained Local Model 108
contrast 163
Convolutional Neural Network 109
cost function 306
countNonZero 함수 140
CPR 120
CV_32F 328
cv::add() 47
cv::Algorithm 193, 197
cv::Algorithm::create<FaceRecognizer>() 194
cv::Algorithm::get() 196
cv::aruco::drawDetectedMarkers 271
cv.Canny 246
cv::CascadeClassifier 110
cv.CV_8UC1 238
cv::DescriptorMatcher 310
cv::detail::ExposureCompensator 296
cv.equalizeHist 246
cv::face 105
cv::face::drawFacemarks 113
cv::face::Facemark 112
cv::Facemark 118
cv::Feature2D 310
cvFindExtrinsicCameraParams2 323
CV_FLOODFILL_FIXED_RANGE 132
CV_FLOODFILL_MASK_ONLY 132
cv.GaussianBlur 245

cv::getTextSize() 207
cv.imread 245
cv::imshow() 31
cv::initModule_contrib() 194
cv::namedWindow() 31
cv::normalize() 196
cv::NORM_MINMAX 196
cv::putText() 207
cv::Recttype 객체 170
cv::sfm:: 98
cv::solvePnP() 118
cv::solvePnP 함수 116
cv_start 236
cv::StatsModel 303
cvtColor() 48, 168
cvtColor 함수 234, 253
CV_THRESH_BINARY_INV 매개변수 140
cv.threshold 245
CV_THRESH_OTSU 128
cv::Vec2d 99
cv::VideoCapture 65
cv.VideoCapture 238
cv::VideoCapture 29
cv::VideoCapture::set() 30
cv::viz:: 99
cv::waitKey() 31

## D

Debian 60
Deep Neural Network 119
delete 함수 234
dense reconstruction 87
depth information 87
descriptor 90
Detection mode 210
detectLargestObject() 179
detectMultiScale() 170
detectMultiScale2 함수 253

DetectRegions 클래스　136
diffuse　120
dilate()　44
disparity　81, 88
displayedFrame　191
DLT　324
DMM 멀티미터　70
DNN　119
dnn_net.forward(outs) 함수　159
DNN 모듈　161
drawButton()　209
drawString()　208
dropout　143

## E

edgeMask　47
efficiency　71
EG　81
eigenface　160, 192
Eigenfaces　195
eigen-subspace　202
eigenvalue　86
Eigenvalues　195
ellipse()　40
elliptical mask　180
Emscripten　224
epipolar constraint　86
Epipolar Geometry　81
equalizeHist()　169, 174
erode()　44
essential matrix　86
evil mode　27
EXAMPLE CONTENT　230
extrinsic parameters matrix　84

## F

faceLabels　191

facemark 객체　113
FaceRecognizer::predict()　201
FaceRecognizer.Eigenfaces　193, 205
FaceRecognizer.Fisherfaces　193, 205
FaceRecognizer.LBPH　193
FaceRecognizer 객체　194
FaceRecognizer 클래스　193, 203
face 모듈　105, 110
facial landmark　105
false local detection　108
feature descriptor　91
features2D 모듈　303
feature track　95
fiducial marker　259
FileStorage 클래스　137
findContours 함수　129
fisherface　192
fit 함수　113
flags　170
FlannBasedMatcher　330
flatten　142
floodFill()　42, 44
FLOODFILL_MASK_ONLY　46
floodFill 함수　131
focalism cognitive bias　325
focal length　83
FOV 각도　274
frozen_graph.pb　156
FS_createDataFile　252
fundamental matrix　86

## G

GBT　109
geometric shape　320
getImageFrom1DFloatMat()　200
getRectSubPix　134
getRotationMatrix2D　133
getSimilarity()　190, 204

getStructuringElement 128
glue code 293
goodFeaturesToTrack 247
Gradient Boosting Tree 109
GUI 요소 207

## H

H.264 비디오 75
haarcascade_mcs_lefteye.xml 178
Hamming distance metric 91
hide 함수 244
histogram equalization 134
homogeneous coordinate 83
homogeneous system 86
homogenous coordinate 261
homography 263
horizontal derivate 127
HSV 색 공간 43
HSV 피부 검출기 39
HTML5 224
hyperparameter tuning 326
hyperplane 135

## I

iBUG 106
identity 216
ImageNet 320
image observation 109
imagesFilenames 90
ImageUtils 197
ImageView 인스턴스 288
imgElement 변수 233
img 요소 231
imread 함수 234
imshow 함수 234
input.convertTo 328
input HTML 요소 232

inside() 219
install_opencv_from_source.sh 60
Intelligent Behavior Understanding Group 106
intrinsic parameters matrix 83
iOS 파노라마 277
IR 사진 121
iterative non-linear least squares solver 283
IteratorGetNext 156

## J

jMonkeyEngine 257, 273
jMonkeyEngine 3D 렌더링 275
JQuery 라이브러리 228

## K

keypoints와 descriptors 배열 90
K-means clustering 320
K-평균 군집화 320

## L

Laplacian 필터 32, 36
LBF 110
LBP 검출기 165
LBP 기반 검출기 166
LBP 얼굴 검출기 166
LBP 캐스케이드 분류기 39
LBP 특징 164
Levenberg-Marquardt 262
libmv 99
LLVM 224
LMedS 알고리즘 282
load() 166
Local Binary Feature 110
local patch 108
loDiff 132
loss function 306

loss layer 143
Low-Level Virtual Machine 224

## M

mask 변수 47
matcher 91
midpoint method 87
minAreaRect 함수 129, 132
minFeatureSize 170
minFeatureSize 변수 169
minMaxLoc 함수 159
minNeighbors 170
MIPI CSI 카메라 64
MIT LabelMe 320
m_latestFaces[i] 215
m_latestFaces 배열 213
m_latestFaces 변수 219
m_latestFaces 참조 215
m_mode 변수 209
MNIST 319
m_numPersons 변수 219
morphological analysis 320
morphologyEx 함수 128
MSE 309
Multi-View Geometry 80
Multi-View Stereo 79
MVG 80
MVS 80, 89
MVS::Interface 101

## N

Naive Bayes classification 321
newval 매개변수 132
noise island 49
non-parametric function 89
normalize 328
NORMAL 플래그 67

NSMutableArray* 294
number_sample 145

## O

occlusion 107
OCR 120
OCR 세그멘테이션 139
OCR 알고리즘 122
onChange 콜백 이벤트 244
onload 함수 235
onMouse 함수 218
onOpenCvError 231
onOpenCvError 콜백 함수 233
onOpenCvReady 231
onOpenCvReady 콜백 함수 232
opencv-dnnn 318
OpenCV.js 223
OpenCV 알고리즘 299
OpenMVG 77
OpenMVS 103
Optical Character Recognition 120
ORB 90, 280, 309, 311
Oriented BRIEF 90
orthographic projection 273
Otsu의 방법 127
out_of_range 예외 처리 327

## P

pairing 86
panorama stitching 92
PASCAL VOC 320
perspective divide 261
perspective projection 84, 260
perspective transformation 312
photoOutput 함수 291
Pi Cam 72
pinhole camera model 82

pixel intensity   247
pixel intensity comparison   165
pixel interpolation method   127
PnP 알고리즘   81
preprocessedFaces   191
preprocessedFaces 배열   213
Principle Point   83
printMat()   197
printMatInfo()   197
processVideo 메서드   253
process 함수   238
protobuf 형식   157
provision   273
PyTorch   318

## R

randomized forest   321
RANSAC   281
Raspberry Pi Cam   64
Raspberry Pi plus   28
readNetFromTensorflow 메서드   157
receiving function   328
reciprocity filter   92
Recognition mode   216
reconstruction factorization   82
removePepperNoise()   49
reprojection cost function   262
reprojection cost functor   262
resize()   168
retroreflection   120
RGB555   329
RGB 색 공간   43
Robust Feature Matching   81
RotatedRect   133
RotatedRect 직사각형 클래스   129
rotation   90
runCartoonifier.sh   68

## S

savingRegions 변수   136
scaling   90
scatter   120
Scharr 필터   32
Scharr 그래디언트 필터   36
searchScaleFactor   170
seed   130
segmentAllFiles.sh   136
selector   244
select 요소   245
semisupervised   141
setTimeout 자바스크립트 함수   239
SfM 모듈   79
SfM 파이프라인   81, 100
SIFT   280, 309, 311
Singular Value Decomposition   86
skew   145
smoothing   180
Sobel   32
Sobel 필터   127
solvePnP   325
SOLVEPNP_ITERATIVE 플래그   323
solvePnP 함수   104
Speeded Up Robust Features   90
SSD 알고리즘   164
SSD 딥러닝 알고리즘   173
start_cv 함수   238
starter_video   66
Startup mode   209
std::shared_ptr   137
std::vector   170
std::vector 배열   191
stereo depth reconstruction   87
stereo reconstruction   81
structural rectangular element   128
subspaceProject()   203
subspaceReconstruct()   203

supervised 141
supervised learning 135
support mask 282
Support Vector Machine 119
SURF 90, 280, 309, 311
SVD 86
SVM 119, 321
SVM_Classes 137
SVM_TrainingData 137
swap 함수 134
swiping 277

## T

TensorBoard 152
TensorEditor 149
TensorFlow 143
test image 188
testing set 188
test.tfrecords 146
texture 273
TFRecordDataset 146
threshold 필터 127
Torch 143
train() 195
training phase 188
training set 188
train.tfrecords 146
train 함수 138
transform_graph 애플리케이션 156
transform matrix 133
triangulation 81, 87
t-test 312
t-검정 312

## U

unsupervised 141
upDiff 132

UPnP 324
USB 전류 모니터 70
uv4l-raspicam.conf 74
UV4L 스트리밍 서버 73

## V

V4L2 드라이버 65
V4L2 카메라 드라이버 73
validity size 132
value saturation 327
vector iterator 129
vertex 273
vertical edge 126
VideoCapture::open() 167
ViewController 295
ViewController 클래스 290
viewDidLoad 함수 290
Viewer 앱 103
viewpoint 85
VLC 미디어 플레이어 74

## W

warpAffine 함수 133
WebAssembly 224
WebcamFaceRec 프로젝트 172
WebGL 224
WebRTC 224

## X

Xdotool 67

## Y

YACVID 307
Y'CrCb 색 공간 43
YUV420 329

YUV420 스트림  267

## 기호

--enable_exception  228

## 숫자

2D 랜드마크  263
2D 특징 검출기  90
2비트 시퀀스  91
3D 강체 변환  90
3D 모양  87
3D 재구성  81, 98, 302
3D 포인트  88
3차원 재구성  80
300-VW  106

## OpenCV 4 마스터 3/e
비전과 이미지 처리 앱을 만들기 위한

발 행 | 2020년 7월 16일

지은이 | 로이 실크롯 · 데이비드 밀란 에스크리바
옮긴이 | 테크 트랜스 그룹 T4

펴낸이 | 권 성 준
편집장 | 황 영 주
편  집 | 임 다 혜
디자인 | 박 주 란

에이콘출판주식회사
서울특별시 양천구 국회대로 287 (목동)
전화 02-2653-7600, 팩스 02-2653-0433
www.acornpub.co.kr / editor@acornpub.co.kr

한국어판 ⓒ 에이콘출판주식회사, 2020, Printed in Korea.
ISBN 979-11-6175-434-5
http://www.acornpub.co.kr/book/opencv4-vision

이 도서의 국립중앙도서관 출판시도서목록(CIP)은 서지정보유통지원시스템 홈페이지(http://seoji.nl.go.kr)와
국가자료공동목록시스템(http://www.nl.go.kr/kolisnet)에서 이용하실 수 있습니다.(CIP제어번호: CIP2020027171)

책값은 뒤표지에 있습니다.